ENZYKLOPÄDIE DER NORDAMERIKANISCHEN INDIANERSTÄMME

ENZYKLOPÄDIE DER NORDAMERIKANISCHEN INDIANERSTÄMME

von Bill Yenne

LECHNER

Copyright © 1994 by Lechner Publishing Ltd.
Limassol (Cyprus)

ISBN 3-85049-419-5

Ins Deutsche übertragen von Jürgen Scheunemann
und Rolf Steinberg.

Copyright © der englischsprachigen
Originalausgabe
by Bison Books Corp. Greenwich,
Connecticut, USA

Deutsche Bearbeitung:
Armin M. Brandt, Memmingen
Herstellung: H+G Lidl, München
Satz: Satz & Repro Grieb, München

Alle Rechte vorbehalten. Kein Teil dieser
Veröffentlichung darf reproduziert, in EDV-
Systemen gespeichert oder in irgendeiner Form
elektronisch, mechanisch oder photomechanisch
oder auf andere Art vervielfältigt werden, ohne
schriftliche Genehmigung des Verlages.

Seite 1: Zwei Navaho-Hirten mit ihrer Herde im Monument Valley an der Grenze von Arizona und Utah. Hier liegt das größte Indianer-Reservat der USA. Die Navaho nennen es »Das Land mit genug Zeit und Raum«.

Titelseite: Charles M. Russell trat Anfang des Jahrhunderts als Maler mit Darstellungen von Prärie-Indianern hervor. Dieser Ausschnitt aus seinem Gemälde »Jumped« zeigt einen Überfall auf einen Wagentreck. Diese Art der indianischen Kriegführung war typisch, als die Weißen Mitte des 19. Jahrhunderts immer weiter in indianisches Territorium vordrangen.

Unten: Das Taos Pueblo wurde vor Jahrhunderten an der Stelle des heutigen Santa Fe, Neu-Mexico, gegründet. Von den terrassenförmig angeordneten Gemeinschaftsbauten blickt man über den kleineren Rio Pueblo. Die Lehmöfen im Vordergrund dienten den frühen Bewohnern zum Kochen.

INHALTSVERZEICHNIS

Einleitung
7

Enzyklopädie der Nordamerikanischen Indianerstämme
12

Register
190

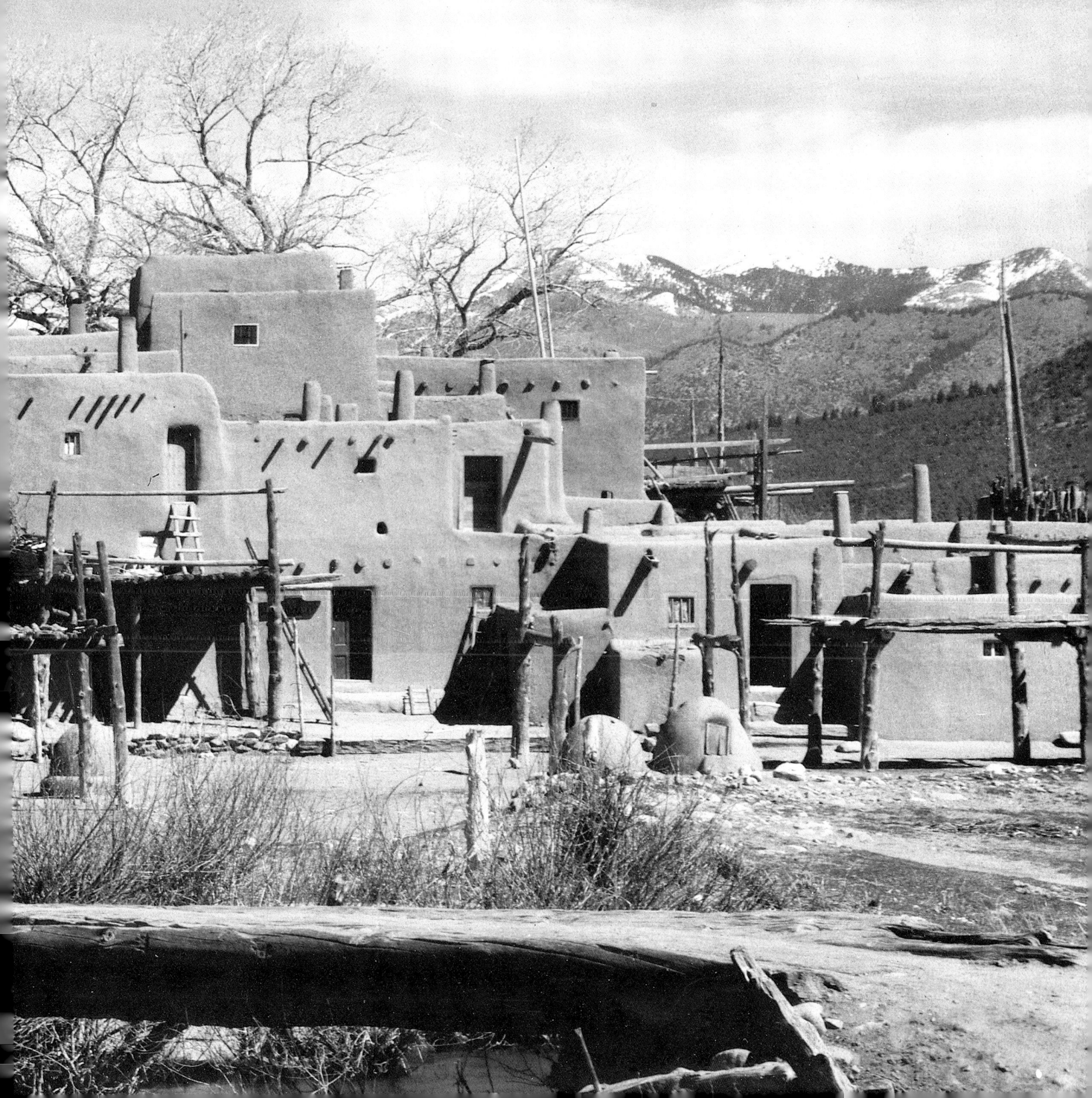

EINLEITUNG

Gegenüber. Eine fröhliche »Canyon-Prinzessin« bei einem Festumzug für Häuptling Joseph. Er wird jährlich in der gleichnamigen Stadt der Nez Percé zu Ehren ihres historischen Häuptlings gefeiert. Oben: Ein typischer Totempfahl der Haida aus der Universität von Kalifornien. Luft und Sonnenlicht haben die Schnitzereien konserviert.

Die Indianerstämme Nordamerikas waren und sind in sich so verschiedenartig wie ihr Lebensraum. Die Auswahl reicht von den Sammlern und Jägern im Großen Becken, die noch fast in der Steinzeit lebten, bis zu den Fischern an der pazifischen Nordwestküste, die mit dreißig Meter langen Galeonen den Pazifik befuhren. Ihre Kunst, sei sie nun religiös oder dekorativ, kann sich mit jeder anderen auf der Welt messen. Die Bandbreite der Stämme reicht von fast erloschenen Volksgruppen mit kaum mehr als 50 Überlebenden bis zu solchen, die selbst im 20. Jahrhundert auf mehr als 50.000 Mitglieder kommen.

Ziel dieses Lexikons ist es, eine Übersicht aller Stämme Nordamerikas bis zurück in die Vorgeschichte zu bieten. Sie endet für den größten Teil des Kontinents mit dem Jahre 1.500 v. Chr. Unsere Untersuchung umfaßt Stichworte wie die geographische Region, die Sprache, Hauptwohnstätten und Nahrungsquellen für jeden einzelnen dieser Stämme. In allen Fällen liegen dazu Angaben für den Zeitpunkt vor, als die Stämme erstmals mit der europäischen Zivilisation in Berührung kamen. Meistens gelten sie schon für mehrere Jahrhunderte vor der Ankunft des weißen Mannes. Vielfach veränderten sie sich nach diesem Ereignis auf dramatische Weise, denn die weißen Siedler verdrängten die Stämme aus ihren Territorien, so daß sie wiederum in Konflikte mit anderen Stämmen gerieten. Andere Indianergruppen wurden durch Krankheiten und Kriegsverluste dezimiert. Manche mußten ihre kulturelle Identität aufgeben – damit verloren Anfang unseres Jahrhunderts auch manche indianische Sprachen an Bedeutung; andere sind heute gar in Vergessenheit geraten.

Schon gegen Ende des 19. Jahrhunderts wichen die traditionellen Wohnstätten der Indianer Häusern mit Holzrahmen. In manchen

Gebieten, beispielsweise in der Arktis oder im Südwesten, hielten die Indianer jedoch an den überkommenen Behausungen fest. Auch die allgemeine Lebensführung änderte sich: Der Kaufladen eines Reservats unterscheidet sich heute in keiner Weise vom traditionellen Lebensmittelmarkt einer nahegelegenen Ortschaft von vergleichbarer Größe. Die Indianer in den Großen Ebenen jagen weiter Wild, aber nun mit Gewehren. Und wenn die Eskimo Seehunde jagen, fahren sie Boote mit Außenbordmotoren.

Viele unserer grundlegenden Informationen stammen von bedeutenden Anthropologen wie Harold Driver und Alfred Kroeber. Die aktuellen Bevölkerungsdaten stammen von der US-Behörde für Indianerangelegenheiten sowie vom Kanadischen Ministerium für Indianerfragen und Entwicklung des Nordens. Wir stützen uns außerdem auf Fachliteratur und Kontakte mit mehr als 100 Stammesräten.

In manchen Fällen sind die Angaben widersprüchlich. Sie mußten daher je nach ihrer Herkunft kritisch bewertet werden. Manche Stämme sind in diesem Jahrhundert derart zusammengeschmolzen, daß sie offiziell nicht länger gezählt werden. Die Navaho hingegen sind so zahlreich geworden, daß sie praktisch als ein zusätzlicher Bundesstaat gelten.

Einige Stämme leben immer noch auf dem angestammten Land ihrer Vorväter, andere mußten es vor einem Jahrhundert oder früher verlassen. Dies gilt vor allem für die Stämme im Osten der USA, wo die weiße Besiedlung Nordamerikas begann. Hier lag die einzige Region, aus der die Indianer systematisch vertrieben wurden. Die Stämme im Nordosten kamen als erste mit europäischen Einwanderern in Kontakt; schon Ende des 18. Jahrhunderts hatten sie große Teile ihres Landes verloren. Die Stämme im Südwesten und im Gebiet der Großen Seen des Nordostens wiederum wurden am härtesten durch den *Indian Removal Act* von 1830 betroffen, ein Bundesgesetz, das sie in die Landstriche westlich des Mississippi verbannte. 1837 errichtete die US-Regierung hier ein neues Siedlungsgebiet etwa von der Größe Oklahomas – das Indianer-Territorium. Hier kamen zunächst die fünf größten Stämme aus dem Südwesten unter: Cherokee, Chickasaw, Choctaw, Creek und Seminolen. Diese Stämme nahmen schnell die europäische Kultur an und wurden unter dem Sammelbegriff der *Fünf zivilisierten Stämme* bekannt.

Um 1887 hatten sich so viele Stämme im Indianer-Territorium angesiedelt, daß die Bundesregierung ihre Politik änderte, indem sie das Land jetzt einzelnen Indianern

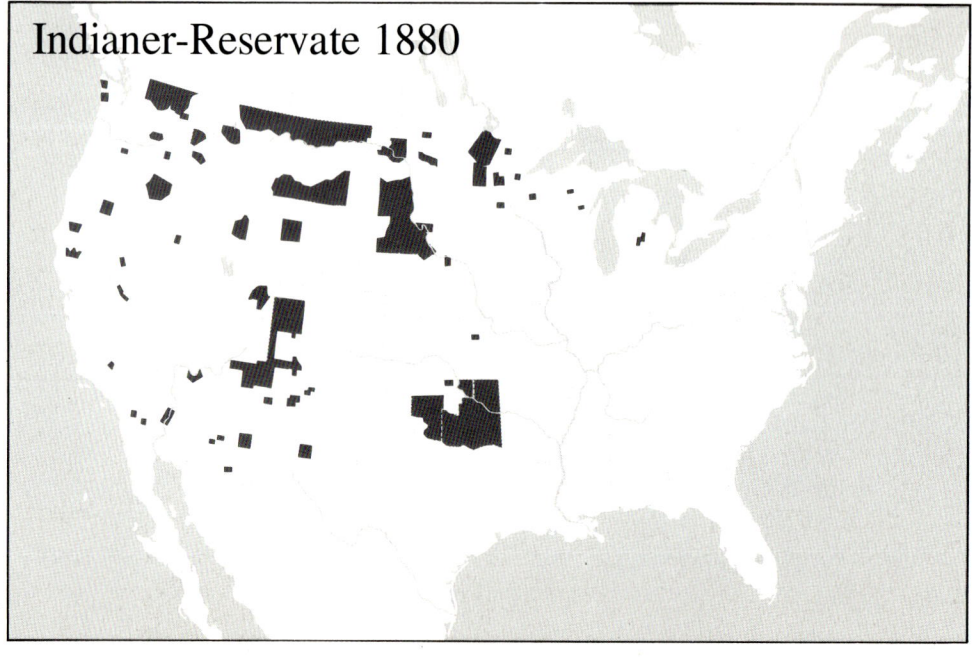

Indianer-Reservate 1880

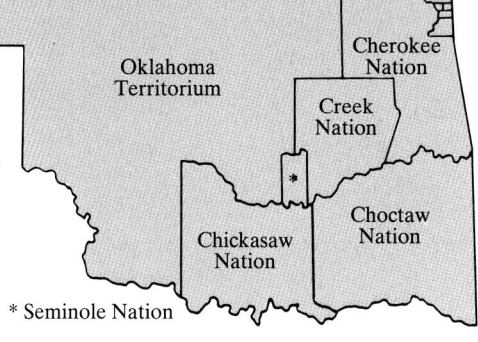

Indianer-Territorium 1891–1907

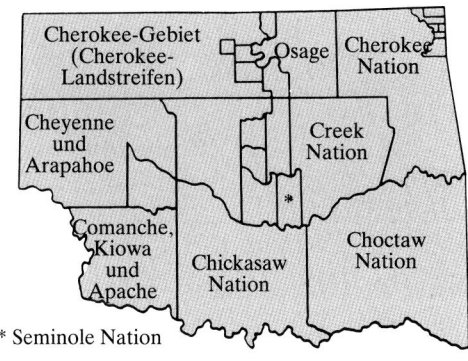

Indianer-Territorium 1866–1890

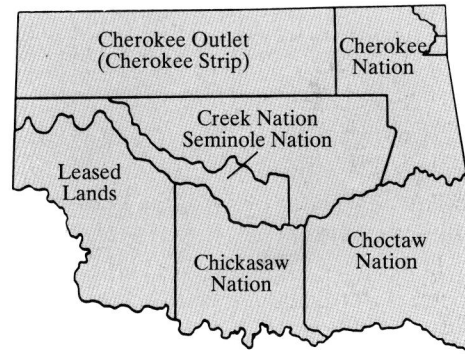

Indianer-Territorium 1856–1866

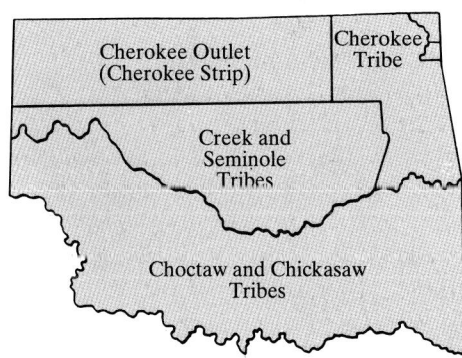

Indianer-Territorium 1837–1855

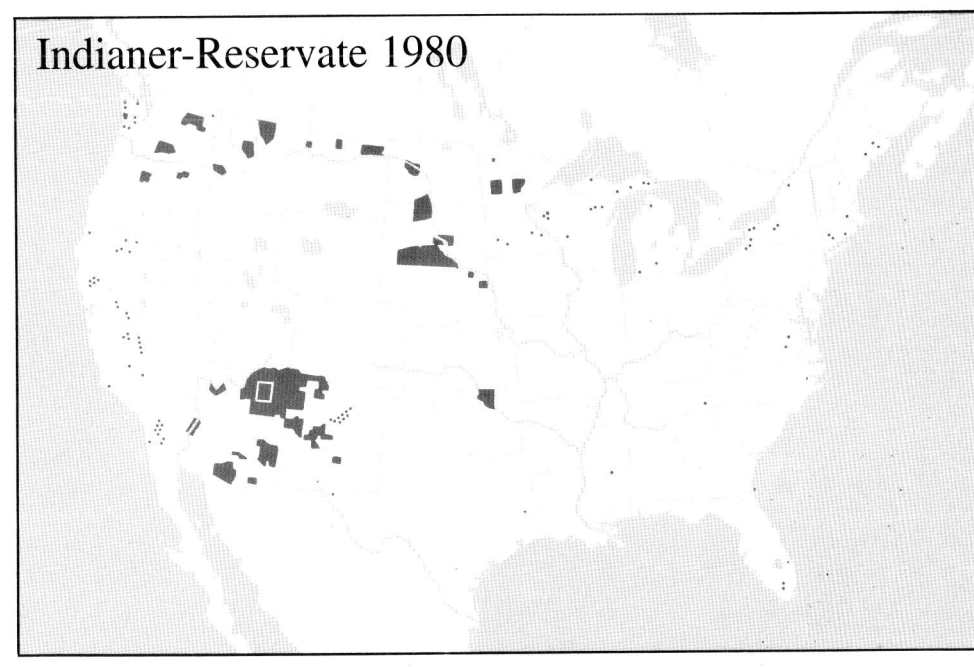

Oben links: Einwohner des Jemez Pueblo, New Mexico, beim Büffeltanz. Oben: Die Entwicklung des IndianerTerritoriums.
Links: 1880 gab es weniger Reservate in den USA, aber sie waren größer als heute. Die größten darunter waren das der Blackfoot, Crow und Sioux in Montana und die der Dakotas. Heute gibt es der Zahl nach mehr Reservate, aber sie sind an Fläche beträchtlich geschrumpft. Das größte gehört den Navahos. Es umschließt das Hopi-Reservat in Arizona.

und nicht ganzen Stämmen zuteilte. Als Oklahoma 1906 zum US-Bundesstaat aufstieg, waren alle indianischen Nationen innerhalb des Territoriums aufgelöst.

Die Reservate bezeichnen wir im Text durchweg mit den *heutigen* Namen; ausgenommen bleibt das Indianer-Territorium der Jahre 1837 bis 1906.

In anderen Teilen des Kontinents reagierten die Indianer auf die Ankunft der weißen Siedler recht unterschiedlich: In Kalifornien paßten sie sich bereitwillig dem Leben der spanischen Kolonialherren an, während sich die Indianer in den *Great Plains* dem Vordringen der Weißen heftig widersetzten. Um 1890 waren alle Stämme südlich von Alaska in Reservaten angesiedelt, und erst 1924 wurden die Ureinwohner innerhalb der USA endlich zu amerikanischen Staatsbürgern.

Wie auf der nebenstehenden Karte zu erkennen ist, verteilen sich die Stämme Nordamerikas auf neun besondere Regionen, die sich voneinander stark unterscheiden. Über die Grenzen hinweg bestehen gleichwohl gewisse Gemeinsamkeiten; sie betreffen kulturelle Faktoren wie zum Beispiel die Sprachgruppen, aber auch den Anbau von Mais. Die folgende Gegenüberstellung ist aus Gründen der Übersichtlichkeit stark vereinfacht worden.

Der Nordosten
Wichtigste Sprachgruppen: Algonkin und Irokesisch
Vorherrschende Lebensweise: Seßhaft
Wichtigste Stämme:
  Irokesen-Bund (östlicher Teil)
  Chippewa (Große Seen)
Wichtigste Nahrungsquelle: Mais

Der Südwesten
Wichtigste Sprachgruppe: Muskhogee
Vorherrschende Lebensweise: Seßhaft
Wichtigste Stämme:
  Cherokee, Chickasaw, Choctaw, Creek und Seminolen, später gemeinsam als die fünf zivilisierten Stämme bekannt
Wichtigste Nahrungsquelle: Mais

Kalifornien
Wichtigste Sprachgruppe: Penuti
Vorherrschende Lebensweise: Seßhaft
Wichtigster Stamm: Existierte hier nicht. Zu größten Stämmen gehörten die Chumash an der Südostküste sowie die Hupa, Pomo und Yurok im Norden.
Wichtigste Nahrungsquelle: Gestampfte Eicheln

Der Südwesten
Wichtigste Sprachgruppe: Uto-Aztekisch/Tano
Vorherrschende Stämme und Lebensweisen: Apachen (nomadisch)
  Pueblo (seßhaft)
  Navaho (seßhaft)
Wichtigste Nahrungsquelle: Mais

Die Plains
Wichtigste Sprachgruppe: Sioux (nördlicher Teil)
Caddo (Texas)
Vorherrschende Lebensweise: Nomadisch
Wichtigster Stamm: Sioux
Wichtigste Nahrungsquelle: Büffel

Die Nordwestküste
Wichtigste Sprachgruppen: Salishan/Nadene
Vorherrschende Lebensweise: Seßhaft
Wichtigste Stämme: Tlingit (Alaskanische Landausläufer)
Haida (Queen Charlotte Islands)
Kwakiutl (British Columbia)
Chinook (US- Nordwestküste)
Wichtigste Nahrungsquelle: Lachs

Das Große Becken
Wichtigste Sprachgruppe: Uto-Aztekisch
Vorherrschende Lebensweise: Nomadisch (mit Ausnahmen in den Ausläufern der Rocky Mountains im nördllichen Idaho und dem nordwestlichen Montana)
Wichtigster Stamm: Shoshonen und verwandte Stämme wie die Paiute (eine Ausnahme bildet das Gebiet zwischen dem Becken des Columbia und den Ausläufern der Rockies, wo Stämme wie die Nez Percé und die Spokane vorherrschten)
Wichtigste Nahrungsquelle: Wild

Die Arktis
Wichtigste Sprachgruppe: Eskimo-Aleutisch
Vorherrschende Lebensweise: Nomadisch (Sommer); Seßhaft (Winter)
Vorherrschender Stamm: Eskimo
Wichtigste Nahrungsquellen: Seehunde und andere Meeressäuger

Die Subarktis
Wichtigste Sprachgruppe: Athapaskisch
Vorherrschende Lebensweise: Nomadisch
Wichtigster Stamm: Chipewyan
Wichtigste Nahrungsquelle: Karibu

ENZYKLOPÄDIE DER NORDAMERIKANISCHEN INDIANERSTÄMME

Abihki (*siehe* Creek)

Abitibi, Abitiwinni
Geographische Region: Nordosten (Nordost-Ontario)
Sprachgruppe: Algonkin
Wohnstätte: Kuppelförmige Stroh-, Rinden- oder Fellhütte
Hauptnahrungsquellen: Fisch, Wild
Anfang 1984 lebten rund 60 Abitibi am Südufer des Abititibi-Sees und 478 Abitibiwinni bei Amos in Quebec.

Abnaki (Abneki, Wabunaki)
Geographische Region: Nordosten (Neu-England)
Sprachgruppe: Algonkin
Wohnstätte: Einfaches Tipi
Hauptnahrungsquellen: Jagd, Mais
Der Name Abnaki oder genauer Wabunaki bedeutet »Die mit beim Sonnenaufgang leben«. Er betrifft hauptsächlich die Algonkin in Maine. Zu dieser Gruppe gehören die Penobscot und Passamaquoddy sowie die Malecite, Arosaguntacock und Sokoki.
Die Abnaki traten im 17. Jahrhundert mit den Weißen, vornehmlich Franzosen, in Kontakt. Nachdem die Engländer sie 1724 bei Norridgewock und 1725 bei Pequawket besiegt hatten, zogen sie sich mit anderen Flüchtlingsstämmen nach St. Francis in Kanada zurück. 1890 siedelten sie sich wieder in Maine an. Dort entwickelten sie interessanterweise eine Korbmacherkunst, die früher in der westlichen Region der Großen Seen weit verbreitet gewesen war. 1967 gab es 616 Abnaki in Kanada, im Reservat von Maine lebten 2.918 Indianer, davon 1.106 Penobscot.

Absaroka (*siehe* Crow)

Absentee Shawnee (*siehe* Shawnee)

Achumawi (Achomawi)
Geographische Region: Nordöstliches Kalifornien (Pit River)
Sprachgruppe: Hoka-Shasta
Wohnstätte: Erdhütte
Hauptnahrungsquelle: Mischung aus tierischer und pflanzlicher Nahrung
Auch als Pit River-Indianer bekannt, lebten die Achumawi im Vorgebirge der Sierra Nevada westlich von Mt Shasta. 1928 ermittelte Fred Kniffen bei einer Erhebung dort rund 3.000 Ureinwohner der Achumawi und Atsugewi in 131 Dörfern.

Acoma Pueblo (*siehe* Pueblo)

Agaiduka (*siehe* Shoshone)

Agua Caliente (*siehe* Cahuilla)

Aht (*siehe* Nootka)

Ahtena
Geographische Region: Subarktis (Kanadische Nordwest-Territorien)
Sprachgruppe: Athapaskisch
Wohnstätte: Doppeltes Pultdach
Hauptnahrungsquellen: Karibu, Elch

Akwaala
Geographische Region: Südwestliches Kalifornien (San Diego County)
Sprachgruppe: Hoka-Yuman
Wohnstätte: Kuppelförmige Stroh-, Rinden, oder Fellhütte
Hauptnahrungsquelle: Eicheln

Alabama (Alabamu)
Geographische Region: Südosten (Alabama)
Sprachgruppe: Algonkin
Wohnstätte: Strohhütte
Hauptnahrungsquelle: Mais
Die Alabama gehören nach ihrer eigenen Legende zu den Originalstämmen des Südostens.
1541 trafen sie in Hernando de Soto den ersten Weißen. Damals lebten sie am Zusammenfluß des Alabama und Tallapoosa.
Im 18. Jahrhundert stieß man auch weiter südlich im heutigen Louisiana und Florida unter den Caddo, Koasati und Seminolen auf Angehörige dieses Stammes. Ihre Sprache glich dem Koasati und ähnelte dem

Choctaw und Chickasaw. Sie galten als fleißige Farmer, taten sich beim Creek War 1813/14 aber auch als die wildesten Krieger hervor.

1836 wurden die Alabama in das Indianer-Territorium umgesiedelt, wo ihr wichtigster Häuptling »War Coachman« (1876–79) berühmt wurde. Die Stammesführung der Alabama wurde ab 1906 als Untergruppe der Creek-Selbstverwaltung angesehen; die Stadt der Alabama erhielt im Stammesrat der Creek zwei Sitze.

Vor der Zwangseinweisung nach Oklahoma zählte die US-Regierung 321 Stammesangehörige, bei einer Zählung 1950 wurden rund 500 in Oklahoma, Texas und Louisiana registriert

Alachua (*siehe* Seminolen)

Aleut
Geographische Region: Arktis (Aleuten, Alaska)
Sprachgruppe: Aleutisch
Wohnstätte: Erdbedeckte Alaskahütte
Hauptnahrungsquelle: Meeressäuger, Fische, Beeren

Die Aleuten umfassen zwei sprachliche Untergruppen, die Unalaskans auf der alaskischen Halbinsel und den östlichen Aleuten-Inseln, sowie die Atkans aus den westlichen Aleuten-Gruppen wie Near oder den *Rat und Andreanof Islands*. Traditionell waren sie gute Jäger und Fischer, unterscheiden sich aber von den eng

Oben: Ein Abnaki-Mann baut ein Kanu in Houlton, Maine (1875).
Unten: Alaskanische Aleuten trocknen Lachs (1887). Die rechteckigen Hütten im Hintergrund waren typisch für diese Indianer. Die Aleuten waren traditionell hervorragende Fischer und Jäger.

verwandten Eskimos durch ihre runderen Gesichter. Beim ersten Kontakt mit russischen Händlern 1741 gab es schätzungsweise 20.000 oder mehr von ihnen. 1985 lebten auf Pribilof ISland und in der Bucht von Bristol insgesamt 6.369 Personen. Dazu gehören allerdings nicht jene Stammesmitglieder, die außerhalb dieser Reservate wohnen.

Algonkin (*siehe* Abnaki, Arapahoe, Blackfoot, Cheyenne, Chippewa, Delaware, Fox, Kickapoo, Illinois, Mascouten, Massachuset, Mohegan, Narraganset, Ottawa, Potawatomi, Powhatan, Sauk, Wampanoag)

Die Algonkin-Indianer, so nach ihrer gemeinsamen Sprache genannt, bilden Nordamerikas größte Stammesgruppe. Sie zählt in den USA und Kanada mehr als 250.000 Angehörige vom Atlantik bis zu den Rocky Mountains.

Alis
Geographische Region: Südosten (östliches Florida)
Sprachgruppe: Muskhogee-Alis (heute erloschen)
Wohnstätte: Strohhütte
Hauptnahrungsquellen: Fisch, Mais

Alsea
Geographische Region: Nordwesten (mittlere Küsten Oregons) *Sprachgruppe:* Penuti
Wohnstätte: Blockhaus
Hauptnahrungsquelle: Fisch

Anadarko (Anadaca, Anadacao, Anadahcoe, Nadko)
Geographisch Region: Plain (Osttexas)
Sprachgruppe: Caddo
Wohnstätte: Stroh- oder Fellhütte
Hauptnahrungsquellen: Planzenzucht, Wild

Der Name Anadarko kommt aus dem Caddo und bedeutet: »Die den Honig der Hummel essen.« De Soto kam mit diesen Indianern erstmals 1541 in Kontakt und nannte sie Anondacao. Die Franzosen schlugen sie 1763 bei ihren Erhebungen der Caddo-Sprachgruppe zu.

Krankheiten und Konflikte dezimierten ihre Zahl. Nach dem Vertrag mit den Caddo von 1835 wurden sie auf die Westseite des Brazos-Flusses abgedrängt, im Vertrag von Council Springs (15. Mai 1846) unterstellten sich die Anadarko, damals rund 450 Köpfe stark, dem Schutz der USA. 1854 wurde ihnen ein Reservat bei Fort Belknap in Texas zugewiesen, wo 1857 etwa 200 Anadarko lebten. 1858 kam es zum Krieg mit den weißen Siedlern, am 1. August 1859 mußten die Anadarko in das Indianer-Territorium umsiedeln. Als 1861 der Bürgerkrieg ausbrach unterzeichnete Häuptling Jose Maria einen Vertrag mit den konföderierten Südstaaten, unter deren Obhut der Stamm gut behandelt wurde.

Dort wurden 1950 schätzungsweise 449 Stammesangehörige gezählt. Die Gesamtzahl der Anadarko und Caddo bei der Anadarko-Behörde in Oklahoma belief sich 1985 auf 1.218 (*siehe* auch Caddo).

Anasazi
Geographische Region: Südwesten
Sprachgruppe: Unbestimmt
Wohnstätte: Pueblo
Hauptnahrungsquelle: Mischung aus Wild und Pflanzenzucht

Der Name Anasazi bedeutet »Korbmacher«; er bezeichnet eine inzwischen erloschene Gruppe von Indianern, die zu prä-

historischen Zeiten in den vier Ecken des Südwestens lebten, dort, wo Arizona, Neu-Mexiko, Utah und Colorado zusammentreffen.

Die Anasazi entwickelten schon um 100 n. Chr. eine rudimentäre Korbmacherkunst und Ackerbautechnik. Um 500 n. Chr. brannten sie Ton, um 700 n. Chr wohnten sie nicht mehr in Höhlen, sondern in Häusern aus Lehmziegeln. Zwischen 1050 und 1300 erlebte die Anasazi-Kultur ihr goldenes Zeitalter: Ausgebaute Städte mit mehrstöckigen Ziegelbauten wie zum Beispiel Mesa Verde in Colorado zeugen noch heute davon. Zwischen 1300 bis 1600, als ihre Kultur weiter erblühte, gehörten Straßen und Plätze zum Grundriß der Städte.

Mit der Ankunft der Spanier, die große Teile des Südwestens erorberten, begann der Niedergang der Anasazi-Kultur. Sie verließen ihre Städte und zogen in Landstriche, die sich besser verteidigen ließen. Krankheiten und Kämpfe mit anderen Stämmen trugen zur Vernichtung des Volkes bei. Möglicherweise sind die letzten überlebenden Anasazi in den Pueblo-Stämmen aufgegangen (*siehe auch* Pueblo).

Apache
Geographische Region: Südwesten (Arizona, Colorado, Neu-Mexiko, Oklahoma, Texas)
Sprachgruppe: Athapaskisch
Wohnstätte: Einfaches Tipi, kuppelförmige Stroh,- Rinden- oder Fellhütte
Hauptnahrungsquellen: Wildpflanzen, Kleinwild

*Links: Die Ruinen einer Anasazi-Felsgrotte, das »Weiße Haus«, im Canyon de Chelly in Arizona. Hunderte von Indianern lebten hier und wurden durch den Ackerbau auf dem umliegenden Land schnell wohlhabend.
Oben: Dieses Mädchen führt eine alte Segnung mit dem Rauch von Heilkräutern durch. Es soll sich über den Resten des Ursprungslandes der Pomo ausbreiten, bevor das Gebiet in Kalifornien wegen eines Staudammbaus überflutet wird.
Rechts: Zwei Apachenscouts und ein indianischer Schuljunge aus Wilcox, Texas, posierten hier 1884 für eine Fotografie.*

Untergruppen: Aravaipa, Chiricahua, Cibecue, Icarilla, Kiowa, Lipan, Mescalero, Tonto, Western, White Mountain

Als der größte Nomandenstamm im amerikanischen Südwesten waren die Apachen auch der größte Stamm, der sich um 1880 der Regierungskontrolle unterstellte. Ihr Name kommt von *apachu*, das Zuni-Wort für »Feind«. Die Apachen nennen sich selber N'de, Inde oder Tinde nach dem Wort *tinneh* für »Volk«. Die Namen der Untergruppen bedeuten u. a. Chiricahua = »Berg«, Jicarilla = »kleiner Korb« oder Mescalero = »Leute des Mescal«.

Die Chiricahua lebten früher in Colorado und Neu-Mexiko in der Flußrinne des Rio Grande. Francisco Vasquez de Coronado entdeckte sie dort 1540. Er beschrieb den Stamm als sanft und freundlich, doch um 1660 gingen spanischen Siedlern Pferde durch kriegerische Apachen verloren. Bis zu dieser Zeit trieben die eher nomadischen Apachen mit den seßhaften Pueblo-Völkern in Arizona und Neu Mexiko Handel.

Die Apachen im Canadian River County von Texas und in Oklahoma führten häufig Krieg gegen die Comanchen. Bei einer neuntägigen Schlacht erlitten sie 1723 am

Wichita-Fluß eine Niederlage. Danach zogen sie weiter nach Süden.

Um 1736 führten die Apachen Guerilla-Angriffe gegen alle Nachbarn ringsum: die Navahos im Osten, die Spanier im Süden und die Comanchen im Norden, aber schließlich wurde am 19. August 1749 in San Antonio, Texas, ein Friedensvertrag geschlossen – die Angst vor den Angreifern war gebannt. Pater Santa Ana, ein spanischer Missionar, ging daran, die Apachen zum katholischen Glauben zu bekehren; er scheiterte.

Die Kiowa Apachen der Ebenen von Colorado und Oklahoma ähnelten kulturell und sprachlich den Apachen im Südwesten. Politisch waren sie jedoch mit den Kiowa und Pawnee verbunden. Meriwether Lewis und William Clark trafen sie im Norden bis hin nach Wyoming an.

Die Lipan Apachen nennen sich *Tcicihi* oder »Die Leute des Waldes«. Sie waren ursprünglich in den Ebenen von Texas und Oklahoma weiter östlich als alle anderen Untergruppen beheimatet. Um 1600 trennten sie sich von den Jicarilla Apachen und um 1700 waren sie in einen langwierigen Streit mit den Comanchen verwickelt. 1846 unterzeichneten sie ihren ersten Vertrag mit der US-Regierung. Während des Bürgerkrieges unterstützten sie die konföderierten Südstaaten. 1885 siedelten die Tcicihi wieder friedlich im Indianer-Territorium nahe Tonkawa – nicht weit entfernt von den Territorien, wo sie schon in den letzten 200 Jahren gelebt hatten.

Am 1. Juli 1852 schloß die US-Regierung in Santa Fe mit den Apachen von Neu-Mexiko und Arizona einen Vertrag. Die Mehrheit der dort lebenden Chiricahua Apachen hatte bis dahin kaum Kontakte mit den Weißen gehabt und versprach sich von dem Vertrag nichts Gutes. Deshalb setzten sie unter ihrem großen Häuptling Mangas Coloradas ihre Angriffe fort. Sie wurden besonders gefährlich, nachdem 1858 die *Butterfield*-Postkutschenlinie durch Arizona und Neu-Mexiko in Betrieb genommen worden war.

Cochise, der Schwiegersohn von Mangas Coloradas, unterhielt als zweiter wichtiger Häuptling der Chiricahua Apachen Kontakte mit den Weißen. Diese Beziehungen blieben gut, von 1856 bis 1861 konnten die Postkutschen das Stammesterritorium ungefährdet durchqueren. Die Apachen halfen sogar beim Ausbau einer Poststation.

Doch im Februar 1861 wurde Cochise von der US-Armee am Apache-Paß wegen Entführung verhaftet, die allerdings auf das Konto einer rivalisierenden Streitmach ging. Er konnte flüchten und rächte sich, indem er die Postlinie blockierte. Planwagen wurden attackiert und Bergleute vertrieben. Cochise und Mangas Coloradas verbündeten sich nicht nur gegen die US-Armee, sondern auch gegen die Truppen

der Konföderierten, die 1862 von Texas aus in den Südwesten vorrücken wollten.

Die kriegerischen Auseinandersetzungen wurden 1862 besonders blutig: Die Chiricahua und Mescalero Apachen zogen erfolgreich gegen die US-Armee, die Konföderierten und eine Freiwilligentruppe aus Kalifornien zu Felde, die die Region gegen den Einfall der Südstaatler verteidigen sollte. Mangas Coloradas geriet in Gefangenschaft, als er im Januar 1863 unter einer Friedensflagge einen Waffenstillstand vereinbaren wollte. Er wurde gefoltert und schließlich ermordet. Cochise und seine 300 Krieger führten ihren Krieg gegen die Weißen über das Ende des Bürgerkrieges hinaus weiter.

Im September 1872 schloß General Oliver O. Howard schließlich mit Cochise einen Waffenstillstand, der auch nach dessen Tod 1874 von den Chiricahua Apachen eingehalten wurde.

Zwei Jahre später faßte die US-Regierung den Entschluß, die Chiricahua Apachen aus ihrem angestammten Land zu vertreiben. Taza, Sohn und Erbe von Cochise, stimmte zögernd zu. Einige junge Männer, die im Kampf mit Cochise groß geworden waren, widersetzten sich und nahmen den Guerillakrieg wieder auf. Die bekanntesten Anführer unter den Abtrünnigen waren Naiche, Victorio und ein Mann namens Goyathlay, besser bekannt als Geronimo.

Victorio wurde überredet, sich der Chiricahua im Reservat von San Carlos anzuschließen. Doch die Lebensbedingungen dort waren so schlimm, daß er im September 1877 mit seinen Kriegern wieder in die Berge entschwand. Zwei Jahre später befehligte er eine Truppe von 200 Chiricahua und Mescalero Apachen, die von einer Basis in Mexiko aus Attacken im ganzen Südwesten unternahmem. Zu jener Zeit galt er selbst unter seinen Anhängern als besonders grausam. Im Oktober 1880 wurde er von mexikanischen Soldaten aufgespürt und in einem hitzigen Gefecht getötet.

Damit blieb Geronimo der wichtigste Kriegshäuptling der Apachen. General George »Grey Wolf« Crook saß ihm auf den Fersen. Geronimo operierte bei seinen Überfällen wie Victorio von Mexiko aus. Doch im Mai 1883 fiel er Crook in die Hände. Er ließ sich zur Aufgabe überreden und blieb von Februar 1884 bis Mai 1885 im San Carlos-Reservat. Inzwischen machten ihn die Zeitungen jener Gegend durch zahlreiche wahre und erfundene Geschichten weit bekannt. Als er im Mai 1885 aus dem

Links: Eine Apachenfrau in einem traditionellen Brautkleid. Oben: Geronimo überfiel nach dem Tod von Cochise 1874 zahllose Farmen, bis er 1886 gefangengenommen und nach Florida gebracht wurde. 1909 starb er in Fort Sill, Oklahoma.

Reservat verschwand, meldeten dies die Zeitungen quer durch die USA auf der Titelseite.

General Crook kam ihm im März 1886 auf die Spur. Wiederum wurden die Chiricahua zur Kapitulation überredet, die aber nicht lange andauerte. Crook wurde durch General Nelson »Bear Coat« Miles abgelöst, der sich in den Feldzügen gegen die Sioux und Nez Percé einen Namen gemacht hatte. Miles gelang es, Geronimo im August 1886 endgültig dingfest zu machen. Der Häuptling wurde mit 340 seiner Gefolgsleute in Fort Marion, Florida, festgesetzt, wo viele von ihnen starben.

Im Oktober 1894 wurden Geronimo und die verbliebenen 296 Männer, Frauen und Kinder nach Fort Sill, Oklahoma, in das eher verträgliche Klima des Südwestens verlegt.

Geronimo blieb für den Rest seines

Lebens ein Kriegsgefangener. Er galt jedoch als so harmlos, daß er 1905 bei Präsident Theodore Roosevelts Inaugurationsparade mitritt und 1908 in Pawnee Bill's Wild West Show auftreten durfte. Am 17. Februar 1909 starb er 80jährig an einer Lungenentzündung.

Die anderen Chiricahua Apachen in Fort Still, einschließlich derer, die in Florida und Oklahoma nach Geronimos' Kapitulation geboren waren, galten noch bis 1913 offiziell als Kriegsgefangene. 87 von ihnen erhielten nach der Freilassung Land in Oklahoma. 1950 gab es dort ungefähr 200 Chiricahua Apachen und 400 Kiowa Apachen. Die Gesamtzahl aller Apachen in den USA wurde auf 8.600 geschätzt, die meisten lebten im Südwesten. Das Jicarilla-Reservat in Neu-Mexiko zählte 1985 2.411 Einwohner, im Mescalero-Reservat 2.899. Die Vergleichszahlen für die Fort Apache-Behörde in Arizona und die Anadarko-Behörde in Oklahoma lauten 8.311 beziehungsweise 485.

Apachicola, Apalachee (*siehe* Seminolen)

Arapaho
Geographische Region: Plains und Prärien (östliches North Dakota und westliches Minnesota)

*Oben: Diese Aufnahmen aus dem 19. Jahrhundert vergleichen zwei Indianerwohnstätten: die Stroh- und Rindenhütten der Apachen (links) und die Tipi aus Büffelleder der Plains- Indianer (hier: Arapahoe). Im Vordergrund trocknet Büffelfleisch.
Ganz links: Dieses Chiricahua-Apachenmädchen, eine Enkelin von Cochise, stellte sich 1886 dem Fotografen.
Links: Der Arapaho-Häuptling Powder Face in Kriegskleidung. Die Federn stellen Siege in Schlachten dar. Durch ihre Stellung und Markierungen verraten sie, um welche Heldentaten es sich handelte.*

Sprachgruppe: Uto-Aztekisch
Wohnstätte: Plains Tipi
Hauptnahrungsquellen: Großwild, Büffel

Der Name Arapaho kommt aus dem Pawnee *tirapihu* (*larapihu*) und bedeutet »er kauft oder handelt«. Dies war sicher ein angemessener Namen für das größte Handelsvolk der Großen Plains. Es nannte sich selbst *Invnaina* oder »Leute unserer eigenen Art«, während ihre engsten historischen Verbündeten, die Cheyenne, sie als »Hitaniwo'iv« oder »Wolkenmänner« bezeichnen.

Nach der Legende stammten die Arapho aus dem Ursprungsgebiet des Mississippi nahe des Superior-Sees, von dort wanderte der Stamm westwärts zum oberen Missouri, wo sie erstmals auf die Cheyenne stießen. Damals, so die Legende, »verloren sie das Korn«, das heißt, sie gaben den Ackerbau auf und verlegten sich auf die Büffeljagd. 1835 zogen die Arapahoe und Cheyenne in großen Scharen weiter südwärts in den Osten Colorados. Die nördlichen Gruppen der beiden Stämme blieben in Wyoming und Montana.

Im Süden unterzeichneten die Arapaho unter Häuptling Little Raven (Hosa) im Oktober 1867 den Vertrag von Medicine Lodge mit der US-Regierung. Die Arapahoe willigten ein, friedlich in einem zugewiesenen Reservat in Oklahoma zu leben. Es gab einige Verwirrung über seine genaue Lage, denn der Red Fork des Arkansas wurden fälschlich für den Red River gehalten.

Schließlich wurde 1870 die Arapaho-Behörde gegründet. Die Arapaho hielten sich strikt an den Vertrag. Trotz wirtschaftlicher Härten weigerten sie sich, an den Indianeraufständen der Cheyenne, Comanche und Kiowa von 1874/75 teilzunehmen.

Traditionell waren sie ein religiöses Volk, und wandten sich 1890 auch dem Geistertanz-Kult zu: Sie beschwören die Ankunft eines Messias, der alle lebenden und verstorbenen Indianer vereinen sollte. Der *Ghost Dance* bestand aus hypnotischen Ritualen und Tänzen. Er verbreitete sich in den Plains unter vielen Stämmen. Die Bewegung schlief Ende der 1890er Jahre ein, weil sich der erhoffte Erlöser nicht zeigte. Die Arapaho und Cheyenne verkauften im Oktober 1890 tausende Hektar Land an die US-Regierung. Dafür sollte jedes einzelne Mitglied der Stämme ein eigenes Stück Ackerland zur privaten Nutzung erhalten. Bei Abschluß der Landzuteilung 1892 gab es nur noch 1.091 Arapaho gegenüber 2.258 im Jahre 1881.

Die Bevölkerung verringerte sich bis 1924 auf 692. 1950 gab es in Oklahoma 1.189 Southern Arapahos. Die Choncho-Behörde (Cheyenne-Arapaho) zählte 1985 eine gemeinsame Bevölkerung von 5.220 Personen.

Aravaipa Apachen (*siehe* Apachen)

Arikara (Airkaree)
Geogrpahische Region: Plains und Prärien (Missouri-Fluß und Grenze von North- und South Dakota)
Sprachgruppe: Caddo
Wohnstätte: Erdhütte, Stroh-, Rinden- oder Fellhütte
Hauptnahrungsquellen: Jagd, Mais

Oben: Eine Familie des Bannock-Stammes (1871), der im südlichen Idaho lebte. Die Familie gehörte zu den »Schafessern«. Bemerkenswert ist die Tipi-Konstruktion mit den jungen Baumstämmen.

Bis zum 18. Jahrhundert gehörten die Arikara in Nebraska zu den Pawnee; dann zogen sie in das Land am obereren Missouri, wo sie sich in der Nähe der Mandan und Hidatsa niederließen. Sie machten sich die Büffeljagd zu eigen. In der Zeichensprache der örtlichen Indianer hießen sie jedoch nach wie vor die »Körneresser« – wegen ihrer Seßhaftigkeit.

1950 zählte der Stamm etwa 500 Mitglieder, 1970 gab es 1.408 Arikara in den verschiedenen Reservaten.

Arkansas Osage (*siehe* Osage)

Arosaguntacock (*siehe* Abnaki)

Assiniboin (Stoney)
Geographische Region: Plains und Prärien (westliches Saskatchewan)
Sprachgruppe: Sioux
Wohnstätte: Plains-Tipi
Hauptnahrungsquelle: Büffel

Das Wort Assiniboin kennzeichnet eine Person, die »mit Steinen kocht«. Es handelte sich um Abkömmlinge einer Gruppe, die sich im 17. Jahrhundert von den Yanktonai Sioux abgespalten hatte. Sie lebten nahe dem Winnipeg-See, später entlang des Assiniboin und Saskatchewan-Flusses in Kanada.

Gemeinsam mit den Cree verdrängten sie die Blackfoot-Indianer aus dem westlichen Saskatchewan. Anfang des 19. Jahrhunderts zählt der Stamm etwa 800 Mitglieder, die sich durch eine Pockenepidemie von 1836 halbierte. Später siedelten sie sich in Alberta und Montana an; zum Reservat in Montana gehörten 1985 2.747 Bewohner.

Atakapa
Geographische Region: Südosten (Küste von Texas und Louisiana)
Sprachgruppe: Algonkin
Wohnstätte: Strohhütte
Hauptnahrungsquelle: Fisch

Atasi (*siehe* Creek)

Atna
Geographische Region: Subarktis (Copper River Becken, südliches Alaska)
Sprachgruppe: Athapaskisch
Wohnstätte: Erdbedecktes Alaskahaus
Hauptnahrungsquellen: Fisch, Karibu, Elch

Atsina (*siehe* Gros Ventre)

Atsugewi
Geographische Region: nordöstliches Kalifornien (Pit-Fluß)
Sprachgruppe: Hoka
Wohnstätte: Erdhütte
Hauptnahrungsquelle: Mischung aus tierischer und pflanzlicher Nahrung

Die Atsugewi wurden zusammen mit den Achomawi und den Modoc im äußeren Norden Kaliforniens angetroffen. Bei seiner Erhebung 1928 zählte Fred Kniffen 131 Atsugewi- und Achomawi-Dörfer mit rund 3.000 Einwohnern.

Auk (*siehe* Tlingit)

Awatixa, Awaxawi (*siehe* Gros Ventre)

Ays (*siehe* Seminolen)

B

Baffin Island Eskimo (*siehe* Eskimo)

Bannock
Geographische Region: Großes Becken (südliches Idaho)
Sprachgruppe: Uto-Aztekisch und Algonkin
Wohnstätte: einfaches Tipi
Hauptnahrungsquelle: Großwild

Die Bannock gehören zu einem der numanisch-sprechenden Stämme, das heißt: Sie sprechen eine Sprache, die im Großen Becken heimisch ist. Historisch sind sie mit den Shoshonen verwandt, die ebenfalls im rauhen Hochland des Großen Beckens unter schwierigen Bedingungen lebten. Auch sie sprechen diesen regionalen Dialekt. 1985 gab es es etwa 2.250 Bannock im Wind River-Reservat in Wyoming.

Bear Lake (Satudene)
Geographische Region: Subarktis (Great Bear-See, MacKenzie-Territorium)
Sprachgruppe: Athapaskisch
Wohnstätte: doppeltes Pultdach
Hauptnahrungsquellen: Fisch, Karibu, Elch

Der Name dieses Stammes leitet sich vom Great Bear-See (Lake) ab, der genau nördlich des Polarkreises im kanadischen Nordwest-Territorium liegt. Als ein Teil des Mackenzie-Flußsystems liegt der See im Einzugsgebiet der Karibu, die den Lebensstil der subarktischen Indianerstämme bestimmen.

Beaver
Geograpische Region: Subarktis
Sprachgruppe: Atapaskisch
Wohnstätte: doppeltes Pultdach
Hauptnahrungsquellen: Karibu, Elch

1967 gab es nur 727 Beaver-Indianer in Kanada.

Bella Bella
Geographische Region: Nordwestküste
Sprachgruppe: Wakashan (verwandt mit Salishan)
Wohnstätte: Blockhaus
Hauptnahrungsquelle: Fisch

Die Bella Bella sind mit den Bella Coola verwandt, die ebenfalls den nördlichen Teil der Küste von British Columbia bewohnen. Die heutige Stadt Bella Bella liegt bei Campbell Island, British Columbia, ungefähr 240 Kilometer südlich von Prince Rupert.

Bella Coola
Geographische Region: Nordwestküste
Sprachgruppe: Salishan
Wohnstätte: Blockhaus
Hauptnahrungsquelle: Fisch

Die Bella Coola lebten ursprünglich am Bella Coola-Fluß im oberen Küstengebiet von British Columbia. Durch ihre abgeschiedene Lage von den anderen Völkern ihrer Sprachgruppe entwickelten sie einen eigenen Dialekt. Er ähnelt eher dem Idion der weiter südlich lebenden Salishan-Völker, doch stehen die Bella Coola kulturell den Kwakiutl näher. Als Sir Alexander Mackenzie im Juli 1793 auf dem Landweg den Bella Coola-Fluß erreichte, kam es zum ersten Kontakt mit Weißen. Mackenzie berichtete über die großen Häuser aus Zedernstämmen und die Kultur des Stammes, insbesondere ihre Religion. Ihre Totempfähle bestanden aus Tierschnitzereien, die für jede Familie oder Sippe ein entsprechendes Tier darstellten.

Die derzeitige Stadt Bella Coola, British Columbia, liegt am Burke Channel etwa 320 Kilometer südöstlich von Prince Rupert und 80 Kilometer östlich von Bella Bella. 1967 gab es 575 Bella Coola in Kanada.

Beothuk
Geographische Region: Subarktis (nur Neufundland)
Sprachgruppe: Beothuka
Wohnstätte: Einfaches Tipi

Unten: Ein Totempfahl und eine Giebeldachhütte in British Columbia, vor 1901. Im Nordwesten wurden die Häuser von ausgebildeten Zimmerleuten gebaut und erfahrene Kunstschnitzer beauftragt, Totempfähle für den Eingangsbereich zu schnitzen. Sie hatten nichts mit Religion zu tun, sondern können eher mit europäischen Familienwappen verglichen werden. Ihre Höhe wurde nur durch die Länge der verfügbaren Zedernholzbaumstämme begrenzt.

Hauptnahrungsquellen: Karibu, Elch, Seehunde

Heute ist dieser Stamm ausgestorben, gehörte einst aber zu den Ureinwohnern Neufundlands. Sie wurden schon in der Frühphase der europäischen Erforschung der Neuen Welt von Weißen entdeckt. Damals fiel besonders auf, daß sie ihre Körper mit roter Farbe bestrichen; von diesem Brauch soll die Bezeichung »roter Mann« oder »Rothäute« für Indianer herrühren.

Biloxi
Geographische Region: Südosten (südlicher Mississippi)
Sprachgruppe: Muskhogee
Wohnstätte: Strohhütte
Hauptnahrungsquelle: Fisch

Die Biloxi waren ursprünglich an der gleichnamigen Bucht nahe der heutigen Stadt Biloxi in Mississippi beheimatet. Später wanderte der Stamm nach Louisiana weiter. Man hielt sie ursprünglich für Verwandte der Choctaw, die in dieser Region die Mehrheit bildeten. 1866 stellte sich jedoch heraus, daß die Biloxi eine isolierte Gruppe Sioux-sprechender Indianer darstellten. 1985 zählte der Tunica-Biloxi Stamm in Louisiana 104 Mitglieder.

Blackfoot (Siksika)
Geographische Region: Plains und Prärien (nördliches Montana und südliches Alberta)
Sprachgruppe: Algonkin
Wohnstätte: Plains Tipi
Hauptnahrungsquellen: Großwild, Büffel
Untergruppen: Blackfoot Proper, Piegau, Blood

Die Blackfoot (»Schwarzfüsse«) verkörpern die typischen Indianer der nordamerikanischen Steppen und Prärien, also die Indianer der Plains schlechthin. Sie gehören zu den numanisch-sprechenden Stämmen, historisch waren sie mit den nomadisch lebenden Atsina verbunden. Sie lebten einmal ausschließlich vom Büffel, aus dessen Häuten sie ihre Kleidung und ihre Tipis fertigten.

Unmittelbar am Rande der Rocky Mountains (die sie das »Rückgrat des Landes« nannten) stießen sie in den Ebenen von Montana und Alberta zum ersten Mal auf

Rechts: US-Präsident Franklin D. Roosevelt bei einem Gespräch mit Blackfoot-Häuptling Bird Rattler (5.8.1943) im Glacier Nationalpark/ Montana. Er hatte den Politiker als »Einsamen Häuptling« in den Stamm aufgenommen.

Rechts: Die Blackfoot waren in allen Lebensbereichen vom Büffel abhängig. Auf diesem 1919 entstandenen Gemälde stellte Charles M. Russell die Büffeljagd dar. Die Jagd auf Pferden brachte ihnen große Mobilität. Der Indianer rechts benutzt zwar ein Gewehr, aber Pfeil und Bogen waren offensichtlich noch lange im Gebrauch.

Weiße. Früher soll sich ihr Territorium bis hin zu den Großen Seen erstreckt haben.

Wegen ihrer Abhängigkeit vom Büffel gewöhnten sich die Blackfoot bei ihrer Jagd rasch an den Gebrauch von Pferden, als diese im 18. Jahrhundert verfügbar wurden. Sie unterhielten große Herden und genossen einen Ruf als hervorragende Reiter. Der Besitz der neuen Feuerwaffen machte sie darüber hinaus zu furchterregenden Kriegern. Sie griffen nicht nur benachbarte Stämme an, sondern auch die wenigen weißen Siedler, die sich in ihre entlegenen Jagdgründe gewagt hatten. Beritten und mit Gewehren ausgerüstet, wurden sie gerne als die Herren der nördlichen Plains angesehen. Mit den Gewehren und den Pferden ließen sich die Büffel leichter erlegen, und bei den anderen Stämmen waren die Blackfoot gefürchtet.

Mit einer Pockenepidemie begann 1836 der Abstieg des einst so mächtigen Stammes. Gegen 1870 hatte sich die Zahl der Blackfoot um ein Drittel verringert. Die kommerzielle Jagd des Büffels durch die Weißen brachte sie um ihre Lebensgrundlage; schon 1883 war der Bison so gut wie ausgerottet. Im »Hungerwinter« 1883/84 starben allein in Montana über 600 »Schwarzfuß«-Indianer. Charles M. Russell, der damals in Montana lebte, hat ihre traditionelle Lebensweise um die Jahrhundertwende in seinen Bildern festgehalten.

Die Blackfoot hatten eine hochentwikkelte Religion voller Mystik und geheimer Riten. Medizinmänner und Schamanen

spielten dabei eine herausragende Rolle. Heute sind die meisten Blackfoot katholisch, aber auch ihre traditionelle Religion hält sich noch immer am Leben.

Reservate der Blackfoot trifft man in Alberta (mit 7.310 Einwohnern 1967) und in den traditionellen Stammesgebieten von Montana (mit 6.715 Einwohnern 1985) an.

Die wichtigste Stadt im Blackfoot-Gebiet ist Browning in Montana, wo es ein Museum der Plains-Indianer zu besichtigen gibt. Einige Blackfoot leben im Fort Hall-Reservat in Idaho.

Mehr als 5.000 Stammesangehörige der Blackfoot leben zudem außerhalb der Reservate.

Blackfoot Sioux (*siehe* Sioux)

Blood Blackfoot (*siehe* Blackfoot)

Boise (*siehe* Shoshone)

Box Elder (*siehe* Shoshone)

Brulé Sioux (*siehe* Sioux)

Buena Vista
Geographische Region: Mittleres und östliches Kalifornien
Sprachgruppe: Penuti-Yokuts
Wohnstätte: Einfaches Tipi
Hauptnahrungsquellen: Eicheln, Kleinwild

Bruneau (*siehe* Shoshone)

Bungi (*siehe* Chippewa)

Caddo
Geographische Region: Plains und Prärien (Texas)
Sprachgruppe: Caddo
Wohnstätte: Kuppelförmige Strohhütte
Hauptnahrungsquelle: Mais

Der Name kommt von *kadohadach*, das soviel wie »wirkliche Häuptlinge« bedeutet. Die Caddo waren ein wichtiger Stamm in den Flußtälern des Red River und des Arkansas-Flusses. Wahrscheinlich waren sie in prähistorischen Zeiten aus dem Südwesten dorthin gezogen. Die Grabhügel im Entwässerungssystem des Arkansas werden den Caddo zugeschrieben.

De Soto traf erstmals 1541 auf den Stamm. Als Sieur La Salle sie 1686 besuchte, war der Stamm mit den Wichita verbündet und ein Eckpfeiler im regionalen Stammesbund. Der ursprüngliche Name für ihr Siedlungsgebiet, Taches, wurde von den spanischen Kolonisten in Texas umgewandelt: ein Wort, das bis heute jedem geläufig ist.

Der Stamm geriet unter französischen Einfluß, als nahe seiner Siedlung Natchitoches 1714 ein französischer Handelsposten errichtet wurde. Ende des 18. Jahrhunderts führten die Caddo Krieg gegen die Choctaw, die sich unter dem Druck der Weißen nach Westen zurückziehen mußten. Anfang des 19. Jahrhunderts verbündeten sie sich mit den Choctaw gegen die Osage. 1835 verkauften sie ihr Land in Louisiana an die US-Regierung. Der Kaufpreis von 40.000 Dollar war bis 1840 in Pferden, anderen Gütern und Geldraten zu begleichen. Die Caddo zogen nach Oklahoma zum Washita-Fluß und zum Brazos nach Texas. 1844 wurden sie aus dem Großen Rat der Choctaw ausgeschlossen, nachdem er eine Bestimmung erlassen hatte, nach der alle für die Choctaw gefährlichen und fremden Stämme die Gebiete der Choctaw zu verlassen haben.

Am 15. Mai 1846 unterzeichneten sie zusammen mit den Anadarko den Vertrag von Council Springs. Damit unterstellten sie sich dem Schutz der US-Regierung und verpflichteten sich, künftig Frieden zu halten. Sie bauten Häuser aus Holzrahmen, befaßten sich mit Landwirtschaft und dienten der US-Armee als Scouts beim Kampf gegen die Comanchen. Im August 1859 drohte den Caddo in Texas ein Angriff durch die Weißen. Sie wurden nach Norden in die Gebiete der Choctaw zu den anderen Caddo

Gegenüberliegende Seite: Zwei Reservisten des US-Marinekorps von den Stämmen der Blackfoot (links) und der Potawatomi (rechts) 16.10.1943. Unten: Die beiden Zeichnungen von Charles M. Russell zeigen die Entwicklung der Fortbewegung bei den Blackfoot. Vor der Ankunft der Weißen und der Einführung des Pferdes wurde die Tragewiege von Haushunden gezogen. Doch sie verlor später trotzdem nichts von ihrer Bedeutung.

Charles M. Russell malte 1908 dieses Gemälde, »The Medicine Man«, das eine Wanderung der Blackfoot-Indianer darstellt. Für diesen nomadischen Stamm waren Märsche quer durch die Plains nicht ungewöhnlich. Frauen, Kinder und die Alten gingen in der Gruppenmitte, während Krieger das Ende des Zuges deckten. Jede Familie war für ihren eigenen Besitz verantwortlich, der auf Tragewiegen mitgeschleppt wurde. Trotz der Pferde war das Tempo gering und lag bei etwa acht Kilometer am Tag. Der Medizinmann war nach dem Häuptling das wichtigste Stammesmitglied. Seine Pflichten beinhalteten auch die religiöse Zeichendeutung und medizinische Hilfe. Ein guter Medizinmann war in beidem erfolgreich, so daß der Stamm ihm oft genug magische Fähigkeiten zuwies.

Oben: Ein Ausschnitt aus dem Gemälde von George Catlin, das La Salles Begrüßung durch die Caddo zeigt. Rechts: Ein Cayuse-Krieger.

am Washita-Fluß evakuiert. Der überhastete Aufbruch von 1.430 Menschen und der zweiwöchige Marsch in der Augusthitze waren hart. Die Caddo wurden immer noch von den Texanern verfolgt.

Am 12. August 1861 unterzeichnete Häuptling Quinahiwi mit anderen Häuptlingen einen Vertrag mit der Südstaatenkonföderation, auf deren Seite einige Caddo im Bürgerkrieg mitkämpften. Ein Caddo-Bataillon gehörte zu den letzten Truppenteilen, die im Juli 1865 im Kampf gegen die Union die Waffen streckten. Diese Einheit war auch an der Zerstörung der Wichita-Behörde 1862 und dem Massaker am Tonkawa-Fluß beteiligt. 1867 wurden die Caddo wieder in der Washita-Region angesiedelt, wo sie Häuser und Farmen errichteten. 1872 entstand hier ein Reservat. Eine neue Stammesorganisation wurde aufgebaut, die sich 1936 eine eigene Verfassung gab. Diese Ausführungsgesetze, die die Ablösung des Häuptlings durch einen Stammesrat vorsahen, wurden am 17. Januar 1938 ratifiziert. Enoch Hoag ging als letzter Häuptling der Caddo in die Geschichte ein.

Um 1805 wurde die Zahl der Caddo auf etwa 800 geschätzt. Sie verdoppelte sich in den folgenden Jahrzehnten, sank aber dann bis 1897 auf 497. Die Indianerzählung von 1930 ergab 1.005 Stammesangehörige. 1985 lag die Gesamtzahl der Caddo-Anadarko bei der Anadarko-Behörde von Oklahoma bei 1.218 (*siehe auch* Anadarko).

Cahokia

Geographische Region: Nordosten (Illinois)
Sprachgruppe: Algonkin
Wohnstätte: Kuppelförmige Stroh-, Rinden- oder Fellhütte
Hauptnahrungsquellen: Jagd, Mais

Die Cahokia gehörten zu den Erbauern der prähistorischen Grabhügel am Oberlauf des Mississippi. Der Cahokia Mound bei St. Louis in Madison County, Illinois, ist die höchste prähistorische Kultstätte in Nordamerika. Traditionell werden die Cahokia mit den Tamaroa in Verbindung gebracht. Beide Stämme wurden erstmals 1698 von missionierenden Jesuiten aufgesucht.

Die Cahokia bildeten mit den Illinois, Kaskaskia und Peoria einen Bund, der 1818 die Hälfte des heutigen Bundesstaates Illinois der US-Regierung überließ und mit den Stämmen der Kaskaskia und den Peoria verschmolz.

Cahuilla
Geographische Region: Südwesten (Palm Springs, südöstliches Kalifornien)
Sprachgruppe: Uto-Aztekisch
Wohnstätte: Kuppelförmige Stroh,- Rinden- oder Fellhütte
Hauptnahrungsquellen: Wildpflanzen, Mais, Kleinwild

Obwohl der Stamm als eines der »Missionsvölker« bekannt war, hatten die Cahuilla, der größte Wüstenstamm Südkaliforniens, mit den frühen spanischen Missionaren nichts im Sinn. Bis auf wenige Ausnahmen wurden die Cahuilla keine »Missionsindianer«. Die spanischen Priester förderten Mischehen, weil sie die Unterschiede zwischen den Stämmen verwischten. Die Cahuilla hielten sich von dieser Praxis bis Ende des 19. Jahrhunderts fern.

Alfred Kroeber schätzte die ursprüngliche Cahuilla-Bevölkerung 1925 auf rund 2.500. 1970 gab es nur noch 354 Cahuilla in den sieben Reservaten Südkaliforniens; davon lebten 23 im eigentlichen Cahuilla-Reservat. Das Cahuilla-Reservat selbst zählte 1985 noch 148 Bewohner.

Calapooya (*siehe* Kalapuya)

Calusa
Geographische Region: Südosten (südwestliches Florida)
Sprachgruppe: Muskhogee
Wohnstätte: Strohhütte
Hauptnahrungsquelle: Fisch

Capaha (*siehe* Quapaw)

Caribou Eskimo (*siehe* Eskimo)

Carrier
Geographische Region: Subarktis (Küstengebirge, Alaska und British Columbia)
Sprachgruppe: Athapaskisch

Wohnstätte: Einfaches Tipi, doppeltes Pultdach
Hauptnahrungsquellen: Karibu, Elch

Wie andere subarktische Stämme in British Columbia auch, waren die Carrier Nomaden. Sie folgten den Karibuherden, denn diese Tiere waren ihre Lebensgrundlage. Ihre Korbarbeiten waren nur gewickelt. Dadurch unterschieden sich die Indianer dieser Region von anderen an der Nordostküste oder in Alaska, deren Körbe gewickelt und geflochten waren. 1967 lebten 3.862 Carrier in Kanada.

Cascade
Geographische Region: Großes Becken (Columbia-Fluß, nördliche Kernregion Oregon)
Sprachgruppe: Penuti-Chinook
Wohnstätte: Erdhütte
Hauptnahrungsquelle: Fisch

Catawba
Geographische Region: Südosten (südliches South Dakota)
Sprachgruppe: Sioux
Wohnstätte: Langhaus
Hauptnahrungsquelle: Mais

Die Catawba waren der bekannteste siouxsprechende Stamm im Südosten. Ihr Name leitet sich von dem Yuchi-Wort *Kotoba* oder »starke Leute« ab. Nach einer Legende kamen sie aus dem Nordwesten nach South Carolina. Im Norden hatten sie als Bauern und Jäger gelebt. Die Spanier stießen erstmals 1566 auf den Stamm, der sich nach seinem traditionellen Namen auch als Iswa oder Ysa bezeichnete.

Zwischen den Catawba und ihren langjährigen Rivalen, den Shawnee und Irokesen, gab es oft kriegerische Verwicklungen. So wurde etwa am 30. August 1763 der große Catawba-Häuptling Haiglar von den Shawnee ermordet. Dessen Beziehungen zu den Weißen waren gut. Er hatte ihnen sogar dabei geholfen, die Cherokee 1759 zu besiegen.

Während der amerikanischen Revolution schlugen sich die Catawba auf die amerikanische Seite. 1822 hatte der Stamm 450 Mitglieder. 1840 verkaufte er den größten Teil seines Landes, um nach South Carolina überzusiedeln. Dies war ein Fehlschlag, so daß sich die Catawba 1848 um eine neue Heimstätte im Indianer-Territorium bemühten. Hier kamen manche 1853 bei den Choctaw unter und wurden in deren Stämmen aufgenommen.

Der größte Teil des Stammes blieb jedoch in York County, South Carolina, wo sich manche auf Seiten der Konföderierten am Bürgerkrieg beteiligten. 1944 wurden die 300 Mitglieder des Stammes mit allen Bürgerrechten in den US-Bundesstaat South Carolina aufgenommen.

Cayuga (*siehe* Irokesen)

Cayuse
Geographische Region: Großes Becken (nordöstliches Oregon)
Sprachgruppe: Klamath-Sahaptin
Wohnstätte: Einfaches Tipi
Hauptnahrungsquelle: Mischung aus tierischer und pflanzlicher Nahrung

Celilo
Geographische Region: Großes Becken (östliches Oregon entlang des Columbia-Flusses)
Sprachgruppe: Athapaskisch
Wohnstätte: Einfaches Tipi
Hauptnahrungsquelle: Mischung aus tierischer und pflanzlicher Nahrung

Chasta-Costa
Geographische Region: Nordwestküste (Oregon)
Sprachgruppe: Athapaskisch
Wohnstätte: Blockhaus
Hauptnahrungsquelle: Fisch

Im Jahre 1970 gab es 30 Chasta-Costa.

Chaui (*siehe* Pawnee)

Chehalis
Geographische Region: Nordwestküste (westliches Washington)
Sprachgruppe: Salishan
Wohnstätte: Blockhaus
Hauptnahrungsquelle: Fisch

1985 lebten 777 Personen im Stammesreservat auf der Olympic-Halbinsel. Zu ihnen

Links: Ein Cherokee erhitzt eine steinerne Axt über einem Feuer. Oben: Cherokees beim Korbflechten im Tsa-La-Gi Indianerdorf bei Tahlequah in Oklahoma. Dies war die Hauptstadt des Stammes, bis sich die Cherokee-Nation am 14. Juni 1914 auflöste.

gehörten auch die Abkömmlinge jener Chinook, die sich nach der Epidemie von 1829 den Chehalis angeschlossen und deren Sprache übernommen hatten.

Chelan
Geographische Region: Nordwestküste (Puget-Sund, Washington)
Sprachgruppe: Salishan
Wohnstätte: Blockhaus
Hauptnahrungsquelle: Fisch

Chemehuevi (Süd Paiute, *siehe* Paiute)

Cherokee (Cherokesen)
Geographische Region: Südosten (Carolinas, Georgia, Tennessee)
Sprachgruppe: Irokesisch
Wohnstätte: Strohhütte
Hauptnahrungsquellen: Jagd, Mais

Die Cherokee waren der größte Stamm des Südostens. Früher als andere übernahmen sie die Zivilisation der europäischen Siedler. In ihrer eigenen Schriftsprache nennen sich die Cherokesen *Tsálagi*, doch sie wurden von den Choctaw *Chalakki* genannt. Die Sprache dieses Stammes war die allgemeine Handelssprache unter den Stämmen im amerikanischen Südosten.

De Soto traf 1540 in der Region um die damalige Hauptstadt Echota (Itsati) nahe dem heutigen Madison in Tennessee erstmals auf den Stamm. Die Cherokee hatten damals eine hochentwickelte Kultur, Gesellschaft und Religion. Im 17. Jahrhundert verlegten sie ihre Hauptstadt nach New Echote (Ustanali) nahe dem heutigen Calhoun, Georgia. Schätzungsweise 20.000 Stammesangehörige lebten 1729 in 64 Städten und Dörfern.

Während die europäische Zivilisation an der nordamerikanischen Atlantikküste Fuß faßte, dehnten die Cherokee ihr eigenes Reich nach Westen aus: 1711 besiegten sie die Tuscarora in beiden Carolinas, 1751 vertrieben sie die Shawnee vom Cumberland River. Ihr Sieg über die Creek 1755 wurde zum Wendepunkt beim Kampf um die Vorherrschaft über das nördliche Georgia. Schließlich wandte sich der Stamm gegen die Briten, bis Häuptling Attakullakulla 1761 in Charleston einen Friedensvertrag mit den neuen Kolonialherren schloß.

1768 wurde der Stamm von den Chickasaw besiegt. Damit begann ihr Niedergang. Nach mehreren Kriegen und dem Verlust weiter Gebiete an weiße Siedler schloß Häuptling Dragging Canoe den Vertrag von 1777. Teile des Stammes, die auch den neuen Ortsnamen Chickamauga annahmen, wurden nach Chickamauga Creek bei Chattanooga in Tennessee umgesiedelt. Nach einer Reihe von Kriegen gegen die Weißen wurden die westlichen Cherokee schließlich 1839 in das Indianer-Territorium nach Oklahoma gebracht.

Die östlichen Cherokee hatten sich unterdessen zu erfolgreichen Farmern entwickelt. Sie bauten stattliche Häuser und besaßen große Rinderherden. Einige Cherokee führten nach dem Muster weißer Plantagenbesitzer sogar schwarze Sklaven ein.

1808 legte Häuptling Charles Hicks die Gesetzestexte des Stammes schriftlich nieder. Etwa zur gleichen Zeit entwickelte Sequoia (Sequoya), ein Cherokee aus Alabama, die erste eigene, indianische Schriftsprache Nordamerikas. Das Alphabet bestand aus 85 Buchstaben. Nun schrieben und lasen viele Chereokee in ihrer Stammessprache. Sequoias Alphabet wurde zum Druck von Büchern und Zeitschriften in Blei gegossen. Am 21. Februar 1828 erschien in New Echota *The Cherokee-Phoenix* als erste zweisprachige Zeitung in Cherokee und Englisch. Mit etwa 13.000 Angehörigen waren die Cherokee unter Häuptling John Ross ein Volk, mit dem man rechnen mußte. Georgia unterstellte es 1828 seiner Gesetzgebung. Die Cherokee klagten dagegen vor dem Obersten Bundesgericht und verloren. Im Mai 1836 verabschiedete der Senat in Washington ein Gesetz, das die Cherokee zwang, ihre Heimat in Georgia gegen neues Land im Indianer-Territorium aufzugeben. Manche Cherokee gingen freiwillig, andere wurden mit Gewalt vertrieben. Im Winter 1838/39 starben mehr als 4.000 Indianer bei dem 1.200 Kilometer langen Marsch nach Norden. Diese entbehrungsreichen Strapazen wurden später unter dem Namen *Trail of Tears* (»Weg der Tränen«) bekannt.

Am 12. Juli 1839 vereinigten sich die östlichen und die westlichen Cherokee politisch zu einer Nation. Sie gab sich am 6. September 1839 in der Nordostecke des Indianer-Territoriums eine eigene Verfassung. 1841 wurden die ersten öffentlichen Schulen eingerichtet, denen 1851 zwei höhere Lehranstalten folgten. Schon 1844 etablierte sich eine Druckerei, die unter anderem den *Cherokee Advocate*, eine zweisprachige Zeitung unter Benutzung des Sequoia-Alphabets, veröffentlichte.

Bei Beginn des Bürgerkriegs 1861 schlugen sich die Cherokee unter Häuptling John Ross auf die Seite der Südstaatenkonföderation. Ein eigenes Regiment wurde aufgestellt, der Kommandeur Stand Watie brachte es bis zum Brigadegeneral. Die Bevölkerung umfaßte damals wohl um die 21.000 Männer, Frauen und Kinder. Sie sank bis 1867 auf 13.566.

Nach dem Bürgerkrieg kehrte bei den Cherokee wieder das normale Leben ein, doch gegen Ende des 19. Jahrhunderts verschärfte sich der Druck der weißen Siedler im nahegelegenen Oklahoma Country. Am 7. August 1902 ließ Häuptling T.M. Buffington eine Volksabstimmung durchführen, bei der sich jeder Cherokee für die Übernahme eines eigenen Stückes Land entscheiden konnte. Im März 1907 endete die Existenz der Cherokee als Nation, die Regierung löste sich 1914 auf. Häuptling William Rogers blieb noch bis 1917 im Amt, und unterzeichnete Urkunden.

Die Bevölkerungskurve der Cherokee ging wie die anderer Stämme im 19. Jahrhundert steil auf und ab. 1808, als Häuptling Hicks die Gesetzestexte des Stammes niederlegte, gab es in den Städten des Ostens 12.395 Cherokee. Dazu kamen etwa 2.000 westliche Cherokee in Tennessee. 1835, also noch vor der Umsiedlung in das Indianer-Territorium, gab es 16.542 Cherokee im Osten (von denen fast ein Viertel beim Marsch nach Oklahoma umkam). Außerdem lebten 6.000 Stammesangehörige im Indianer-Territorium. Zur Zeit des Bürgerkrieges zählte die Nation der Cherokee etwa 21.000 Indianer, aber 1867 war ihre Zahl auf 13.566 gesunken.

Im 20. Jahrhundert stieg die Bevölkerung im ehemaligen Indianer-Territorium von Oklahoma auf 41.693 Cherokee im Jahre 1914. Damals wurde die Cherokee-Nation aufgelöst, das Bevölkerungswachstum setzte sich fort bis auf 45.238 im Jahre 1930. Viele verließen im späteren Verlauf dieses Jahrhunderts Oklahoma, wo der Stamm der Cherokee im Bereich der Tahlequah-Behörde 1982 immer noch 42.992 Mitglieder zählte. Im Reservat von North Carolina lebten rund 6.000 Abkömmlinge jener Chereokee, die in den Bereich der dortigen Cherokee-Behörde zurückgekehrt waren.

Chewelah

Geographische Region: Großes Becken (östlicher Bundesstaat Washington)
Sprachgruppe: Salishan
Wohnstätte: Erdhütte
Hauptnahrungsquellen: Fisch, Wild
Anmerkung: Bei dem Stamm handelt es sich um eine Untergruppe der Spokane.

Links: Ein Junge und ein Mädchen der Cherokee in einem Reservat in North Carolina. Oben: Leutnant Woody J. Cochran, ein Cherokee aus Oklahoma, errang während des 2. Weltkrieges nahezu alle wichtigen Militärorden der US-Armee. Gegenüberliegend: Die Cheyennes Dull Knife (links) und Little Wolf, die maßgeblich an der Einrichtung eines Reservates für ihren Stamm in Montana beteiligt waren.

Cheyenne

Geographische Region: Plains und Prärien (Black Hills, South Dakota und angrenzende Staaten)
Sprachgruppe: Algonkin
Wohnstätte: Plains Tipi
Hauptnahrungsquelle: Büffel

Die Cheyenne gehörten zu den Stämmen in den großen Ebenen. Traditionell waren sie mit den Arapaho verbündet und mit den Sioux verfeindet. La Salle entdeckte den Stamm 1680 im Gebiet des heutigen Minnesota. Später wanderten die Cheyenne zum heutigen, nach ihnen benannten Fluß in North Dakota. Bei den Sioux hieß die Region »Der Ort, wo die Cheyenne pflanzen«, was darauf hinweist, daß sie früher Ackerbau betrieben. Später »verloren sie das Maiskorn«, wie die Legende überliefert: Sie verlegten sich wie andere Stämme in den Plains auf die Büffeljagd.

Als Lewis und Clark 1804 den Stamm aufsuchten, lebten die Cheyenne in den Black Hills von South Dakota, denn die Sioux hatten sie aus den Plains verdrängt. Teile des Stammes zogen 1851 in die Gegend südlich das Arkansas-Flusses, wo sie als Süd-Cheyenne bekannt wurden und sich mit den dortigen Arapaho verbündeten. Mit dem Vertrag von Medicine Lodge von 1867 teilte die US-Regierung beiden Stämmen ein gemeinsames Reservat zu.

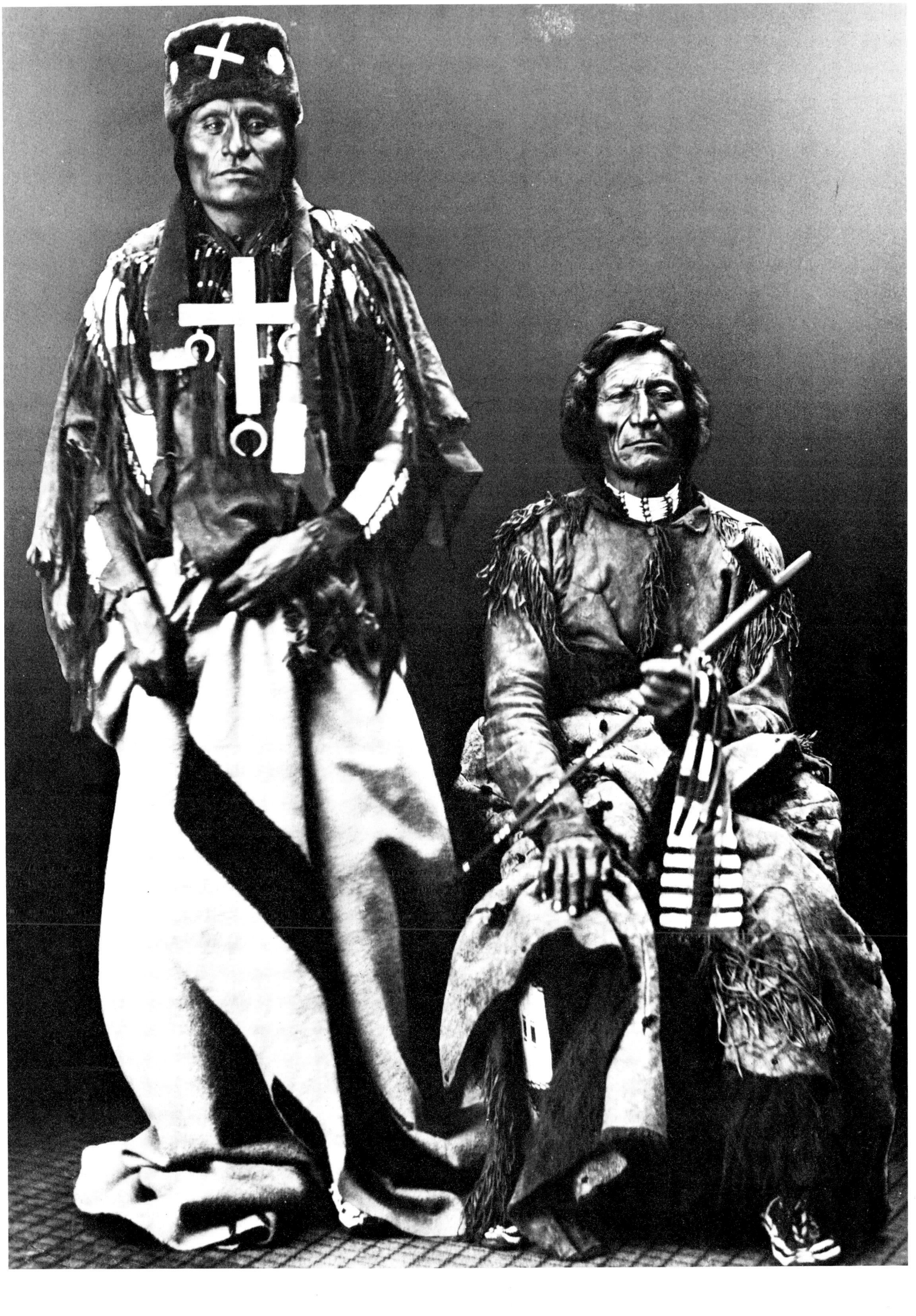

Bis dahin waren die Beziehungen der Cheyenne zu den Weißen verhältnismäßig gut gewesen, und zwar trotz des Massakers am Sand Creek von 1864. Damals hatte die US-Kavallerie unter Oberst J.M. Chivington einen unprovozierten Angriff auf das Cheyenne-Lager unter Häuptling Black Kettle unternommen. 1868 schlossen sich die Cheyenne dem Krieg der Plains-Indianer an. Am 27. November wurde das Lager von Häuptling Black Kettle am Washita-Fluß in Oklahoma abermals Opfer eines Überraschungsangriffs der US-Kavallerie unter Oberstleutnant George A. Custer. Black Kettle wurde getötet, doch die Schlacht von Washita förderte den Ruf und die militärische Laufbahn Custers. Die kriegerischen Auseinandersetzungen zwischen den Cheyenne und den Weißen fanden erst 1875 ein Ende.

In North Dakota hatten die Cheyenne inzwischen längst Frieden mit ihren traditionellen Rivalen, den Sioux, geschlossen. Sie waren in den 1860er und 70er Jahren für einige gemeinsame Überfälle auf weiße Siedler verantwortlich. Im Sommer 1876 unternahm die US-Armee energische Anstrengungen, um die Indianer zu fassen, zu besiegen und sie in ihre Reservate zurückzutreiben. Ende Juni hatten etwa tausend von ihnen ihr Lager am Ufer des Little Bighorn-Flusses im Südosten von Montana aufgeschlagen. Die meisten gehörten zu den Sioux, doch es war auch eine größere Gruppe von Nord-Cheyenne unter Häuptling Dull Unife dabei. Die 7. US-Kavallerie operierte in derselben Gegend, und am Morgen des 25. Juni überfiel eine Abteilung unter dem Kommando vom Oberstleutnant Custer das Lager. Obwohl seine Truppe zahlenmäßig weit unterlegen war, hoffte Custer auf einen Überraschungserfolg wie in Washita. Dies erwies sich als eine folgenreiche Fehlkalkulation: In der schwersten Niederlage der US-Armee während der Indianerkriege wurden große Teile der Streitmacht vernichtet.

Die Stammesgruppen, die am Little Bighorn zufällig zusammen waren, gingen nach der Schlacht wieder eigene Wege. Dies ermöglichte es der verstärkten US-Armee, Indianer in kleinen Gruppen zu unterwerfen und sie bis 1877 in das Indianer-Territorium zurückzudrängen. Die Cheyenne aus dem Norden vertrugen die dortigen Lebensbedingungen schlecht, viele Stammesangehörige erkrankten. Im September 1878 beschlossen die Häuptlinge Little Wolf und Dull Knife, sich mit 353 ihrer Getreuen heimlich wieder auf den Weg gen Norden zu machen. Einige wurden abgefangen, doch die meisten schafften es zurück bis nach Montana, wo sie von der US-Regierung die Erlaubnis zum Bleiben in einem Reservat am Tongue-Fluß erwirkten. 1883 lebten dort schließlich alle nördlichen Cheyenne aus dem Indianer-Territorium.

1885 zählte das Reservat der nördlichen Cheyenne in Montana 3.177 Bewohner,

Unten: Dieses Foto aus dem späten 19. Jahrhundert zeigt in einem Cheyenne-Lager einen Planwagen sowie ein Planzelt – Spuren der weißen Siedler. Doch Fleisch wird auf den Holzgerüsten im Vordergrund auf traditionelle Weise getrocknet.

1970 waren es 2.100. Das Reservat der Cheyenne-Arapaho in Oklahoma hatte 1970 6.674 Bewohner und 5.220 im Jahre 1985.

Chiaha (*siehe* Seminolen)

Chickahominy
Geographische Region: Nordosten *Sprachgruppe:* Algonkin
Wohnstätte: Langhaus
Hauptnahrungsquelle: Mais

Chickamauga (*siehe* Cherokee)

Chickasaw
Geographische Region: Südosten (Mississippi)
Sprachgruppe: Muskhogee
Wohnstätte: Strohhütte
Hauptnahrungsquelle: Mais

Die Chickasaw gehörten ursprünglich zu den Choctaw. Sie sprechen praktisch die gleiche Sprache, und auch ihr Name bedeutet: »Sie verließen den Stamm vor kurzem.« 1540 traf der spanische Entdecker De Soto auf die Chickasaw. Sie lebten damals im heutigen Mississippi, nach einer Stammeslegende waren sie aus dem Westen zugewandert. Ihnen eilte der Ruf geschickter Krieger voraus, wie De Soto selbst feststellen konnte. Die Zahl ihrer Siege im 18. Jahrhundert ist beispielhaft für ihre militärische Bedeutung im unteren Tal des Mississippi. 1715 besiegten sie die Shawnee, 1768 die Cherokee und 1795 die Creek.

Mit den Engländern pflegten die Chickasaw das ganze 18. Jahrhundert hindurch rege Handelsbeziehungen. 1786 schlossen sie einen Vertrag mit den USA, deren Regierung den Stamm 1837 in das neue Indianer-Territorium umsiedelte. Dort lebten sie im Gebiet der Choctaw. 1855 erhielten sie ihr eigenes Territorium. Die Hauptstadt wurde zu Ehren des großen Chickasaw-Häuptlings Tishomingo genannt, der 1838 beim großen Treck nach Westen im Alter von 102 Jahren gestorben war.

Im amerikanischen Bürgerkrieg wurden die Regierungen der beiden Indianernationen aufgelöst, und erst 1866 wieder ins Leben gerufen. Bevor das Indianer-Territorium als Teil von Oklahoma zu den Vereinigten Staaten kam, wurden 1906 alle dortigen Stammesregierungen endgültig aufgelöst. 1929 konstituierte sich ein Schutzverband der Chickasaw.

1780 gab es 22.290 Chickasaw-Indianer. 1890 waren es 6.400, 1944 lebten noch 5.350 Stammesangehörige im Reservat von Oklahoma. 1985 lag die Chickasaw-Bevölkerung der Ardmore-Behörde in Oklahoma bei 9.020.

Chilkat (*siehe* Tlingit)

Chilocotin
Geographische Region: Subarktis (Küstengebirge, Alaska und British Columbia)
Sprachgruppe: Athapaskisch
Wohnstätte: Blockhaus, doppeltes Pultdach
Hauptnahrungsquellen: Fisch, Karibu, Elch

Chimakuan
Geographische Region: Nordwestküste (westliches Washington)
Sprachgruppe: Mosa (Wakashan-Salishan, ein erloschener Dialekt)
Wohnstätte: Blockhaus
Hauptnahrungsquelle: Fisch

Chinook
Geographische Region: Nordwestküste (Oregon, Küsten von Washington)
Sprachgruppe: Penuti-Chinook

Links: Zwei Cheyenne-Indianer zeigen in ihren historischen Kostümen 1951, wie die Tragewiege funktionierte. Auf ihr wurde alles – von Nahrungsmitteln bis zu Kindern – transportiert.
Oben: Diese Cheyennes auf einem Foto von 1887 bereiten die Häutung eines Hirsches vor.

Wohnstätte: Blockaus
Hauptnahrungsquellen: Fisch, Wild
Untergruppen: Clatsop und Kathlamet (nördliche Küste Oregons); Wahkkiakum (südliche Küste von Washington)

Die traditionelle Heimat der Chinook lag im Mündungsgebiet des Columbia-Flusses. Von dort breiteten sie sich nach Norden und Süden entlang der Küsten von Oregon und Washington aus. Der Stamm lebte vor allem vom Lachsfischfang. Jedes Jahr schwammen die Lachse den Columbia hinauf zum Laichen. Eine örtliche Variante, der King Salmon (*Oncorhynchus tschawytscha*), ist auch als Chinook-Lachs bekannt. Andere Meerestiere von der nordpazifischen Küste, wie Krabben und Muscheln, aber auch Elche und Hirsche aus den umliegenden Wäldern, gehörten ebenfalls zur Nahrung des Stammes.

Der erste Kontakt mit den Weißen geht auf den Forscher John Meares zurück, der 1788 bis zur Willapa-Bucht vorgedrungen war. Die Chinook begrüßten sein Schiff in großen, buntbemalten Kanus und machten Mears mit ihrer hochentwickelten Kultur bekannt. Als Lewis und Clark 1805 die Mündung des Columbia erreichten, gab es ungefähr 400 Chinook. Mehr als die Hälfte fiel 1829 einer Epidemie zum Opfer; die meisten Überlebenden schlossen sich den benachbarten Chehali an und übernahmen deren Sprache Salishan.

Bei einer Feldstudie ermittelte John Wesley Powell 1885, daß mehr als 500 Chinook an der Küste sowie im Grand Ronde-, Warm Springs- und Yakima-Reservat von Washington und Oregon lebten.

Chipewyan
Geographische Region: Subarktis (Great Slave-See, MacKenzie-Territorium)
Sprachgruppe: Athapaskisch
Wohnstätte: Einfaches Tipi
Hauptnahrungsquellen: Fisch, Karibu, Elch

Die Chipewyan waren der wichtigste Stamm des zentralen subarktischen Nordamerika westlich der Hudson-Bucht. Sie unterhielten zahlreiche Kontakte zu den Eskimo im Norden und den Cree im Süden. Begünstigt durch ihre geographische Lage, spielte der Handel im Leben des Stammes eine große Rolle. Durch diese geographische Lage wurde ihr Stammesgebiet zu einer wirtschaftlichen Schlüsselposition im Nordosten.

Das Karibu sicherte ihre Grundversorgung, aber auch Moschusochsen, Alaska-Gänse und Elche gehörten zu ihrer Nahrung.

Händler der Hudson Bay-Gesellschaft brachten 1717 die erste Kunde vom Weißen Mann. Bald entwickelte sich ein reger Handel auch mit den Weißen; Pelze und Häute wurden gegen Gewehre und Kleidung getauscht. 1717 soll der Stamm etwa 3.500 Angehörige gehabt haben. Eine Pockenepidemie dezimierte ihn auf weniger als 500 Menschen. Im vorigen Jahrhundert wuchs die Bevölkerung langsam auf 2.400 Menschen. Seit Beginn unseres Jahrhunderts profitieren sie von den zunehmenden staatlichen kanadischen Einrichtungen wie beispielsweise den Schulen.

1970 wurden in 16 Siedlungen der kanadischen Nordwest-Territorien 4.642 Chipewyan gezählt.

Nach den Expeditionsberichten von Lewis & Clark malte Charles M. Russell das Zusammentreffen zwischen ihnen und den Chinook-Indianern 1805 am unteren Columbia-Fluß. Eine Shoshonen-Frau, Sacagawea, diente ihnen als Scout und Dolmetscher in einer Art Zeichensprache. Dieses Treffen war der erste Kontakt zwischen einem Stamm aus dem Nordwesten und den Weißen. Die sorgsam geschnitzten Kanus der Chinooks wurden ohne Nägel oder irgendwelche Metallteile gebaut. Trotzdem reichten sie in Größe und Sicherheit an die Boote der Expedition heran.

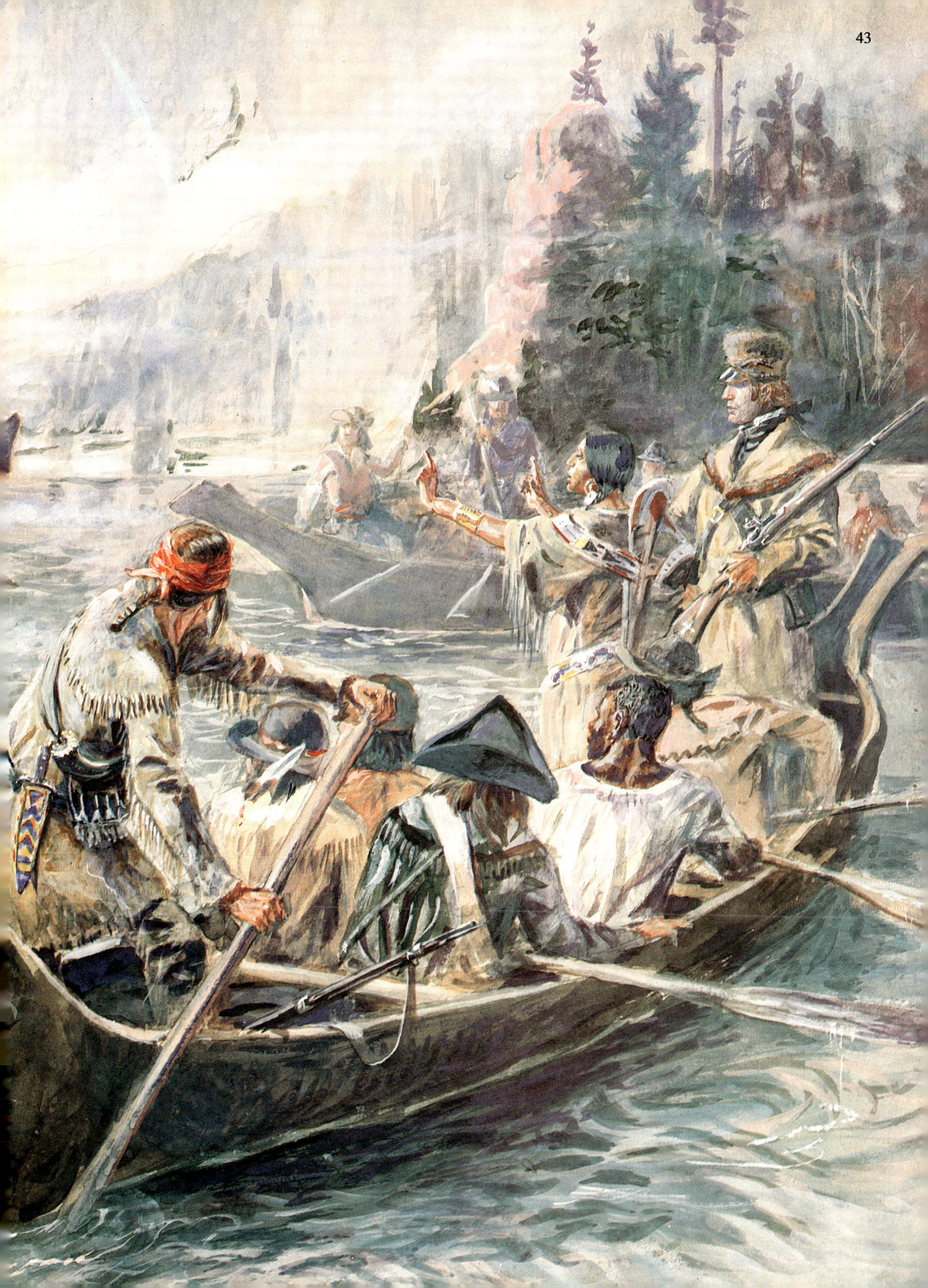

Chippewa (Ojibwa)
Geographische Region: Nordosten (Quebec, Ontario, Minnesota, Michigan und Umgebung)
Sprachgruppe: Algonkin
Wohnstätte: Kuppelförmige Stroh-, Rinden- oder Fellhütte
Hauptnahrungsquellen: Wild, Fisch, wilder Reis.
Untergruppen: Nördliche Ojibwa in Manitoba und Ontario, Bungi (Salteaux), ein westlicher Ableger in Manitoba und Saskatchewan

Die Chippewa waren der größte und mächtigste Stamm in der Region der Großen Seen. Ihr Territorium grenzte an das der Irokesen im Nordosten und die von den Sioux beherrschten Großen Ebenen. Beide Nachbarstämme waren traditionelle Rivalen der Chippewa, keiner war jedoch stark genug, um das Kernland der Chippewa zu bedrohen, wo der Stamm die Steppe beherrschte. Die Chippewa nutzten die Flüsse und Seen des Gebiets wie ein Straßennetz; er entwickelte ein Kanu aus Birkenborken als eines der wichtigsten Transportmittel des Kontinents.

Es gab etwa 35.000 Chippewa, als der Stamm, der größte nördlich von Mexiko, Anfang des 17. Jahrhunderts erstmals in Kontakt mit Weißen kam. Die Chippewa verbündeten sich mit anderen Stämmen gegen die Eindringlinge. Angesichts des zunehmenden Siedlerstroms blieb ihnen nichts anderes übrig, als Bündnisse einzugehen. So beteiligten sie sich auch 1763 am Angriff von Häuptling Pontiac (Ottawa) auf Detroit. In den späteren Indianerkriegen unmittelbar vor 1812 kämpften sie mit Tecumseh und den Shawnee. Das ganze 19. Jahrhundert hindurch wehrten sie sich gegen die weiße Vorherrschaft. Die letzte Schlacht zwischen den Chippewa und der US-Armee wurde 1898 am Leech-See in Minnesota ausgetragen.

Oben: Chippewa-Jäger in einem Birkenrinden-Kanu, etwa 1900. Die Chippewa-Männer waren erfahrene Jäger, die zudem mit ihren Kanus auf den weitverzweigten Flüssen des Nordens so etwas wie ein Transportsystem aufbauten. Rechts: Eine Chippewa-Frau, die wilden Reis in Minnesota erntet, um 1925. Ganz rechts: Ein Chippewa-Lager mit einem rindenbedeckten Wigwam am Red River in Kanada, 1858. Nächste Seiten: Eine Zeichnung von George Catlin (1840), die historische Kostüme der Chippewa sowie Gesichtszeichnungen einiger Indianer darstellt.

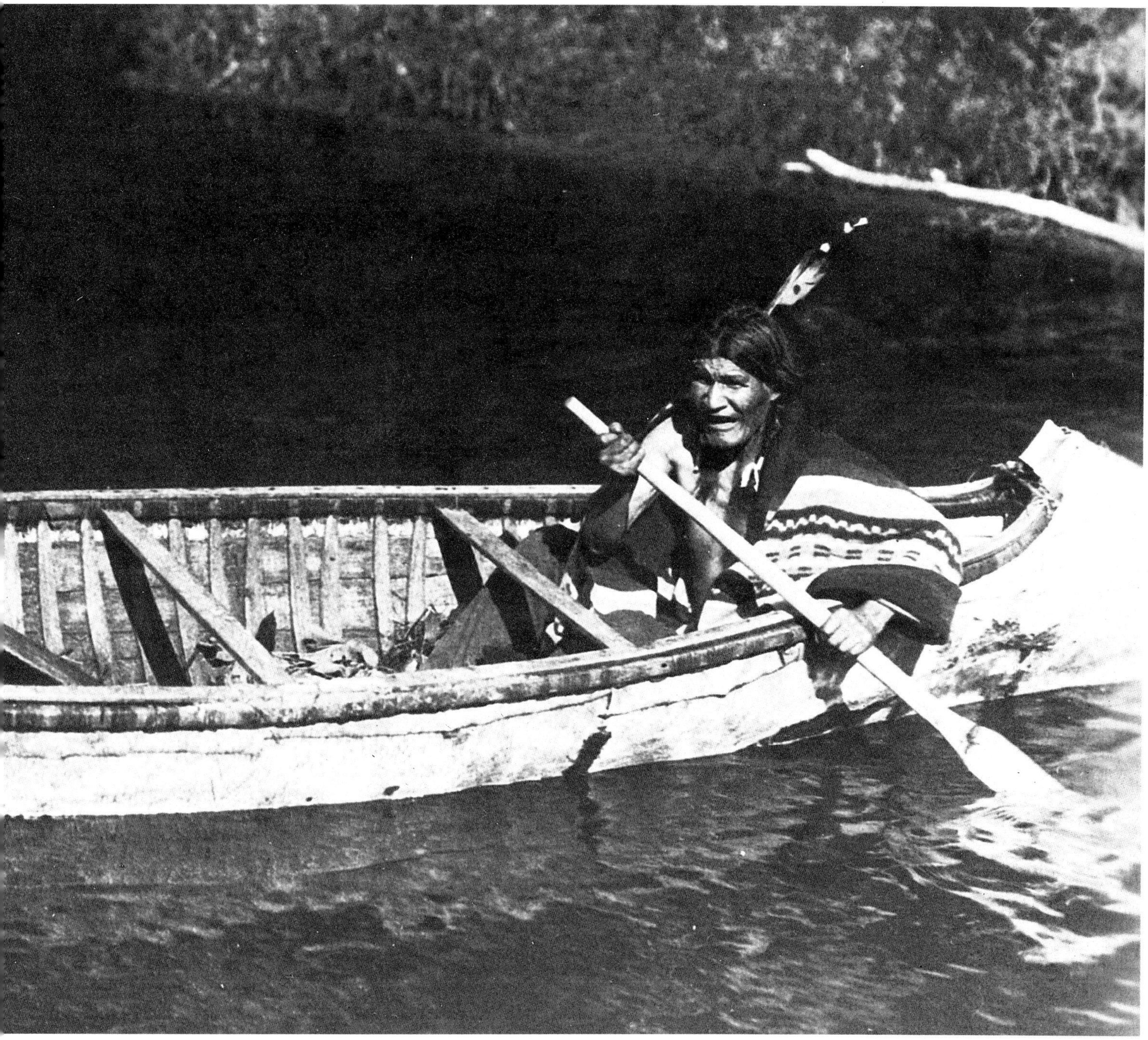

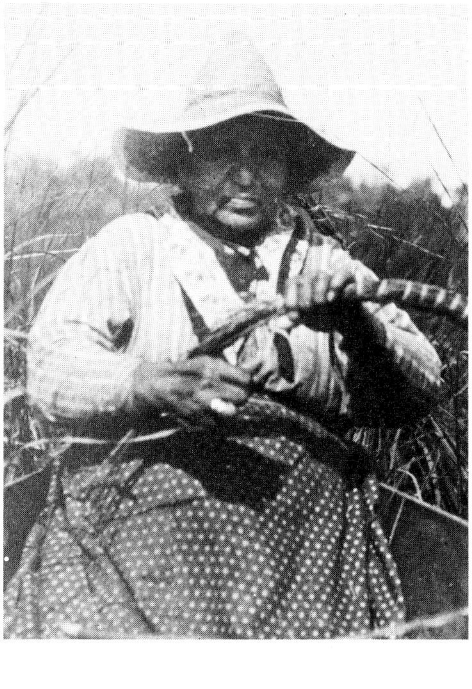

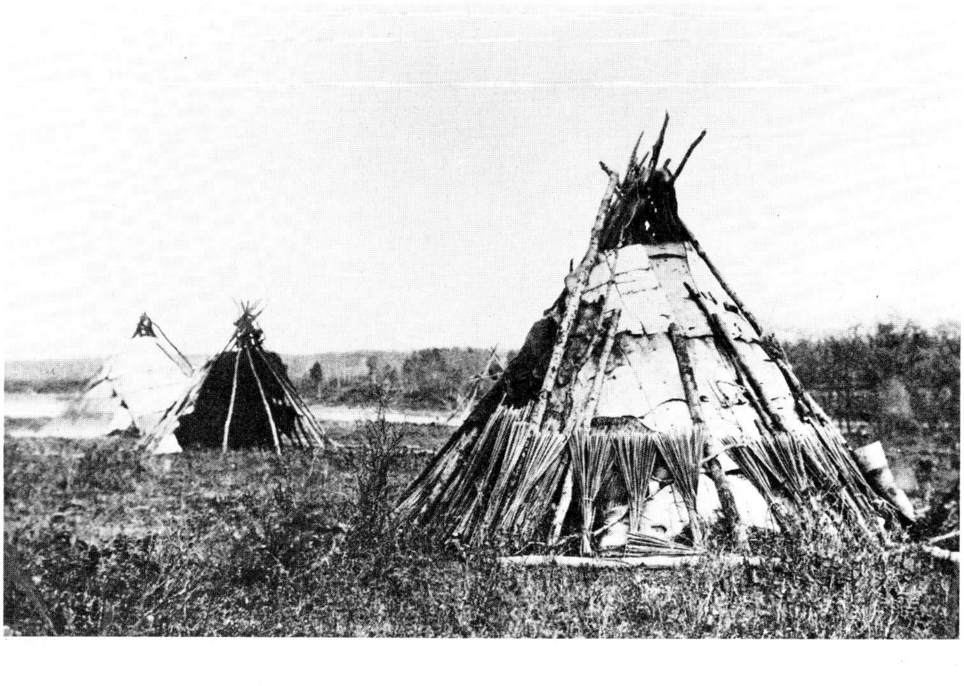

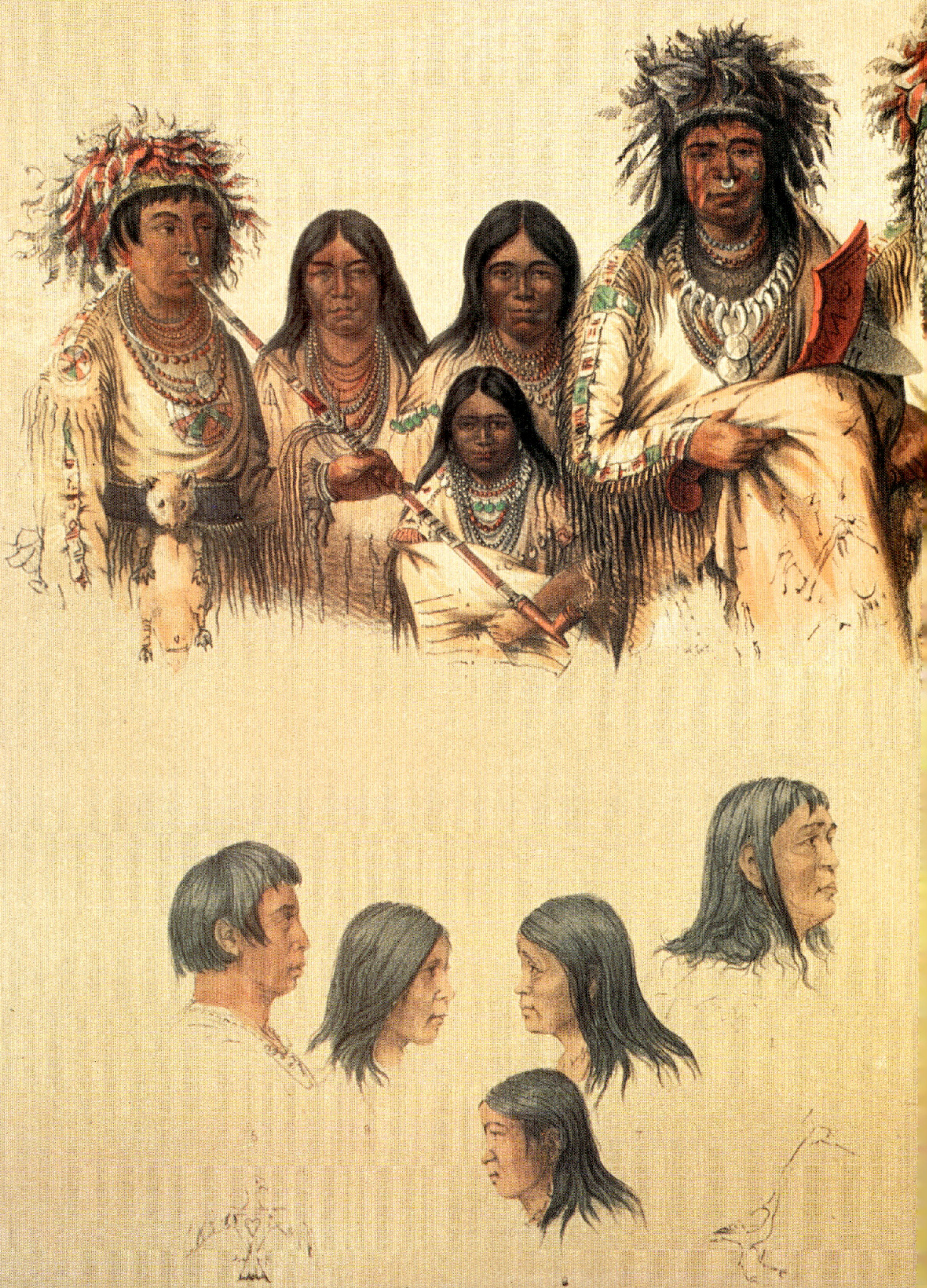

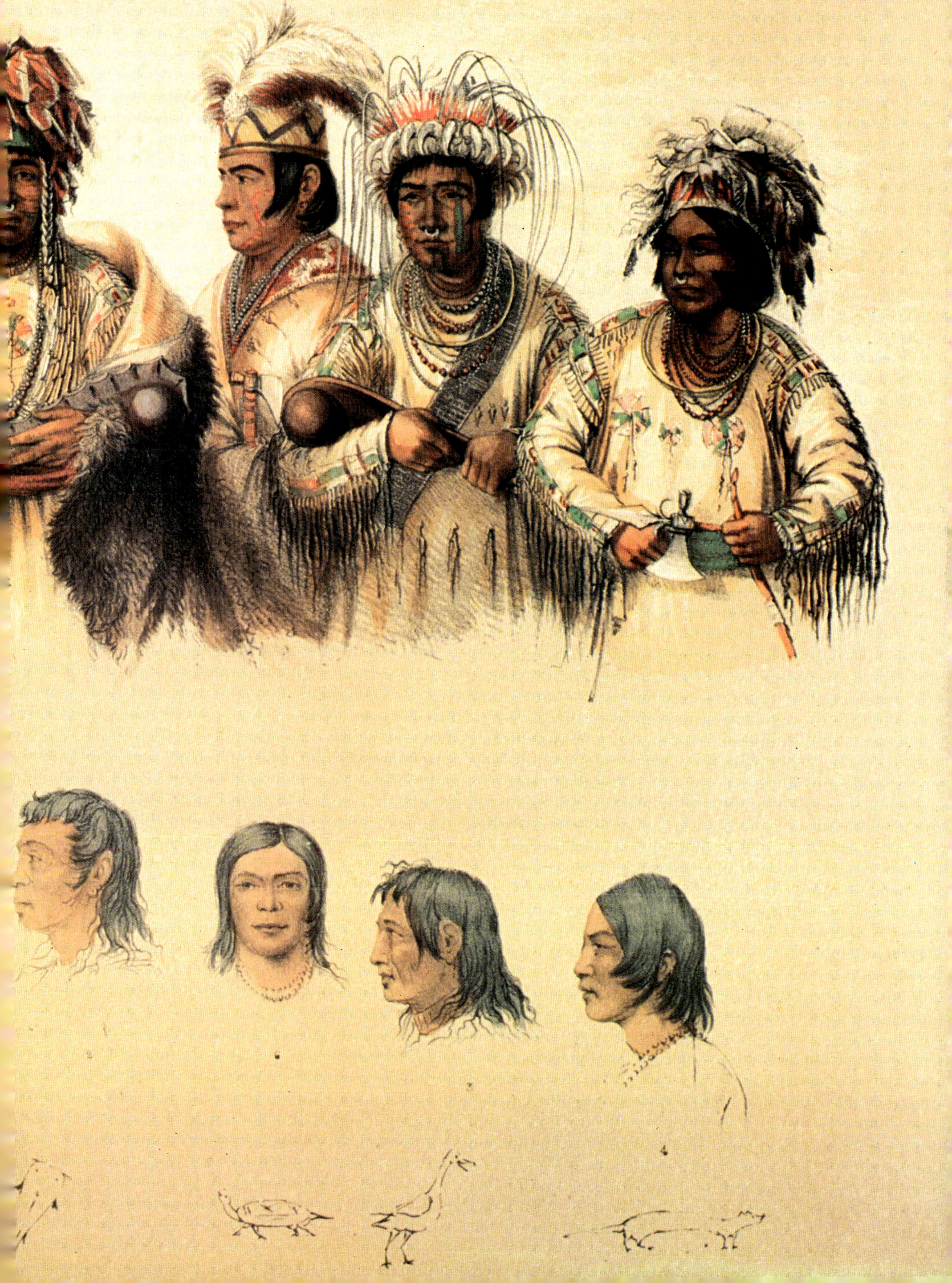

1967 gab es 43.948 Stammesangehörige in Kanada. In den Reservaten von Minnesota, North Dakota und Wisconsin lebten 1985 insgesamt rund 35.000 Chippewa.

Chiricahua (*siehe* Apachen)

Chitimacha
Geographische Region: Südosten (Mississippi-Flußdelta)
Sprachgruppe: Muskhogee-Chitimacha
Wohnstätte: Strohhütte
Hauptnahrungsquelle: Fisch

Die Chitimacha an der Mündung des Mississippi waren besonders für ihre Korbmacherarbeiten aus getrocknetem Zuckerrohr bekannt. Zur Dekoration ihrer fein geflochtenen Waren stellten sie schwarze und rote Farben aus Walnüssen und Eichenrinde her. Sie dienten dazu, das natürliche Gelb und Grün des getrockneten Materials zu unterstreichen.

Die Initiationsriten der Chitimacha umfaßten unter anderem eine sechstägige Fastenzeit der Jugendlichen in einem Zeremonienhaus. John Swanton fand 1911 bei einer Feldstudie heraus, daß die Chitimacha ein ähnliches Kastensystem wie die Natchez hatten. Zu den Kasten gehörten der Adel, der wiederum in die »Sonnenmenschen«, »Edlen« und »Ehrenwerten« unterteilt war. Die Gemeinen wurden gar »Stinktiere« genannt. Die verschiedenen Positionen innerhalb des Kastensystems wurden von den Müttern auf die Kinder vererbt, während die Häuptlingswürde vom Vater auf den Sohn überging.

1982 lebten 325 Chitimacha im Reservat von Louisiana, eine große Steigerung gegenüber 270 im Jahre 1970.

Choctaw (Chata)
Geographische Region: Südosten (Mississippi)
Sprachgruppe: Algonkin
Wohnstätte: Strohhütte
Hauptnahrungsquellen: Mais, Fisch

Die Choctaw, deren ursprünglicher Name *okla homa* (»rote Leute«) bedeutete, kamen vom Unterlauf des Mississippi und waren einst mit den Chickasaw verwandt. Die Stammesgeschichte berichtet von einem *nanih waya* (»arbeitender Berg«). Er sei von einem großen, roten Mann gebaut worden, der anschließend das Volk der roten Leute schuf. Nanih Waya ist wahrscheinlich ein indianischer Kulthügel im Winston County, Mississippi. Hier veranstalteten die Choctaw 1828 ihren letzten großen Stammesrat.

Die Choctaw kamen auf kriegerische Weise durch einen Angriff De Sotos am 18. Oktober 1540 mit den Weißen in Berührung. Bis zum 18. Jahrhundert gab es jedoch nur spärliche Kontakte. Damals lebten rund 20.000 Choctaw in 115 Dörfern. Sie verbündeten sich mit den Franzosen gegen die Engländer, die Chickasaw und die Natchez. 1736 bildete sich jedoch eine pro-englische Gruppierung innerhalb des Stammes.

Nach dem britischen Sieg über die Franzosen 1763 kam es zu einem Vertrag mit den Engländern, obwohl die Choctaw weiter eher den Franzosen zuneigten. Während des amerikanischen Unabhängigkeitskrieges unterstützte der Stamm die Amerikaner. In Hopewell, South Carolina, schloß er 1786 seinen ersten Vertrag mit der jungen Republik.

Ab 1820 nahm der Druck auf die Indianer westlich des Mississippi spürbar zu. Die Choctaw erhielten neues Land in Oklahoma; auf der Suche nach Wild waren einige ihrer Jäger schon vorausgezogen. Am 28. September 1830 schloß der Stamm einen Vertrag mit den USA. Nach diesem Vertragswerk sollte der Stamm sein Land am Mississippi aufgeben, um dafür im Austausch neue Gebiete im gesamten südlichen Teil des zukünftigen Indianer-Territoriums zu erhalten.

Die neue Verfassung des Volkes der Choctaw trat am 3. Juni 1834 in Kraft. 1837 erteilten die Choctaw den Chickasaw die Erlaubnis, innerhalb ihres Gebietes zu leben. 1855 formierten sich die Chickasaw hier zu einer eigenen Nation. Im Bürgerkrieg kämpften Einheiten beider Stämme auf Seiten der Südstaaten. Nach dem Bürgerkrieg kam die Idee auf, alle Stammesräte im Indianer-Territorium in einer einzigen Regierung zu vereinen. Es war der Choctaw-Delegierte Allen Wright, der den Namen »Oklahoma« für das gemeinsame Territorium vorschlug – 1890 wurde ein Teil des Indianer-Territoriums so genannt. 1907 vereinigten sich Indianer-Territorium und das weiße Oklahoma zum gleichnamigen US-Bundesstaat. Doch nach dessen Gründung lösten sich die meisten Stammesregierungen auf; die Ämter des Oberhäuptlings, des Staatsanwalts und Bergbautreuhänders wurden allerdings noch bis 1948 beibehalten. Auch in der heute noch gebräuchlichen Form der indianischen Selbstverwaltung, dem Choctaw-Stammesrat, gibt es das Amt des Häuptlings.

Nach den Bestimmungen des *Indian Reorganization Act* von 1934 wurde ein neuer Stammesrat in Mississippi für jene Choctaw gegründet, die im traditionellen Territorium nahe am historischen Nanih Waysa zurückgeblieben waren. Im April 1945 erhielten sie eine Verfassung, 1973 wurde ein Choctaw zum Leiter der Reservatsbehörde von Mississippi ernannt. Die Choctaw-Messe Mitte des Jahres ist ein herausragendes soziales Ereignis im Leben der Indianer, die im historischen Heimatland nahe des Nanih Waya-Hügels leben. Zur Freude der Zuschauer werden auf dem Markt bei Gelegenheit Stickball-Turniere, ein uraltes Spiel der Indianer, ausgetragen.

Die meisten Choctaw in Mississippi sind heute zweisprachig, in fast allen Familien dient der Stammesdialekt als Umgangssprache.

1831, vor der Umsiedlung in das Indianer-Territorium, gab es 19.554 Choctaw in Mississippi, 1837 umfaßte die neue Choctaw-Nation 12.500 Personen. Etwa 2.500 waren bei dem entbehrungsreichen Treck ums Leben gekommen. 1904 gab es 17.775 Choctaw im Indianer-Territorium, das sich bald in den Bundesstaat Oklahoma verwandeln sollte; 2.225 dieser Stammesmitglieder waren nach dem Bürgerkrieg aus Missisipi angekommen.

Oben: Ein Choctaw-Indianer zeigt, wie ein Schilfblasrohr benutzt wurde (1909). Sie wurden bei der Jagd auf Kaninchen oder Vögel eingesetzt. Sie waren nur bei den Stämmen im Südosten verbreitet. Die Tiere wurden aus kurzer Entfernung durch Giftpfeile getötet.

Nach den Zählungen von 1985 lebten 20.054 Choctaw im Bereich der Talihina-Behörde von Oklahoma und 4.599 im Bereich der Stammesbehörde von Mississippi.

Chouchatta (*siehe* Koasati)

Choya'ha (*siehe* Yuchi)

Chukchansi
Geographische Region: Kalifornien (östliche Mitte)
Sprachgruppe: Penuti-Yokuts
Wohnstätte: Einfaches Tipi

Hauptnahrungsquellen: Eicheln, Kleinwild

1985 zählte das Reservat am Table Mountain in Kalifornien 88 Einwohner.

Chumash
Geographische Region: Kalifornien (Santa Barbara)
Sprachgruppe: Hoka
Wohnstätte: Kuppelförmige Stroh-, Rinden- oder Fellhütte
Hauptnahrungsquellen: Eicheln, Fisch

Die traditionelle Heimat dieser bemerkenswerten Meeresfischer bildete das Festland und die Inseln vor der mittleren Küste Kaliforniens, etwa dem Gebiet der spanischen Missionsgründungen und späteren Kreise von San Luis Obispo und Santa Barbara südlich, entlang des Santa Barbara Channel bis zum heutigen Los Angeles.

Vor der Ankunft der Spanier gab es schätzungsweise zwischen 13.000 und 20.000 Chumash. Sie lebten in bis zu 136 Dörfern an der Küste und auf den Inseln im Santa Barbara Channel. Nach Unterlagen aus der spanischen Missionszeit ließen sich 4.935 Indianer aus den größten 38 Dörfern bis 1771 taufen.

Wie andere örtliche Stämme, so waren auch die Chumach fest in die katholische Kolonialgesellschaft einbezogen. Das änderte sich erst, als Kalifornien Bestandteil der Vereinigten Staaten wurde.

1985 lebten 202 Chumash im Santa Ynez- Reservat nahe Santa Barbara in Kalifornien.

Cibecua Apache (*siehe* Apache)

Citizen Potawatomi (*siehe* Potawatomi)

Clallam (*siehe* Klallam)

Clatskanie (*siehe* Klatskanie)

Clatsop (*siehe* Klatsop)

Coast Miwok (*siehe* Miwok)

Cochiti Pueblo (*siehe* Pueblo)

Cocopa
Geographische Region: Südöstliches Kalifornien
Sprachgruppe: Hoka-Yuma
Wohnstätte: Kuppelförmige Stroh-, Rinden- oder Fellhütte
Hauptnahrungsquellen: Wildpflanzen, Wild, Mais

Colville
Geographische Region: Großes Becken (nordöstliches Washington und südliches British Columbia)
Sprachgruppe: Salishan
Wohnstätte: Erdhütte
Hauptnahrungsquellen: Fisch, Wild
Anmerkung: Der Stamm gehört zu einer Untergruppe der Spokane-Stämme.

Comanchen
Geographische Region: Plains und Prärien (nördliches Texas)
Sprachgruppe: Uto-Aztekisch
Wohnstätte: Plains Tipi
Hauptnahrungsquellen: Büffel oder anderes Wild

Die Comanchen sind Abkömmlinge der Shoshone und einer der numanisch sprechenden Stämme. Linguistisch sind sie mit den Shoshonen, Ute und Paiute verwandt, deren Sprache wiederum entfernt mit dem Aztekischen in Verbindung steht. Ihr Name kommt vom spanischen *camino ancho*, auf deutsch »breiter Pfad«. Sie lebten ursprünglich in den Rocky Mountains nahe den Shoshonen, wanderten dann jedoch zur Büffeljagd in die Ebene.

Sie wurden nun typische Indianer der Plains, unterhielten jedoch weiter gute Beziehungen zu den Shoshonen.

Ihr Jagdgebiet erstreckte sich vom Platte-Fluß in Nebraska bis nach Süden zur texanischen Halbinsel im Golf von Mexiko. Mitte des 18. Jahrhunderts schlossen sie ein Bündnis mit den Caddo und den Kiowa; um 1815 begannen sie einen Handel mit weißen Siedlern. Unter Führung von Ishacoly (»Reißender Wolf«) und Tabequeva (»Sonnenadler«) stießen sie 1834 erstmals auf die US-Truppen unter Oberst Henry Dodge. Am Canadian River unterzeichneten sie 1835 ihren ersten Vertrag mit den USA.

Die Annektion von Texas und der Goldrausch in Kalifornien brachten in den 1850er Jahren viele Weiße in die Jagdgründe der Comanchen. Der zunehmende Druck durch den weißen Siedlerstrom und ein Krieg gegen die Osage führte zu Zwischenfällen: 1859 wurden Teile des Stammes unter dem Schutz der US-Regierung am Washita im heutigen Oklahoma angesiedelt. Während des Bürgerkrieges schlossen die Comanchen Abkommen mit beiden Seiten. Einen Angriff gegen Reisende auf dem Santa Fe *Trail* löste eine Strafexpedition der US-Armee unter Christopher »Kit« Carson aus. Doch die Comanchen blieben Sieger. Die Auseinandersetzungen gingen weiter, bis die immer noch unbezwungenen Comanchen 1867 den Vertrag vom Medicine Lodge Creek über die Zuteilung eines beachtlichen Reservats im Indianer-Territorium abschlossen. Die drastische Verminderung der Büffelherden führte 1875 zum Ende der kriegerischen Verwicklungen.

Quanah Parker war zu jener Zeit als Häuptling bekannt geworden. 1845 geboren, war er der Sohn von Nokoni, Anführer der Kwahadi Comanchen, und Cynthia Ann Parker, einer Weißen, die als Kind in Texas entführt worden und bei dem Stamm aufgewachsen war. Quanah Parker genoß einen Ruf als Krieger und Chef der Kwahadi, einer Sippe der Comanchen, die niemals einen der Verträge mit den USA unterzeichnet hatte. Nach dem Red-River-Krieg wurde er 1875 anerkannter Häuptling aller Comanchen. Unter seiner Führung übernahm der Stamm Elemente der weißen Kultur. Als Delegierter unternahm er zahlreiche Reisen nach Washington D.C. Außerdem diente er als einer von drei Richtern am US-Gericht für Indianerbeschwerden, eine Institution, die wegen ihrer Effektivität und Gerechtigkeit landesweit anerkannt war.

Er starb 1911 in Cache, Oklahoma, wo sein Haus heute unter Denkmalschutz steht. Sein Sohn, White Parker, wurde Methodistenprediger.

Als Oklahoma 1906 zum US Bundesstaat aufstieg, wurde das Gebiet der Comanchen als letztes für weiße Siedler geöffnet. 1910 lebten hier noch 1.476 gegenüber 1.533 Comanchen im Jahre 1898. Schätzungen aus dem 19. Jahrhundert ergaben einen Zuwachs von 1.900 im Jahre 1851 auf 2.538 für das

---

Unten links: Steinwerkzeuge des Chumash-Stammes, einem Fischervolk, das an den südlichen Küsten in Kalifornien lebte. Unten rechts: Ein Korb der Chitimacha. Die Farben des Musters stammen von Pflanzenfarben, in die man Schilfrohr eintauchte, um es dann geschickt in den Korb einzuflechten.

*Links: Eine Zeichnung von George Catlin, die einen Comanchen-Krieger darstellt, der einen Osage angreift.
Die Comanchen beherrschten die Plains.*

und waren begeisterte Reiter und Krieger. Auf dem Pferderücken galten sie als unbesiegbar, zumal sie schnelle Pferde züchteten.

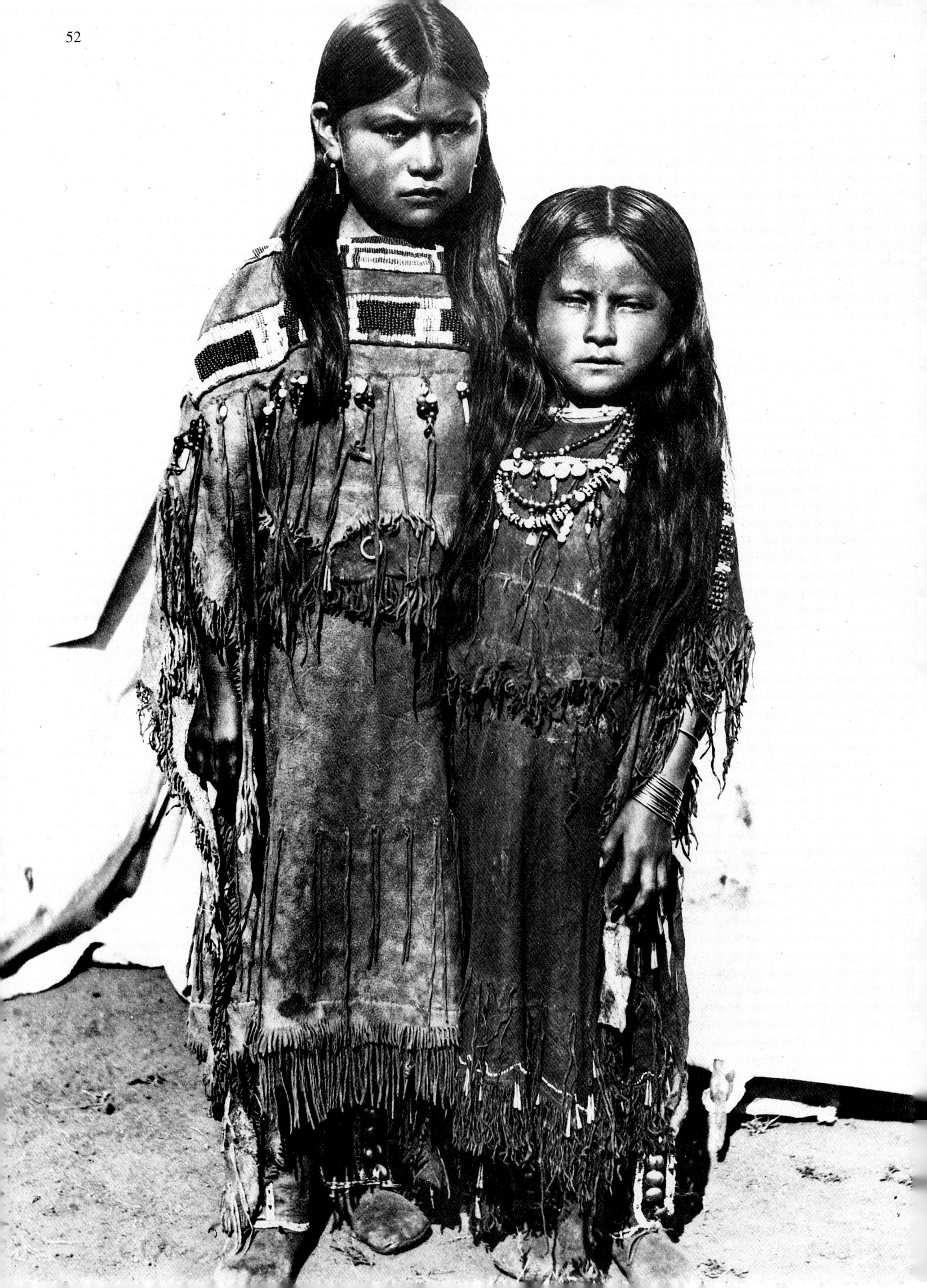

Gegenüberliegend: 1891 ließen sich diese Comanchen-Mädchen aus Oklahoma in ihren Lederhautkleidern fotografieren. Die größere von beiden ist die Tochter von Häuptling Quanah Parker (oben), dessen weiße Mutter 25 Jahre lang eine Gefangene des Stammes war.

Jahr 1869. 1880 war die Zahl auf 1.399 gefallen. 1924 lebten 1.718 und 1950 ungefähr 2.700 Comanchen in ihrem Reservat von Oklahoma. 1985 waren 3.642 Stammesangehörige bei der dortigen Anadarko-Behörde registriert.

Comox
Geographische Region: Nordwestküste (südwestliches Festland von British Columbia)
Sprachgruppe: Salishan
Wohnstätte: Blockhaus
Hauptnahrungsquelle: Fisch
1967 gab es 783 Comox in Kanada.

Conconcully (*siehe* Okinagan)

Conestoga (*siehe* Susquehanna)

Conoy (*siehe* Delaware)

Coos
Geographische Region: Nordwestküste (südliche Küsten von Oregon, gegenüber der heutigen Coos-Bucht im selben Bundesstaat)
Sprachgruppe: Penuti
Wohnstätte: Blockhaus
Hauptnahrungsquelle: Fisch

Coosa (*siehe* Creek)

Copalis
Geographische Region: Nordwestküste (Washington)
Sprachgruppe: Salishan
Wohnstätte: Kuppelförmige Stroh-, Rinden- oder Fellhütte
Hauptnahrungsquelle: Fisch

Copper Eskimo (*siehe* Eskimo)

Costanoan (Ohlone)
Geographische Region: Kalifornien (Bucht von San Franzisko)
Sprachgruppe: Uto-Aztekisch
Wohnstätte: Blockhaus
Hauptnahrungsquelle: Eicheln
Die Costanoan waren die Ureinwohner der Region um die Bucht von San Franzisko. Im Süden reichte ihr Gebiet bis nach Santa Cruz.

Sie waren typische kalifornische Jäger und sammelten Eicheln als Grundnahrungsmittel. Im Norden hielten sie mit den Pomo und Coast Miwok, im Süden mit den Chumash Verbindung. Unterlagen der ersten spanischen Missionsstation San Francisco de Asis verzeichneten von 1780 bis 1821 rund 2.000 getaufte Indianer. Dies deutet auf eine damalige Stammesbevölkerung von insgesamt etwa 3.000 Menschen hin.

Coeur d'Alene
Geographische Region: Großes Becken (nördliches Idaho)
Sprachgruppe: Salishan
Wohnstätte: Erdhütte
Hauptnahrungsquelle: Großwild
Anmerkung: Der Stamm gehörte zu einer Untergruppe der Spokane-Stämme.

Coweta (*siehe* Creek)

Cowichan
Geographische Region: Nordwestküste
Sprachgruppe: Salishan
Wohnstätte: Erdhütte
Hauptnahrungsquelle: Fisch
1967 lebten im Reservat in Kanada 5.652 Cowichan.

Cowlitz
Geographische Region: Nordwestküste (südliches Washington)
Sprachgruppe: Salishan
Wohnstätte: Erdhütte
Hauptnahrungsquelle: Fisch

Cree
Geographische Region: Subarktis (Saskatchewan und Manitoba)
Sprachgruppe: Algonkin
Wohnstätte: Einfaches Tipi
Hauptnahrungsquellen: Karibu, Elch

Geographisch gesehen waren die Cree der südlichste unter den subarktischen Stämmen. Sie lebten in einer für den Handel idealen Position zwischen den Chippewyan im Norden und den Chippewa im Süden. Darüber hinaus nahmen sie sehr früh Handelsbeziehungen mit Franzosen und Engländern auf. Zusammen mit den Assiniboin vertrieben sie die Blackfoot aus dem westlichen Saskatchewan.

Die Cree bilden nach wie vor einen der wichtigsten Stämme Kanadas mit rund 60.000 Angehörigen im Jahre 1967.

Creek (Muskogee)
Geographische Region: Südosten (Georgia und Alabama)
Sprachgruppe: Muskhogee
Wohnstätte: Strohhütte
Hauptnahrungsquelle: Mais
Untergruppen: Abihki, Atasi, Coosa*, Coweta*, Eufaula, Hilabia, Kasihta* (Cusseta), Kolomi, Okchai, Pakana, Tukabhchee*.
(*Gründerstämme der Creek, Konföderationstämme und damit Hauptstützen des Volkes der Creek).

Die Creek waren einer der beherrschenden Stämme des mittleren Südens. Später wurden sie als einer der »Fünf Zivilisierten Stämme« bekannt. In ihrer eigenen Sprache

Creek-Krieger, angeführt von Tecumseh, ziehen in den Kampf (oben). Er versuchte die östlichen Stämme gegen die Weißen zu vereinen. Die Creek verloren den Kampf um ihr Land, bewahrten aber ihre Tradition (rechts).

hießen sie Muskogee oder Muskoke, bei den Shawnee Humaskogie, bei den Delawaren Masquachki. Die Briten nannten sie Ochese Creek-Indianer; eine Bezeichnung, die für den Stamm bis heute gebräuchlich geblieben ist.

Die Hauptstadt der Creek im Indianer-Territorium hieß nach deren eigenem Namen Muskogee.

Wahrscheinlich kamen die Creek schon 1521 mit den Spaniern in Kontakt. Belegt ist jedoch nur der Besuch De Sotos von 1540. Damals waren die Coosa die vorherrschende Untergruppe des Stammes. Um 1700 galt der Häuptling der Coweta als »Kaiser der Creek«. Die Tukabahchee waren wahrscheinlich früher ein eigener Stamm, der mit den Shawnee lose verbündet war. Später wurden sie zur zahlenmäßig stärksten Untergruppe der Creek mit 1.287 Angehörigen im Jahre 1832.

Im Yamassee War von 1715 wurden die Creek von den Briten besiegt. Sie verloren ihre dominierende Rolle im mittleren Süden und wurden nach Westen in Richtung der Carolinas und Georgia abgedrängt. Zu jener Zeit schlossen sich andere Stämme wie die Alabama, Koasati, Natchez und Yuchi dem Bund der Creek an.

Während des amerikanischen Unabhängigkeitskrieges verbündeten sich die Creek unter Alexander McGillivray (1740–1793), ein Sohn eines schottischen Vaters und einer französisch-indianischen Mutter, mit den Engländern. McGillivray diente als Oberst in der britischen Armee. Doch nach dem Sieg der USA in diesem Krieg freundete er sich rasch mit den Amerikanern an.

Der zunehmende Druck der Weißen in den ersten 25 Jahren des 19. Jahrhunderts auf das Land der Creek löste jedoch bei den Indianern Verstimmung aus. Im Krieg von 1812 blieben die Creek neutral. Einige Stammesgruppen, als »Red Sticks« bekannt, nutzten während des Krieges die Gelegenheit zu Überfällen. Aus Scharmützeln entwickelte sich der Red Stick-Krieg, im Grunde genommen sowohl ein Bürgerkrieg zwischen Stammesgruppen untereinander, als auch ein Kampf gegen die Weißen. Tukabahcheee Town wurde zerstört, dann folgte im August 1813 das Massaker von Fort Mims. Die weißen Siedler machten mobil und stellten die Red Sticks am Tallapoosa-Fluß zum entscheidenden Gefecht. Am 27. März 1814 besiegte die amerikanisches Armee unter General Andrew Jackson gemeinsam mit den pro-amerikanischen Creek unter William McIntosh, Oberhäuptling der Coweta, die Red Sticks in der Schlacht am Horseshoe Bend.

56

Damit waren die gewaltsamen Auseinandersetzungen innerhalb des Volkes der Creek allerdings nicht beendet. Die Gewalt sollte kein Ende finden: Im Mai 1825 wurde Häuptling McIntosh erschossen. Schließlich griffen die internen Streitigkeiten auch auf weiße Siedlungen über. Dies bestärkte die amerikanische Öffentlichkeit in ihrem Gefühl, daß man alle Indianer in das Gebiet westlich das Mississippi umsiedeln müsse. Einige Creek unter Häuptling Opotheyahola stimmten der Übersiedlung nach Oklahoma 1832 zu, aber erst 1840 waren alle maßgeblichen Stammesfraktionen wieder in einer Regierung vereinigt.

Der amerikanische Bürgerkrieg spaltete die Creek erneut. Das Indianer-Territorium lag im Bereich der Südstaaten-Konföderation. Die Gruppe um Häuptling Opotheyahola wollte es verlassen, um nach Kansas auf das Territorium der Union überzuwechseln. Dabei wurden sie von konföderierten Truppen gestellt und vernichtend geschlagen. 1866 erhielt das Indianer-Territorium wieder seine eigene Regierung. Die gesamte westliche Hälfte des Creek-Reservats fiel jedoch zurück an die US-Regierung zur Ansiedlung anderer Stämme. Mit der Gründung des US-Bundesstaates Oklahoma 1906 endete die politische Existenz der Creek-Nation wie auch anderer Völker des Indianer-Territoriums.

Als die Zwangsumsiedlung im Jahre 1832 begann, gab es 21.783 Creek, 1915 lebten noch 11.967 dort, 1944 waren es 9.900. 1985 unterstanden der Okmulgee-Behörde in Oklahoma 42.519 Stammesangehörige.

Croatan

Geographische Region: Nordosten (Roanoke Island, Virgiania)
Sprachgruppe: Algonkin
Wohnstätte: Langhaus
Hauptnahrungsquelle: Mais

Der Name Croatan war in einen Baum der früheren Sir Walter Raleigh Kolonie eingeritzt - vielleicht ein Schlüssel für das mysteriöse Verschwinden der englischen Siedler im Jahre 1591.

Crow (Absaroka)

Geographische Region: Plains und Prärien (Knife-Fluß, North Dakota)
Sprachgruppe: Sioux
Wohnstätte: Plains Tipi
Hauptnahrungsquellen: Büffel und anderes Wild

Nach alten Überlieferungen war der Stamm früher mit den Hidatsa im Land des Knife-Flusses verbunden. Später, gegen Ende des

Abgesandte von 34 Stämmen vor dem Großen Ratshaus der Creek im Indianer-Territorium – 1880 (ganz oben). General Jacob Devers verleiht dem von den Creek abstammenden Leutnant Ernest Childers während des 2. Weltkrieges eine Auszeichnung (ganz links). Creek-Stammesangehörige beim Baseball-Spiel (links). Eine Begräbnisstätte der Crow (oben).

Oben: Curley war ein Crow-Scout, der Oberstleutnant George A. Custer und dessen 7. Kavallerie bis zur Schlacht am Little Bighorn diente. Er war einer der wenigen Überlebenden der Schlacht im Juni 1876, in der Custer und über 200 seiner Soldaten von Sioux und Cheyennes getötet wurden. Der Crow-Häuptling Plenty Coups (gegenüberliegend) führte seine Krieger an der Seite der US-Armee gegen die Sioux.

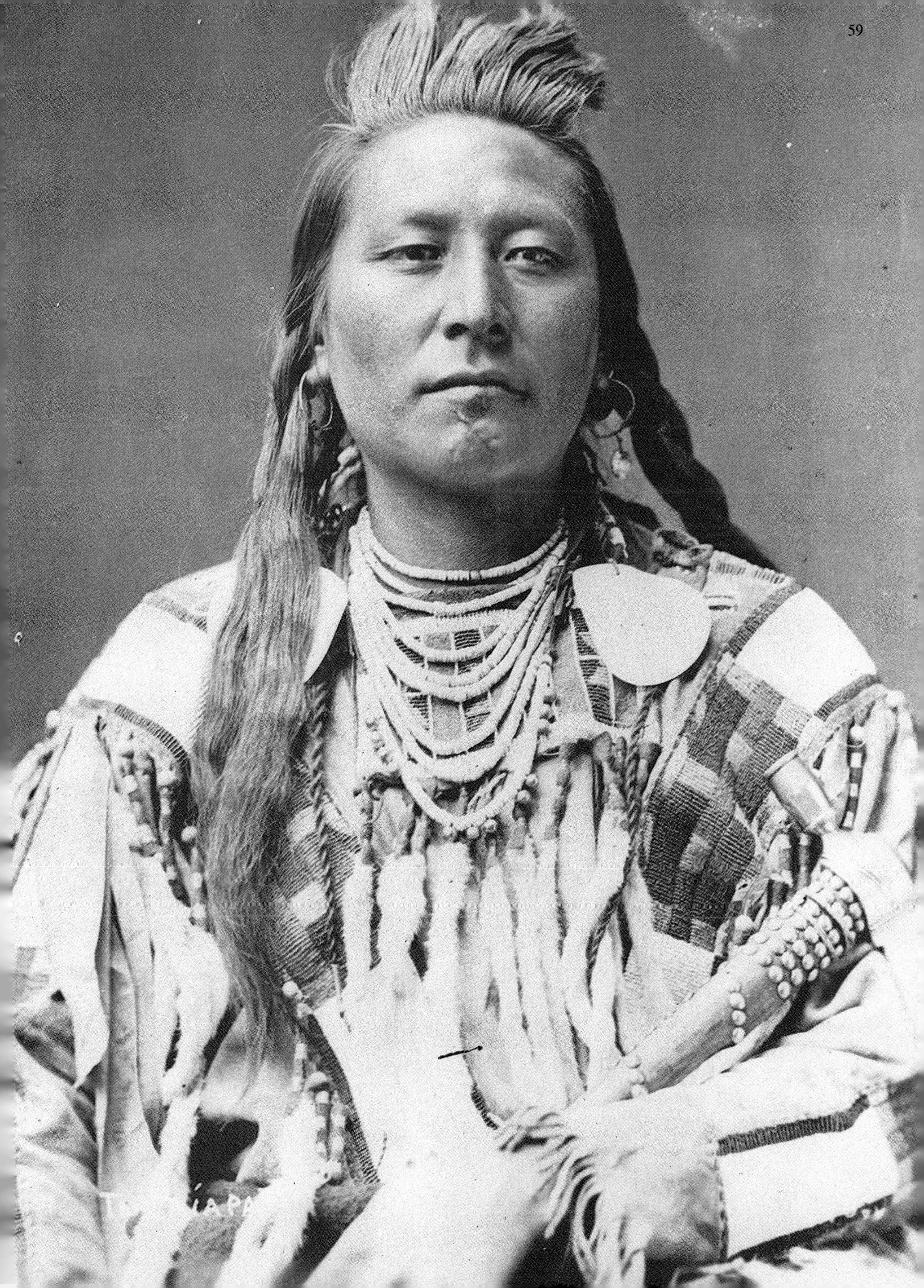

17. und zu Beginn des 18. Jahrhunderts, zog er in das Gebiet des Yellowstone-Flusses in Montana. Der Name Absaroka bedeutet wörtlich »Kinder des Vogels mit dem großen Schnabel«. So wurden sie von den ersten weißen Händlern als Crow People, zu deutsch Krähenvolk, genannt.

Unten: Gefangene Crow-Indianer unter Bewachung in Montana, 1887.

Wie die meisten Plains-Indianer, bezogen auch die Crow Nahrung, Kleidung und Zelte vom Büffel. Sie handelten im 19. Jahrhundert anfangs nur sporadisch mit den Weißen, doch als die Büffelherden dezimiert wurden, gerieten sie in immer größere Abhängigkeit von den Weißen. Durch den Vertrag von Fort Laramie (1868) wurde den Crow im Zentrum des von ihnen bewohnten Gebietes ein Reservat im Südosten Montanas zugewiesen. Eine zentrale Rolle im religiösen und kulturellen Leben der Crow spielte der jährliche Sonnentanz.

1904 wurde er zusammen mit anderen Zeremonien von der US-Regierung verboten, in veränderter Form aber ab 1941 wieder zugelassen. Ölfunde brachten dem Stamm dringend benötigtes Geld ein. 1970 lebten 3.500 Crow im Reservat von Montana, 1985 waren es 5.811.

Cumumbah (*siehe* Ute)

Cupeno
Geographische Region: Südwesten (südöstliches Kalifornien)
Sprachgruppe: Uto-Aztekisch
Wohnstätte: Kuppelförmige Stroh-, Rinden- oder Fellhütte
Hauptnahrungsquellen: Wildpflanzen, Mais, Kleinwild

Bei der Ankunft der Spanier gab es etwa 500 Cupeno. Sie gehörten zu den sogenannten »Missionsvölkern«, die sehr schnell die Kultur und Religion der Spanier, ausgehend von ihren Missionsstationen, übernahmen.

D

Dakota (*siehe* Sioux)

Delaware (Lenni-Lenape)
Geographische Region: Nordosten (New Jersey, Pennsylvania, Delaware, Virginia)
Sprachgruppe: Algonkin
Wohnstätte: Langhaus
Hauptnahrungsquelle: Mais
Untergruppen: Conoy, Munsee, Nanticoke (Moor), Unilachtigo, Unami

Das Wort Delaware stammt von einem Gouverneur namens Lord de la Warr, der einem großen Strom seinen Namen gab. Es wurde für eine Indianergruppe übernommen, die sich selbst Lenni-Lenape oder »Männer unserer Nation« nannte. Bei den ersten Franzosen hießen sie wegen ihrer wilden kriegerischen Eigenschaften auch »Wölfe« (*Loup*). Schon 1682 schlossen sie einen Vertrag mit William Penn über die Abtretung ihrer Gebiete in Pennsylvania. Obwohl der Stamm ursprünglich an der Atlantikküste beheimatet war, ließen sich einige Delawaren bei den Huronen in Ohio nieder.

1778 schlossen die Delawaren den ersten Vertrag zwischen einem nordamerikanischen Indianerstamm und den neugegründeten USA, der ihnen einen Vertreter im US-Kongreß zusicherte. Im Jahre 1794 jedoch führten beide Seiten Krieg gegeneinander. General Anthony »Mad« Wayne besiegte die Delawaren am 20. August in der Schlacht bei Fallen Timbers in Ohio. Am 3. August 1795 unterzeichneten beide Seiten den Friedensvertrag von Greenville. Die Delawaren erhielten das Recht, in Ohio zu leben. Doch 1829 fielen alle diese Gebiete an die USA zurück.

Der Stamm zog in den Osten von Kansas und dann nach Süden ins Indianer-Territorium. 1839 riefen jene Delawaren, die bei den Choctaw und (bis 1866) in Kansas gelebt hatten, eine eigene Regierung ins Leben. Die 985 registrierten Delawaren in Kansas zogen nach 1867 nach Süden zum Caney-Fluß, wo sie Mitglieder der Cherokee wurden. Einige von ihnen wurden in den obersten Rat der Cherokee gewählt, andere hatten jedoch unter Diskriminierung zu leiden. Selbst ihre Kinder schickten sie auf die Schulen der Cherokee.

Die Stammesbevölkerung lag im Jahre 1823 bei etwa 2.400 und bei 2.200 Anfang des 20. Jahrhunderts. 1950 lebten 2.162 Delawaren in Oklahoma, darunter 1.250 registrierte Nachfahren der Delawaren aus Kansas.

Die Anadarko-Behörde in Oklahoma zählte 1985 insgesamt 396 Mitglieder des Stammes.

Diegueno
Geographische Region: Südwestliches Kalifornien (San Diego)
Sprachgruppe: Hoka-Yuma
Wohnstätte: Kuppelförmige Stroh-, Rinden- oder Fellhüte
Hauptnahrungsquelle: Eicheln

Die Diegueno waren vor der Ankunft der Spanier einer der größten Stämme im südlichen Kalifornien. Alfred Kroeber schätzte ihre damalige Zahl (1925) auf rund 3.000 Menschen. Durch Krankheiten und Mischehen war ihre Zahl 1882 auf 731 geschrumpft.

Digger (*siehe* Maidu)

Dineh (*siehe* Navaho)

Dogrib (Tlingchadinne)
Geographische Region: Subarktis (Great Bear-See, Mackenzie-Territorium)
Sprachgruppe: Athapaskisch
Wohnstätte: Einfaches Tipi
Wichtigste Nahrungsquellen: Karibu, Elch

Duwamish
Geographische Region: Nordwestküste (Puget-Sund, Washington)
Sprachgruppe: Salishan
Wohnstätte: Blockhaus
Hauptnahrungsquelle: Fisch

Die Duwamish waren bemerkenswert wegen ihrer spirituellen Kanu-Zeremonie: Sie wurde im Winter von den Schamanen veranstaltet.

Seelen Verstorbener, die vielleicht auf dem Weg in die Welt der Geister verlorengegangen waren, sollten von den Medizinmännern kultisch zurückgeholt werden. Die Zeremonie selbst umfaßte Gesänge und Zaubereien, außerdem die magischen Beschwörungsrituale des Schamanen. Die Zeremonie wurde von den Verwandten der Verstorbenen bezahlt.

E

Eastern Shawnee (*siehe* Shawnee)

East Greenland Eskimo (*siehe* Eskimo)

Eel River
Geographische Region: Nordosten (Indiana, Ohio)
Sprachgruppe: Algonkin
Wohnstätte: kuppelförmige Stroh-, Rinden- oder Fellhütte
Hauptnahrungsquelle: Mais

Dieser kleine Stamm im Gebiet des Eel-Flusses verkaufte 1828 sein Reservat in Indiana und verschmolz mit den Miami. Einige Abkömmlinge sind noch heute bei den Miami in Oklahoma zu finden (*siehe auch* Miami).

Erie
Geographische Region: Gebiet des Erie-Sees
Sprachgruppe: Irokesisch
Wohnstätte: Langhaus
Hauptnahrungsquelle: Mais

Die Erie waren zwar mit den Irokesen verwandt, gehörten jedoch niemals dem Bund an. Ihr Dialekt ähnelte dem der Huronen. Ihr Name bedeutet »an der Stelle des Panthers«, vermutlich wurden sie deshalb von den ersten Weißen »Katzenindianer« genannt. Der Stamm wurde 1685 von den Irokesen so gut wie ausgelöscht. Die Überlebenden schlossen sich den Conegesta und Seneca an, einige wenige leben noch bei den Seneca in Oklahoma.

Eskimo (Inuit)
Geographische Region: Arktis
Sprachgruppe: Eskimo-Aleutisch (Eskaleutisch)
Wohnstätten: Alaskanisch Erdhütte – MacKenzie, Nordalaska, St. Lawrence Island, Eskimo des südlichen und westlichen Alaska

Iglu – Baffin Island, Caribou, Copper Iglulik, Labrador, Netsliik, Polar- und Southampton-Eskimo.

Kuppelförmiges Erdstein-Walknochenhaus – östliches Grönland, Eskimo in Labrador und Westgrönland
Hauptnahrungsquellen: Fisch, Seehunde und Robben, Karibu, Elch: Eskimo des südlichen und westlichen Alaska

Seehunde, Karibu und Elch: Copper, Iglulik, Labrador, Netsilik, Nordalaska- und Southampton Eskimo

Seehunde und Robben: Baffin Island, Ostgrönland, Polar- und St. Lawrence Island Eskimo.

Untergruppen: Baffin Island (Sallumiut, Takamiut). Caribou, Copper, Iglulik, Labrador, Mackenzie, Netsilik, Nord Alaska (Kanianigmiut, Kobukmiut, Kugmiut, Natakmiut, Nunamiut, Point Hope Selawikmiut und Utokmiut), Polar, St. Lawrence Island, Süd-Alaska, Southampton, West-Alaska (Kaviagmiut, Kinugmiut, Malemiut, Unaligmiut) und West Greenland Eskimo.

Die Eskimo selbst nennen sich Inuit oder »Menschen«; Eskimo bedeutet »Esser von rohem Fleisch«. Land und Kultur der Eskimos erstrecken sich über fast 10.000 Kilometer entlang der Küsten des Arktischen Ozeans von Sibirien bis Grönland. Hier liegen einige der unwirtlichsten Gebiete des Globus. Weiter im Landesinneren stößt man auf eine Vielzahl von Sprachen und Kulturen; doch gleicht in der gesamten Arktis eine Eskimosprache der anderen recht stark, obwohl man wegen der Größe des Gebietes das Gegenteil annehmen könnte. Die Eskimos waren über die damalige Bering-Landbrücke etwa um 3.000 v. Chr.

Oben rechts: Eine Eskimofrau und ihr Kind versuchen der Kälte in Alaska in schweren Pelzen zu widerstehen. Die Felle wurden nach innen gewendet. Mitte rechts: Eine alte Frau näht Häute in die Kleidung.
Unten: diese Frau muß zunächst Fisch fangen, bevor sie ein Mahl für ihre Familie bereiten kann. Nur Männern war es gestattet, größere Tiere zu jagen.

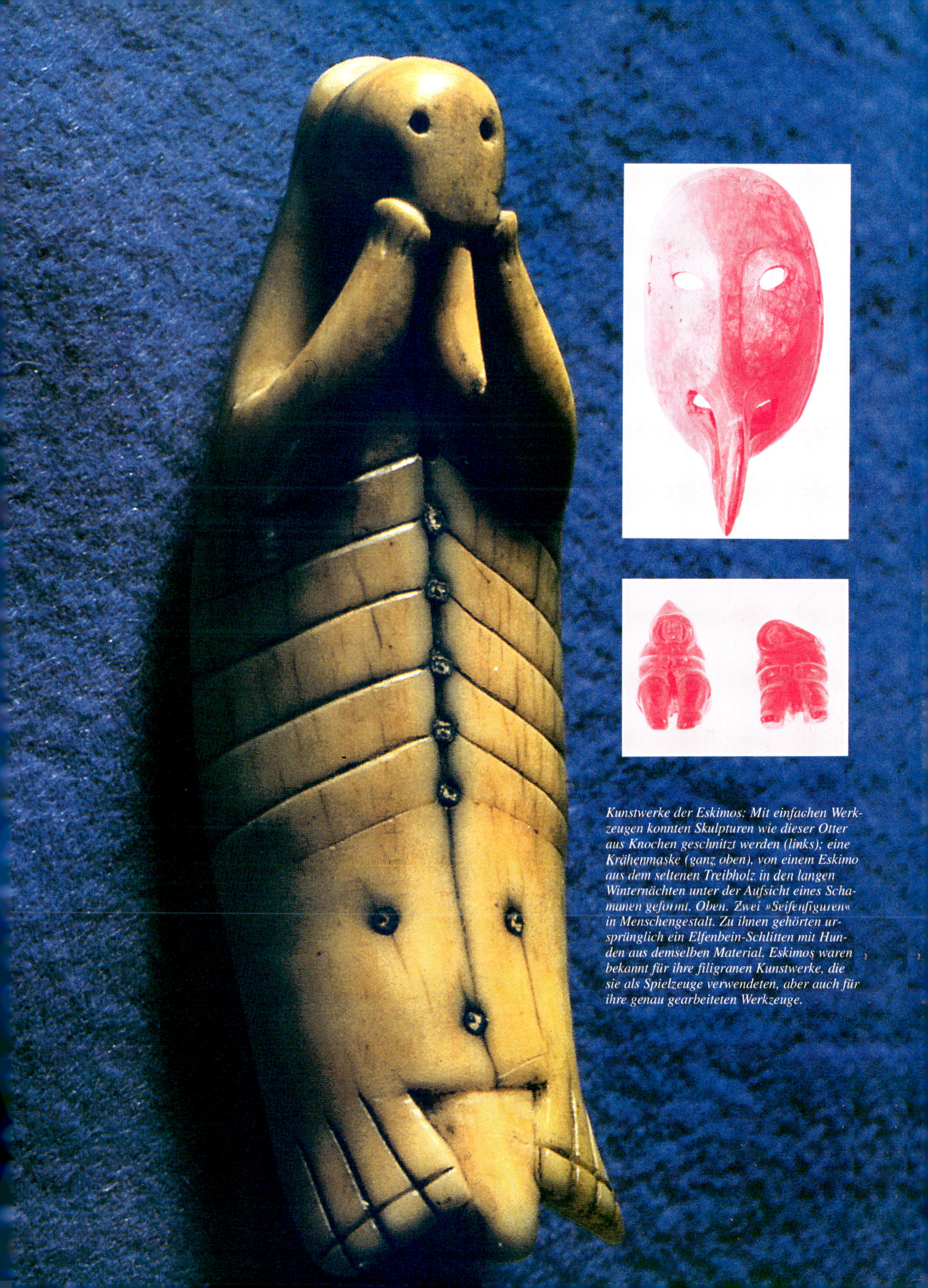

Kunstwerke der Eskimos: Mit einfachen Werkzeugen konnten Skulpturen wie dieser Otter aus Knochen geschnitzt werden (links); eine Krähenmaske (ganz oben), von einem Eskimo aus dem seltenen Treibholz in den langen Winternächten unter der Aufsicht eines Schamanen geformt. Oben: Zwei »Seifenfiguren« in Menschengestalt. Zu ihnen gehörten ursprünglich ein Elfenbein-Schlitten mit Hunden aus demselben Material. Eskimos waren bekannt für ihre filigranen Kunstwerke, die sie als Spielzeuge verwendeten, aber auch für ihre genau gearbeiteten Werkzeuge.

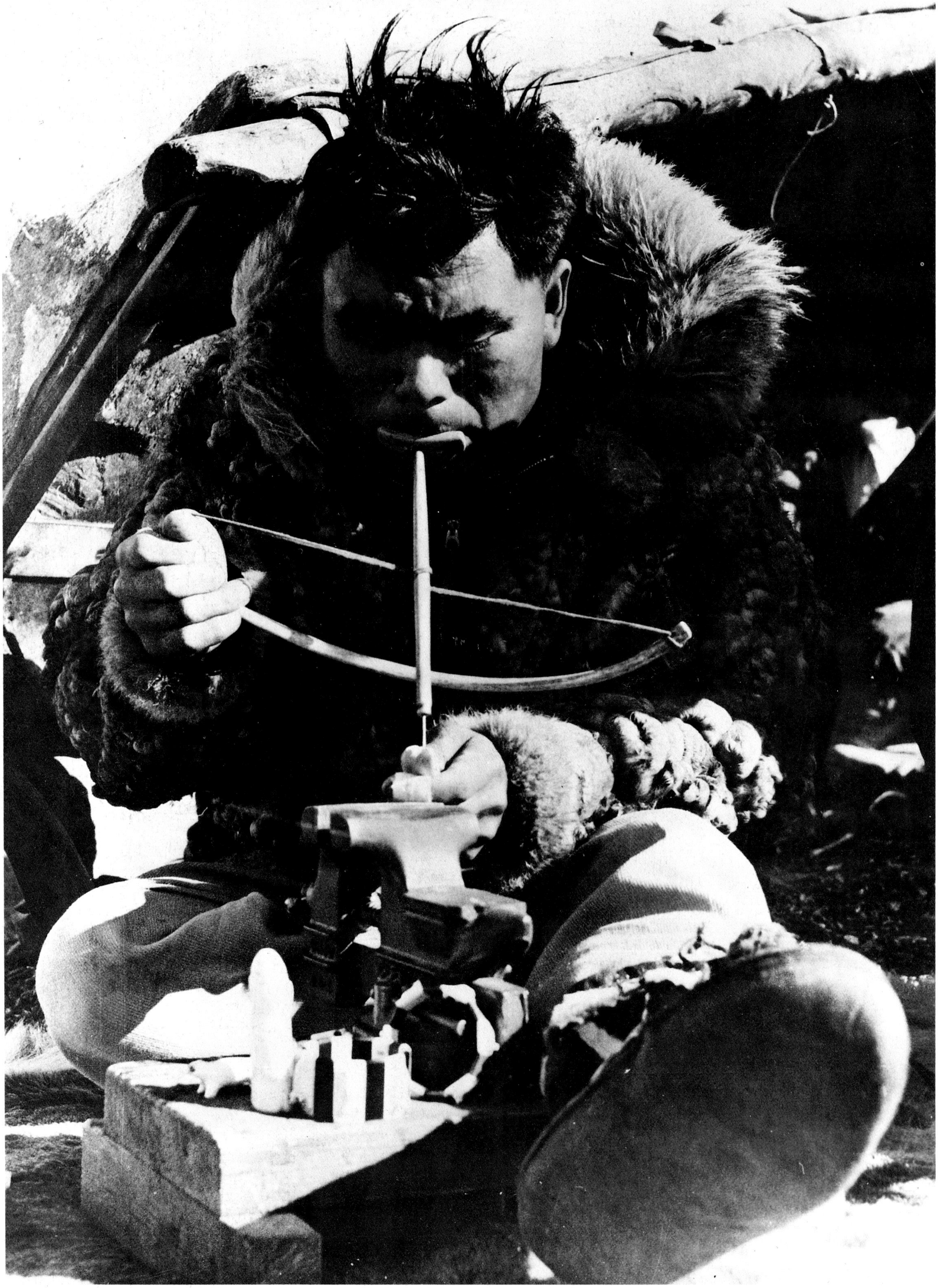

Gegenüberliegend: Ein Eskimo bearbeitet Elfenbein mithilfe eines simplen Lederbogenbohrers. Oben: Eine Eskimo-Tanzgruppe mit Trommeln aus Walmagen. Links: Eskimos bauen im arktischen Kanada einen Iglu (1918). Unten links: Aleutische Eskimos enthäuten einen Wal.

bein aus Walknochen und Walroßzähnen ist das bevorzugte Material für ihre religiöse und dekorative Kunst, dient aber auch praktischen Zwecken wie beispielsweise zur Herstellung von Harpunen.

Die Eskimo bewohnen einen Teil des Kontinents, wo Weiße immer noch Fremde sind, obwohl sich der Einfluß im letzten Teil des 20. Jahrhunderts immer stärker bemerkbar macht. Die Eskimos gehen nun mit Außenbordmotoren auf Fischfang und tragen Gewehre. Ölfunde bei Alaskas North Slope brachten in den 60er und 70er Jahren einen Zustrom von Weißen in einen der traditionellen Lebensräume der Eskimos.

Die gesamte Eskimo-Bevölkerung von Alaska und Kanada wurde 1970 auf 43.846 Personen geschätzt. 1985 gab es 9.550 im Gebiet der Nome-Behörde; 11.283 bei der Fairbanks – und 12.883 unter der Bethel-Behörde; 11.177 wurden bei der Cook Inlet Eingeborenengesellschaft, der *(Native Association)*, 693 bei der Copper River- Gesellschaft und 1.443 bei der North Pacific Rim-Gesellschaft gezählt.

oder früher nach Amerika gekommen. Ihre Kultur hat sich seither wenig verändert. Ihr Leben wird durch die Jagd von Seehunden, Walrössern, Walen und anderen Tieren des Arktischen Meeres bestimmt – denn diese Tiere liefern Nahrung, Kleidung und Öl. Die Eskimos leben in verschiedenen Behausungen. Typisch ist das kuppelförmige Eishaus oder Iglu. Traditionelle Transportmittel sind Hundeschlitten und Boote aus Fellen. Letztere reichen vom kleinen Einmann-Kajak bis zum geräumigen Umiak, mit dem Walfangexpeditionen unternommen werden. Während des langen, dunklen arktischen Winters ziehen sich die Eskimos in ihre kleinen Dörfer zurück, wo mehrere Familien gemeinsam in ihren Hütten zwischen Bergen von Bären- und Moschusfellen leben. Die Kunst des mündlichen Erzählens und die Schamanenreligion sind bei den Eskimo hoch entwickelt, bleibt ihnen doch in den langen Wintern viel Zeit dafür.

Allerdings verfügen sie auch über eine hochentwickelte darstellende Kunst: Elfen-

Euchee (*siehe* Yuchi)

Eufaula (*siehe* Creek)

Eyak
Geographische Region: Nordwestküste (südliches Zentralalaska)
Sprachgruppe: Eyak (eine Na-Dene-Sprache, die mit Haida und Athapaskisch verwandt ist)
Wohnstätte: Doppeltes Pultdach
Hauptnahrungsquelle: Fisch

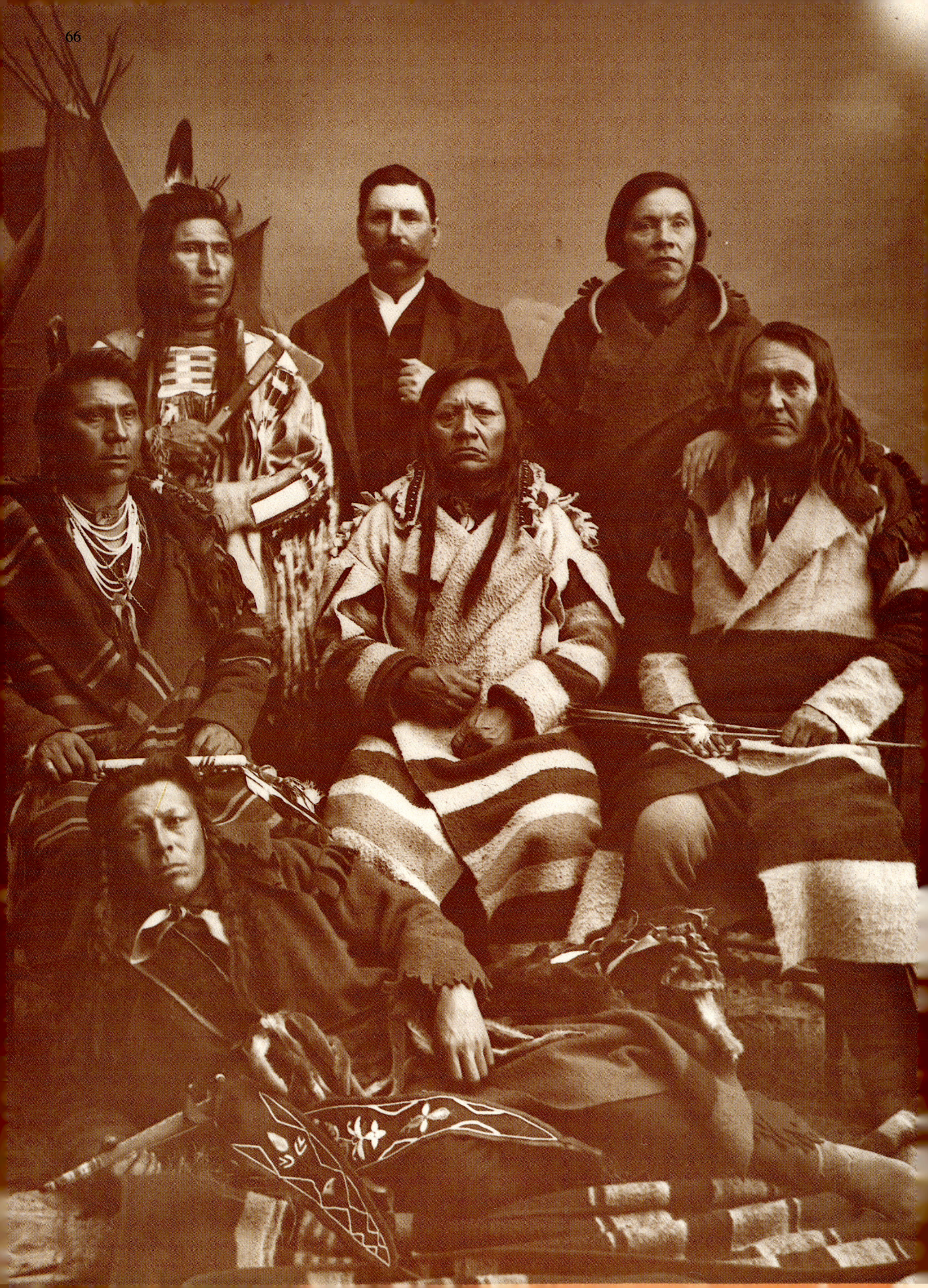

F

Fernandeno
Geographische Region: Südöstliches Kalifornien
Sprachgruppe: Uto-Aztekisch
Wohnstätte: Kuppelförmige Stroh-, Rinden- oder Fellhütte.
Hauptnahrungsquelle: Eicheln

Die Fernandeno gehörten wie die Gabrieleno und San Nicoleno zu den Stämmen der sogenannten »Missionsvölker«. Vor der Ankunft der Spanier gab es etwa 5.000 Stammesangehörige.

Flathead
Geographische Region: Großes Becken (westliches Montana)
Sprachgruppe: Salishan
Wohnstätte: Hütten mit Rindendach; Plains Tipi
Hauptnahrungsquelle: Büffel und anderes Großwild

Die Flathead, eine Untergruppe der Spokane-Stämme, verdanken ihren Namen einer weitverbreiteten Sitte unter den Salishan-Völkern: Diese deformierten ihre Köpfe, indem sie ihre Kinder an den harten Holzböden ihrer Wiege festbanden. Der Hinterkopf wurde dadurch flach und ließ die Oberseite des Schädels runder erscheinen. Anders die Flathead: Sie huldigten diesem Schönheitsideal nicht, so daß ihre Köpfe gegenüber denen der anderen Salishan-Stämmen auf der Oberseite flacher wirkten, daher der Name »Flachkopf«.

Die Flathead lebten nicht weit entfernt von den großen Ebenen. Daher hatten sie viel von der Kultur der dortigen Büffeljäger übernommen.

Ursprünglich siedelten sie im Gebiet um den heutigen Flathead-See in Montana. Ihr heutiges Reservat, das 1985 3.225 Stammesangehörige beherbergte, liegt südlich des Sees.

Forest Potawatomi (*siehe* Potawatomi)

Fox (Mesquaki, Muskwaki)

Gegenüberliegende Seite: Eine Delegation Flathead-Indianer in Washington (1864). Sie lebten gewöhnlich in Montana und galten als erfahrene Pferdezüchter, mußten jedoch vor der weißen Besiedlung nach Kanada ausweichen. Unten: Stammesangehörige während einer Parade in Missoula (Montana), 1955.

Geographische Region: Nordosten (Illinois)
Sprachgruppe: Algonkin
Wohnstätte: kuppelförmige Stroh-, Rinden- oder Fellhütte
Hauptnahrungsquellen: Mais, Jagd

Die Fox hießen ursprünglich Mesquaki oder »Leute der roten Erde«. Der heutige Name stammt von den Franzosen, gegen die sie ständig Krieg führten. Die erste Niederlage des Stammes 1716 schien diese Feindschaft noch zu vertiefen. Doch bei einer weiteren Niederlage 1730 wurde der Stamm fast vollständig aufgerieben. Die Überlebenden retteten sich zu ihren Verwandten, den Sauk, in die Gegend um die Green Bay.

1740 schlossen sie mit den Franzosen Frieden.

Anfang des 19. Jahrhunderts lebten die Fox am Rock River im Norden von Illinois. 1940 gab es 400 Fox bei Tama, Iowa; 475 bei Stroud, Oklahoma. 1985 wurde eine gemischte Fox-Sauk-Bevölkerung von 745 Stammesangehörigen in Iowa gezählt. 56 lebten im gemeinsamen Reservat in Kansas und 1.041 in Oklahoma.

Fünf zivilisierte Stämme (*siehe* Cherokee, Chickasaw, Choctaw, Creek und Seminolen)

G

Gabrieleno
Geographische Region: Südostkalifornien
Sprachgruppe: Uto-Aztekisch
Wohnstätte: Kuppelförmige Stroh-, Rinden- oder Fellhütte
Hauptnahrungsquellen: Eicheln, Mais
Die Gabrieleno sind als eines der »Missionsvölker«, die Kultur und Religion der Weißen sehr schnell übernahmen, bekannt. Sie zählten zusammen mit den San Nicoleno vor der Ankunft der Spanier etwa 5.000 Stammesangehörige.

Gosiute
Geographische Region: Großes Becken (nördliches Nevada und Utah)
Sprachgruppe: Uto-Aztekisch
Wohnstätte: Einfaches Tipi
Hauptnahrungsquellen: Wildpflanzen, Kleinwild
Die Gosiute waren nur einer der vielen Numanisch sprechenden Stämme, die mit Bannock, Paiute, Shoshone und Ute verwandt waren und sich später mit diesen auch vermischten.

Great Osage (*siehe* Osage)

Green River Snake (*siehe* Shoshone)

Gros Ventre (Atsina)
Geographische Region: Plains und Prärien (North Dakota und südliches Saskatchewan)
Sprachgruppe: Sioux
Wohnstätte: Plains-Tipi
Hauptnahrungsquelle: Büffel
Untergruppen: Hidatsa, Awatixa, Awaxawi und Atsina

Guate
Geographische Region: Südosten (Georgia)
Sprachgruppe: Muskhogee
Wohnstätte: Strohhütte
Hauptnahrungsquelle: Mais

Links: Angelic La Moose, dessen Großvater Häuptling der Flathead gewesen war, trägt hier ein traditionelles Kleid. Das Mädchen steht vor einem Plains Tipi auf einem gewebten Teppich, der an die Navaho-Kunst erinnert. Kunst war auch bei den Flathead wichtig, obwohl die Nahrungssuche am meisten Zeit kostete (1913).

Haida-Totempfähle im Old Kassan Dorf im südöstlichen Alaska. Die Totempfähle im Vordergund symbolisieren die Heldentaten von Häuptling Skowl, der 1882 starb. Die Schnitzereien bedeuten: Rabe, der die Sonne stiehlt; Rabe, der seinen Schnabel zurückzieht, nachdem er ihn auf dem Haken eines Fischers verloren hatte; Grizzley-Bär und junge Frau oder Junges.

H

Haida (Hyda, Kaigani)
Geographische Region: Nordwestküste (Queen Charlotte Islands)
Sprachgruppe: Haida (eine Na-Dene-Sprache, die mit Athapaskisch verwandt ist)
Wohnstätte: Blockhaus
Hauptnahrungsquelle: Fisch

Die Haida waren die Ureinwohner der Queen Charlotte-Inseln, die größte Inselgruppe vor der Küste von British Columbia. Ihre kulturell hochentwickelten Dörfer aus Holzhäusern waren von bis zu 15 Meter hohen Totempfählen geschmückt. Sie fischten und jagten Seehunde mit stattlichen Kanus aus Zedernstämmen. Die Boote und die kunstvoll geschnitzten Totempfähle waren gewissermaßen kennzeichnend für den Stamm. Wie andere Völker an der Nordwestküste auch, lebten sie vor allem vom Lachsfang.

Die Haida waren talentierte Händler mit einem hochentwickelten Sinn für Wohlstand und Adel. Dies bewiesen sie beim Potlatch-Fest, einer an der Nordwestküste gebräuchlichen Zeremonie, bei welcher einzelne »Adelsfamilien« eines Stammes ihre Gäste bewirteten und vor allem Geschenke verteilten. Der Erfolg hing davon ab, wie lange das Fest dauerte und wie viele Geschenke verteilt wurden. Damit stieg das soziale Ansehen der Gastgeber in der Stammesgesellschaft.

Nach der Ankunft der Weißen geriet das gesellschaftliche Gleichgewicht bei den Indianerstämmen an der Nordwestküste aus der Balance; denn nun kam massenhaft fabrizierter Ramsch unter die Indianer; die Zeremonie verlor an Bedeutung. Und zwischen 1884 und 1951 waren die Feste in Kanada offiziell verboten.

Die ersten Kontakte der Haida mit den Weißen gehen auf das Jahr 1774 zurück, als spanische Entdecker die Queen Charlotte-

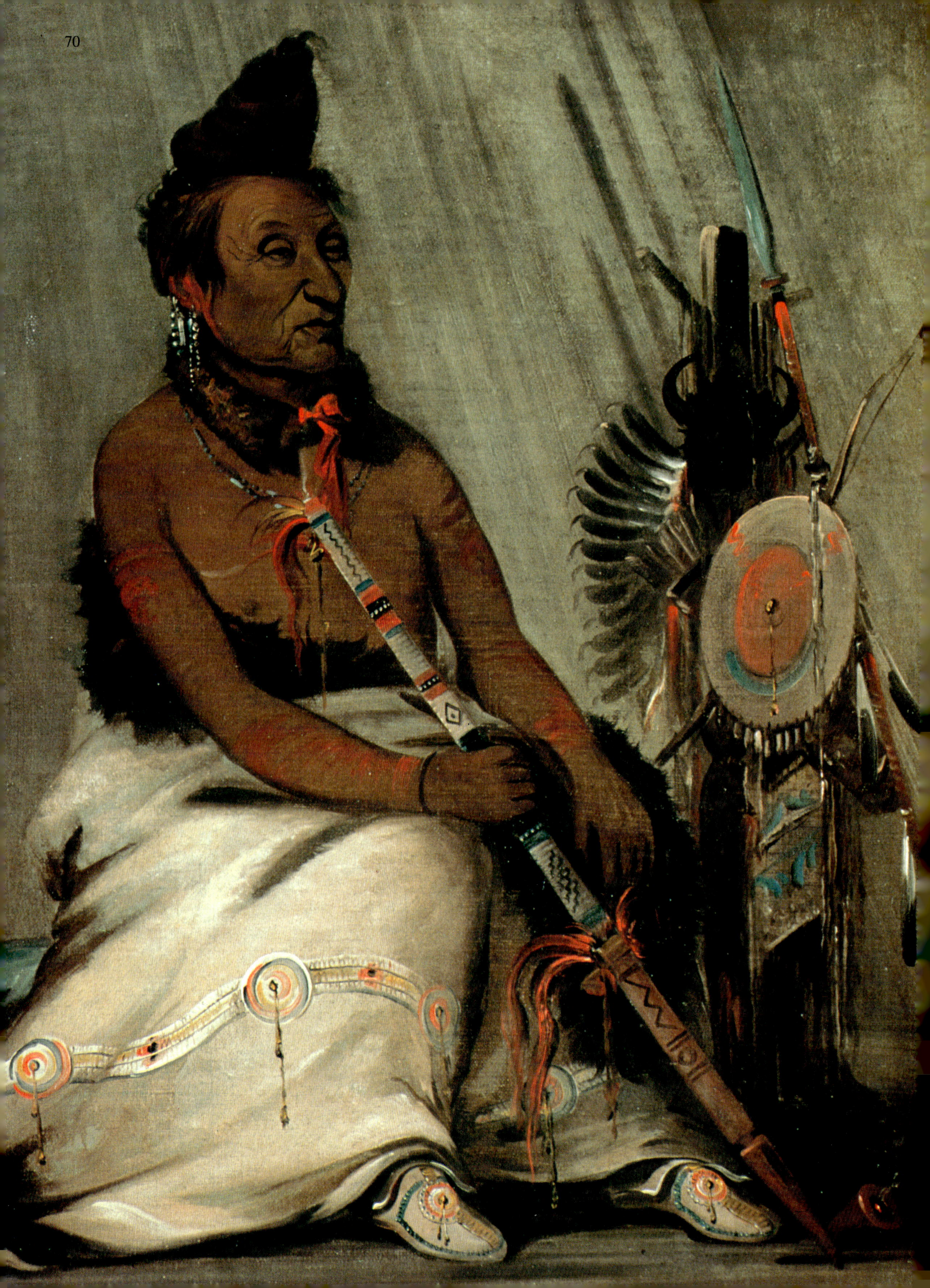

degate.

Hainai
Geographische Region: Plains und Prärien (Texas)
Sprachgruppe: Caddo

Gegenüberliegend: Ein Portrait von Black Mocassin vom Stamme der Haida; ein Gemälde von George Catlin, 1823. Der Künstler lebte sechs Jahre unter den Stämmen im Westen; seine Darstellungen dienen heute der Anthropologie.
Unten: Kleine Kunstwerke der Stämme von der Nordwestküste sind wegen ihres reichen Symbolismus' und der feinen Ausarbeitung bemerkenswert. Das Bild zeigt ein Musikinstrument der Haida.

1716 wurde genau hier eine katholische Missionsstation gegründet. Während des Bürgerkriegs stellten sich die Hainai auf die Seite der Südstaaten. Anschließend ließen sie sich im Wichita-Caddo-Reservat nieder. Als Stamm wurden die Hainai letztmals 1876 gezählt. Damals gab es noch 30 Angehörige gegenüber 150 im Jahre 1864.

Haisla
Geographische Region: Nordwestküste (British Columbia)
Sprachgruppe: Wakashan (verwandt mit Salishan)
Wohnstätte: Blockhaus
Hauptnahrungsquelle: Fisch

Halchidhoma
Geographische Region: Südwesten
Sprachgruppe: Uto-Aztekisch
Wohnstätte: kuppelförmige Stroh-, Rinden- oder Fellhütte
Hauptnahrungsquellen: Wildpflanzen, Kleinwild

Han
Geographische Region: Subarktis (Landesinnere von Nordalaska)
Sprachgruppe: Athapaskisch
Wohnstätte: Alaska-Erdhütte; doppeltes Pultdach
Hauptnahrungsquellen: Fisch, Karibu, Elch

Hare
Geographische Region: Subarktis (Great Bear-See, Mackenzie-Territorium)
Sprachgruppe: Athapaskisch
Wohnstätte: Doppeltes Pultdach, einfaches Tipi
Hauptnahrungsquellen: Karibu, Elch
Die Hare nannten sich selber »Kawchodinneh«. Sie waren typische subarktische Jäger, die den Karibuherden in den Norden Kanadas folgten.

Havasupai (Supai)
Geographische Region: Südwesten (Arizona)
Sprachgruppe: Hoka
Wohnstätte: Einfaches Tipi
Hauptnahrungsquellen: Wildpflanzen, Mais
Die Havasupai gehörten zu den Ureinwohnern der Region um den Grand Canyon. Sie sind bekannt für ihre Töpferkunst und ein hochwertiges rotes Ockergestein, das sie im 17. Jahrhundert im Grand Canyon abbauten.
Ihr Ockerhandel mit den Hopi reichte bis Santa Fe Pueblo. Die Havasupai gehören derzeit zur Truxton-Canyon-Behörde in Arizona.
Im Jahre 1985 waren bei der Truxton-Canyon-Behörde 430 Stammesmitglieder registriert.

Unten: Eine Hopi-Frau frisiert die Haare eines Mädchens, um ihre Heiratswilligkeit zu zeigen (frühes 19.Jahrhundert). Dieser Stil war außerdem ein Zeichen für ihre Qualität als Hausfrau. Es konnte eine Stunde dauern, bis die Haare um den U-förmigen Knochen gewickelt waren. Nach der Heirat trug die Frau wieder eine normale Frisur.

Heiltsuk
Geographische Region: Nordwestküste (Festlandsküste von British Columbia)
Sprachgruppe: Wakashan
Wohnstätte: Blockhaus
Hauptnahrungsquelle: Fisch
Die Heiltsuk gehörten zu einer zweisprachigen Gruppe, zu der auch die Bella Bella und einige kleinere Sippen namens Xaihai zählten. Diese Gruppe gehörte wiederum linguistisch zu den Kwakiutl, mit denen sie wie auch mit den Bella Coola Handel trieb. 1967 gab es noch 1.198 Heiltsuk, die sich vor allem von Fischfang an der nordwestlichen Pazifikküste ernährten.

Henya (*siehe* Tlingit)

Hidatsa (*siehe* Gros Ventre)

Hilabia (*siehe* Creek)

Hill Patwin (*siehe* Patwin)

Hill Wintun (*siehe* Wintun)

Hitchiti
Geographische Region: Südosten (Georgia)
Sprachgruppe: Muskhogee
Wohnstätte: Strohhütte
Hauptnahrungsquelle: Mais

Der Name Hitchiti stammt von dem Creek-Wort *ahit'chita* = »Sieh' den Strom hinauf«. Trotz sprachlicher Unterschiede sind die Hitchiti mit den Creek verwandt. Beide Stämme wurden zur selben Zeit in das Indianer-Territorium verbannt. 1832 existierten neun Hitchiti-Städte im Gebiet von Georgia und Nordflorida mit 2.036 Einwohnern.

In Oklahoma wurde der Stamm allmählich von den Creek aufgesogen; drei Hitchiti-sprechende Männer – Legus Perryman, Samuel Checote und Plesant Porter – dienten im 19. Jahrhundert noch als Oberhäuptlinge der Creek. Obwohl der Stamm schließlich in den Creek aufging, wurden 1891 noch 182 amtlich erfaßte Hitchiti in der Stadt gleichen Namens gezählt.

Hoh
Geographische Region: Nordwestküste (Washington)
Sprachgruppe: Salishan
Wohnstätte: Blockhaus
Hauptnahrungsquelle: Fisch

Hohokam (*siehe* Puma, Papago)

Honeches (*siehe* Waco)

Hoonah (*siehe* Tlingit)

Hoopa (*siehe* Hupa)

Hootznahoo (*siehe* Tlingit)

Hopi
Geographische Region: Südwesten (Arizona, Colorado, New Mexico)
Sprachgruppe: Uto-Aztekisch
Wohnstätte: Pueblo
Hauptnahrungsquellen: Mais, Wildpflanzen

Der Name Hopi kommt von *hopitu* = »die Friedlichen«. In ihrer kulturellen Tradition werden sie oft mit den Zuni und den Pueblo-Indianern (*siehe* Pueblo) in Verbindung gebracht. Alle diese Völker lebten in Pueblos, Städten aus häufig mehrstöckigen, rechteckigen Häusern. Der Name Pueblo stammt von dem spanischen Wort für »Dorf«.

Die Vorfahren der Hopi wanderten schon mehr als tausend Jahre vor unserer Zeitrechnung in den nordamerikanischen Südwesten ein. Um 700 n.Chr. hatten sie eine hochstehende Landwirtschaft entwickelt. Sie bauten Mais, Bohnen, Kürbis und Baumwolle an. Um 1100 n. Chr. verließen sie ihre Erdhöhlen und begannen mit dem Bau mehrstöckiger Ziegelhäuser. Die ersten Städte wie Oraibi und Mesa Verde wurden gegründet.

Dem ersten Kontakt mit Coronado 1541 folgte der Zustrom spanischer Abenteurer und Missionare. 1680 revoltierten die Pueblo-Indianer gegen die Spanier. Während des Aufstandes zog sich die Hopi-Bevölkerung ins entlegene Gebirge zurück, wo bereits kleinere Dörfer existierten.

Im Mittelpunkt des religiösen und kulturellen Lebens stand als Ausdruck ihres Geisterglaubens die Kachina-Zeremonie. Die Kachina waren Geister, die für die Hopi den jährlichen Lebenszyklus von Geburt, Tod und Wiedergeburt symbolisierten. Von Oktober bis April lebten die Kachina nach der Vorstellung der Hopi unter der Erde, für den Rest des Jahres bewegten sie sich unsichtbar unter den Menschen. Die Männer trugen während der Zeremonie prächtige Masken und Gewänder, um einen bestimmten Geist zu verkörpern.

Kachinapuppen – antik oder zeitgenössisch – gehören zu den hochbegehrten Kunstschätzen des indianischen Nordamerika. Alle Männer gehörten zu einem bestimmten Kachina-Kult, in manchen Hopi-Städten gab es bis zu sechs verschiedene mit jeweils einer eigenen *kiva* oder Kirche.

Es waren weniger die Weißen als vielmehr die Navaho, die Mitte des vorigen Jahrhunderts die Autonomie der Hopi bedrohten. Fast das ganze Jahrhundert hindurch führten beide Stämme gegeneinander Krieg. 1882 wurde den Hopi ein Reservat zugewiesen, aber der Stamm spaltete sich über der Frage, ob man tatsächlich dort einziehen sollte. Erst 1906 erklärten sich alle Gruppierungen zum gemeinsamen Umzug bereit.

Weil sich die Gebiete der Hopi und der Navaho überlappten, hielt der Konflikt zwischen den beiden Stämmen bis ins 20. Jahrhundert an. Die Bevölkerung des Hopi-Reservats wuchs von etwa 5.000 um die Jahrhundertwende auf 8.952 im Jahre 1985 an.

Oben: Ein Hupa-Indianer aus Kalifornien mißt mithilfe seiner Armbeuge die Länge von Muscheln, die damals (um 1900) oft noch als Zahlungsmittel galten. Die Halskette war ein Zeichen des Wohlstands; seinen Reichtum vorzuzeigen war üblich und gewünscht.

Houeches (*siehe* Waco)

Housetonic (Stockbridge)
Geographische Region: Nordosten (Massachusetts)

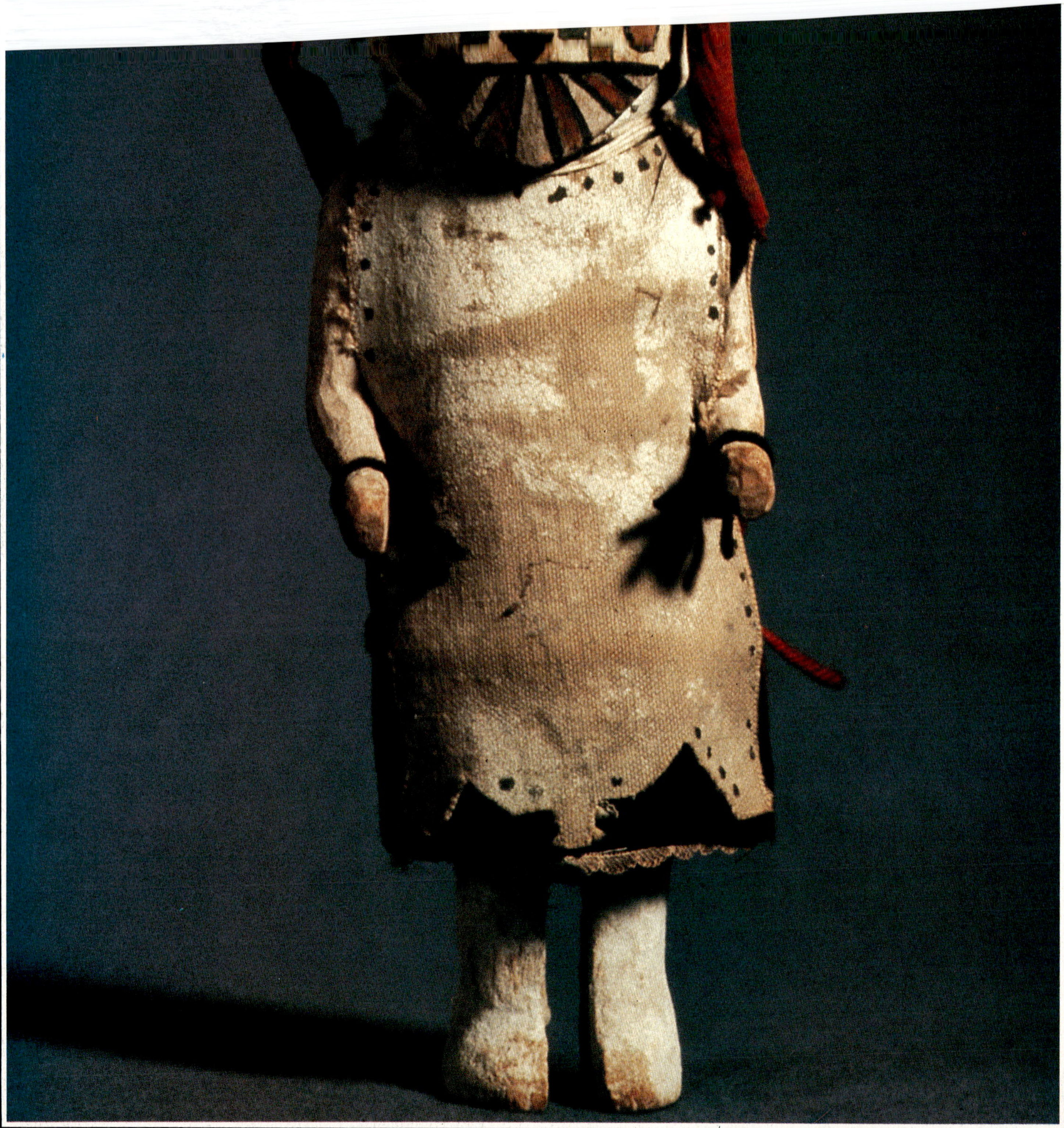

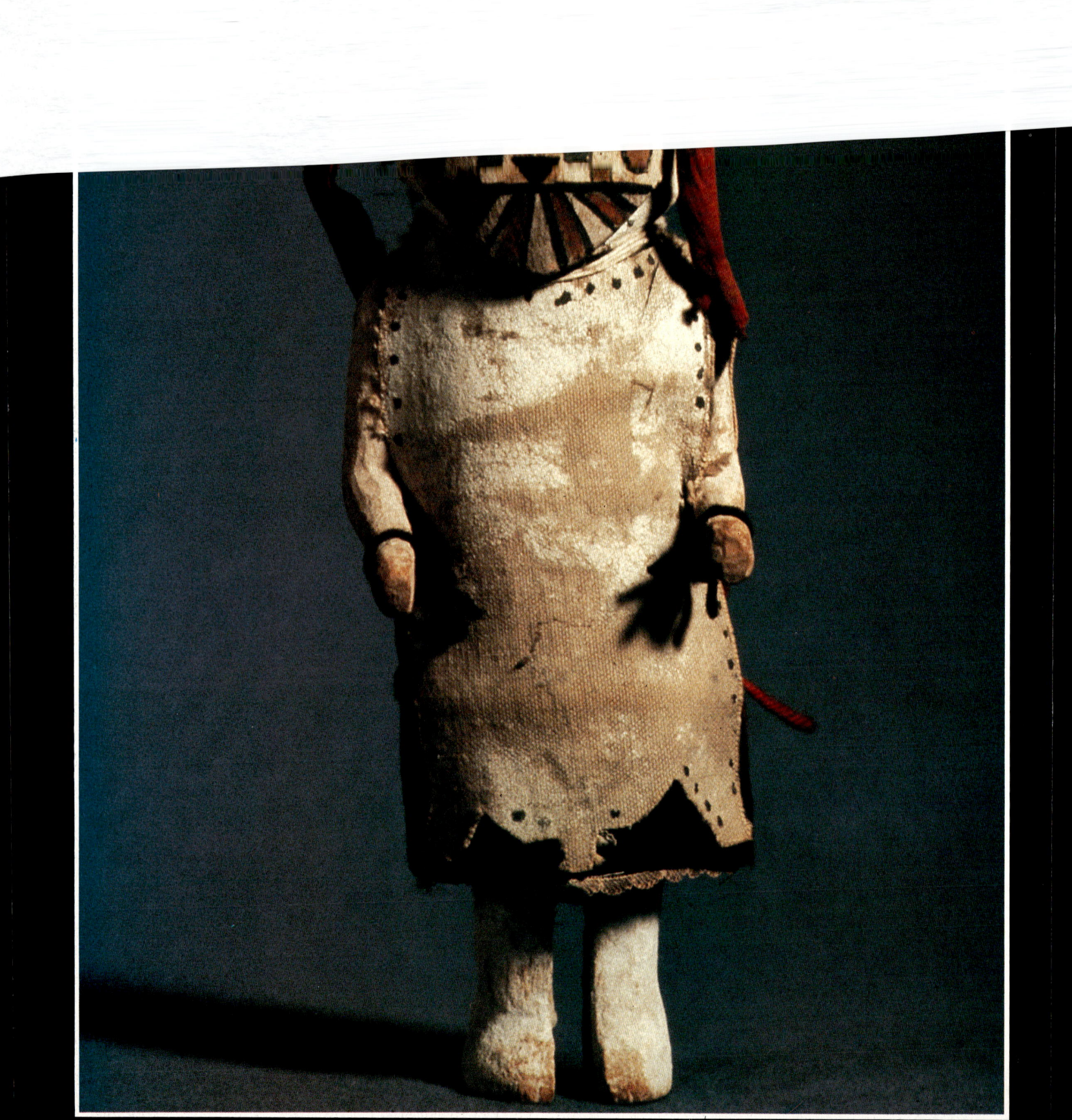

Gegenüberliegend und oben: Diese Katchina-Puppen stellen zwei Hopi-Geister dar. Sie wurden aus Baumwollholz geschnitzt, bemalt und ge- schmückt mit Federn oder Muscheln. Nach einem Ritual wurden sie der Kindern feierlich übergeben. Für jeden Geist gab es eine eigene Puppe.

Sprachgruppe: Algonkin
Wohnstätte: Langhaus
Hauptnahrungsquellen: Jagd, Mais
Der kleine Stamm trat 1832 in einen Bund mit den Munsee, um Land in Wisconsin kaufen zu können. Noch heute leben dort viele ihrer Nachfahren. Andere zogen in das Indianer-Territorium und siedelten sich dort bei den Cherokee an.

Huanchane (siehe Waco)

Humptulips
Geographische Region: Nordwestküste (südwestliches Washington)
Sprachgruppe: Salishan
Wohnstätte: Blockhaus
Hauptnahrungsquelle: Fisch

Hunkpapa (siehe Sioux)

Hupa (Hoopa)
Geographische Region: Nordwestliches Kalifornien
Sprachgruppe: Athapaskisch
Wohnstätte: Blockhaus
Hauptnahrungsquelle: Mischung aus tierischer und pflanzlicher Nahrung
Wie bei den meisten Stämmen Kaliforniens, bildeten Eicheln, die zu Mehl gestampft und zu Brot verarbeitet wurden, die Grundnahrung der Hupa. Doch jagten sie auch Wild, das in den umliegenden Wäldern weit verbreitet war. Die Stellung des Häuptlings war bei den Hupa wichtiger als bei anderen Stämmen Kaliforniens.

Ein Hupa-Dorf war keine feste Siedlung und bestand aus zwei verschiedenen Hüttenarten. Die erste, etwa 37 Quadratmeter groß, war etwa 1,50 Meter tief in die Erde gegraben. Sie diente als Vorratslager und zum Schlafen. Die zweite diente, ähnlich wie eine europäische Sauna, den Männern als Schwitzhütte. Die Hupa siedelten vor allem im Hoopa-Tal am Unterlauf des Trinity-Flusses. Die Bevölkerungsdichte war mit 5,2 Personen pro Quadratmeile mehr als doppelt so hoch wie bei den Karok mit 2,4 und höher als bei den Yurok mit 4,7 Personen. Die Bevölkerungsstatistik für das Reservat im Hoopa-Tal zeigte einen dramatischen Anstieg von 623 auf 975 Menschen zwischen den Jahren 1867 und 1869. Wahrscheinlich lag dies daran, daß verstreute Stammesangehörige von außen in das Reservat kamen. Die Zahl der Bewohner ging von 1869 bis 1877 auf 427 zurück und stagnierte unter 510 nach der Jahrhundertwende. 1914 wurden im Reservat 1.345 Hupa gezählt, eine Zählung im Jahre 1928 ergab 1.927 Bewohner.

Huronen (*siehe* Wyandot)

Hyda (*siehe* Haida)

Gegenüberliegend: Diese Hupa-Häuptlinge tragen geheiligte Messer voran und eröffenen so den White Deerskin-Tanz (1890er Jahre).
Oben: Eine Mohawk-Frau beim Korbflechten mit Birkenrinde.
Oben rechts: Der Mohawk-Häuptling Thayendanega (Joseph Brant).

I

Iglulik Eskimo (*siehe* Eskimo)

Illinois
Geographische Region: Nordosten (Illinois)
Sprachgruppe: Algonkin
Wohnstätte: Kuppelförmige Stroh, Rinden- oder Fellhütte.
Hauptnahrungsquelle: Mais
Untergruppen: Cahokia, Kaskaskia, Michigamea, Moingwena, Peoria (Peouaria) und Tamaroa

Die Illinois, deren Namen sich von Illiniwek oder »Männer« ableitet, waren ein Bund von Alonkin-Völkern und verwandt mit den Miami. 1673 stießen weiße Entdecker unter Pater Jacques Marquette im Gebiet des Illinois-Flusses auf den Stamm. Sein Winterquartier und das verschiedener Untergruppen befand sich damals am Peoria-See, wie La Salle 1680 berichtete.

Kurz nach La Salles Besuch wurden die Illinois von den Irokesen, die von den Holländern Feuerwaffen erhalten hatten, angegriffen und vernichtend geschlagen. Unter dem Schutz der Franzosen blieben die Illinois bis 1699 in ihrer angestammten Heimat. Dann wanderten sie (mit Ausnahme der Peoria) zum Zusammenfluß von Mississippi und Kaskasia. Vor 1689 hatte es einmal 9.000 Illinois gegeben – davon waren Anfang des 19. Jahrhunderts noch 150 übriggeblieben. Sie siedelten sich 1832 in Kansas an, ihre Nachkommen ließen sich 1867 im Indianer-Territorium nieder.

Die letzten elf Peoria schlossen 1818 einen Vertrag mit den USA. Sie taten sich mit den übrigen Kaskaskia zusammen und schlossen sich 1832 den Iliinois an. Nach der Ankunft in ihrem neuen Gebiet traten sie jedoch in sehr enge kulturelle Beziehungen mit den Piankashaw.

Nach der Übersiedlung in das Indianer-Territorium schlossen die Peoria mit den Miami 1873 einen neuen Bund. 1945 zählten die vereinigten Peoria und die Miami bei der Quapaw-Behörde von Oklahoma 431 Angehörige, davon lebten 150 im Reservat. Das Peoria-Reservat allein umfaßte ohne die Miami 398 Bewohner.

Inde (*siehe* Apache)

Ingalik
Geographische Region: Subarktis (Yukon- und Kuskokwin-Flüsse, Zentralalaska)
Sprachgruppe: Athapaskisch
Wohnstätte: Erdhütte
Hauptnahrungsquellen: Karibu, Elch, Fisch

Die Ingalik waren für ihre kunstvoll gearbeiteten Holzschüsseln und ovalen, geflochtetenen Körbe bekannt.

Oben: Eine moderne Seneca-Maske, die fast vollständig aus geflochtenem und geschnittenem Korn besteht. Mitglieder der Husk Face-Gesellschaft, einer kleinen Religionsgemeinschaft, trugen diese Masken bei ihren Tänzen schon im Winter, um so für eine reiche Ernte zu beten. Korn war natürlich das wichtigste Getreide – auch für die Seneca, deren Lebensgrundlage einst davon abhing.

Inuit (*siehe* Eskimo)

Iowa
Geographische Region: Plains und Prärien
Sprachgruppe: Sioux-Chiwere
Wohnstätte: Erdhütte
Hauptnahrungsquellen: Jagd, Mais
Der Stammesname kommt von *Ai'yue*, was »markig« oder »die Ausgeschlafenen« bedeutet. Die ersten Kontakte mit den Franzosen hatten die Iowa 1701 an der Mündung des Blue Earth-Flusses in Minnesota. Ihr Gebiet erstreckte sich weiter südlich bis ins heutigen Des Moines. Die Iowa waren mit den Winnebago verwandt und handelten mit vielen anderen Stämmen der Region. Ihre Spezialität waren Pfeifen aus rotem Ton, den sie aus einer Grube in Minnesota gewannen.

1836 wurden die Iowa zwangsweise in ein Reservat nach Kansas umgesiedelt. Um 1880 lebten auch einige bei den Fox und Sauk im Indianer-Territorium, wo sie 1883 ein eigenes Reservat erhielten. Von 1.100 Iowa im Jahre 1760 waren 1843 nur noch 470 übriggeblieben. Im Jahre 1901 lebten

Oben: See-non-ty-a, ein Medizinmann der Iowa, auf einem Portrait von George Catlin (1829). Er genoß in seinem Stamm hohes Ansehen und führte die Landsuche an. Denn zu dieser Zeit hatte der Stamm den heutigen Staat, der nach ihm benannt worden ist, verlassen müssen.

88 Iowa unter den Sauk und Fox. 1985 gab es 155 Iowa bei der Shawnee-Behörde in Oklahoma und 328 im Stammesreservat von Kansas und Nebraska.

Irokesen
Geographische Region: Osten (US-Bundestaat New York)
Sprachgruppe: Irokesisch
Wohnstätte: Langhaus
Hauptnahrungsquellen: Bohnen, Mais, Jagd
Untergruppen: Cayuga, Mohawk, Oneida, Onondaga, Seneca

Der Irokesenbund oder die Fünf Nationen der Irokesen war das stärkste indianische Kriegsbündnis im östlichen Teil Nordamerikas und wahrscheinlich die erfolgreichste Allianz ihrer Art unter so bedeutenden Stämmen. Innerhalb der fünf Völker gab es drei einflußreiche Klans – »Wild«, »Taube« und »Wolf«. Sie hielten das Bündnis zusammen. Es war im späten 16. Jahrhundert entstanden, damals umfaßten die fünf Nationen etwa 7.000 Irokesen.

Der Bund war aus der Idee entstanden, das Blutvergießen bei internen Konflikten unter den fünf Stämmmen zu beenden. Gründer waren die Häuptlinge Dekanawi und Hiawatha, unterstützt von den Häuptlingen Jikonasa und Totadaho. Die Liga nannte sich »Großer Friede« oder »Langhaus« nach den gebräuchlichen Wohnstätten der Stämme.

Das höchste Regierungsorgan war der Große Rat, bei dem die Mohawk und Seneca das Oberhaus, die Oneida und Cayuga das Unterhaus bildeten. Die Onondaga stellten den Ratsvorsitzenden und gaben mit ihrem Votum bei Stimmengleichheit der beiden Kammern den Ausschlag.

Die Mitglieder der Liga führten oft ihre eigenen Kriege. 1710 wurden die Tuscarora als sechste Nation aufgenommen. Ein Stimmrecht im Großen Rat erhielten sie aber nicht.

Die Irokesen waren Jäger, aber auch bemerkenswerte Bauern. Bohnen, Mais und Kürbis galten als ihre »drei Schwestern«.

Samuel de Champlain unterstützte die Huronen (Wyandot) 1609 in ihrem Krieg gegen die Irokesen. Diese wiederum verbündeten sich mit den Holländern. Die Irokesen erhielten von den Weißen Gewehre. Sie griffen an und vernichteten die weit unterlegenen Huronen und Erie mit ihren modernen Feuerwaffen. Eine große Zahl von Delawaren wurden als Sklaven in die Gefangenschaft geführt. Auf dem Höhepunkt ihrer militärischen Macht hatte der Irokesenbund 3.000 Mann unter Waffen. Sein Einfluß reichte nach Süden bis ins Cherokee-Territorium.

Als die Holländer 1664 Neu Amsterdam, das heutige Manhattan, an die Engländer verkauften, schlossen die Irokesen (insbesondere die Mohawk) schnell Frieden mit den Briten. 1710 reiste eine Delegation unter »König Hendrick« (Thoyanoguen) nach England zu einem Höflichkeitsbesuch bei Queen Anne.

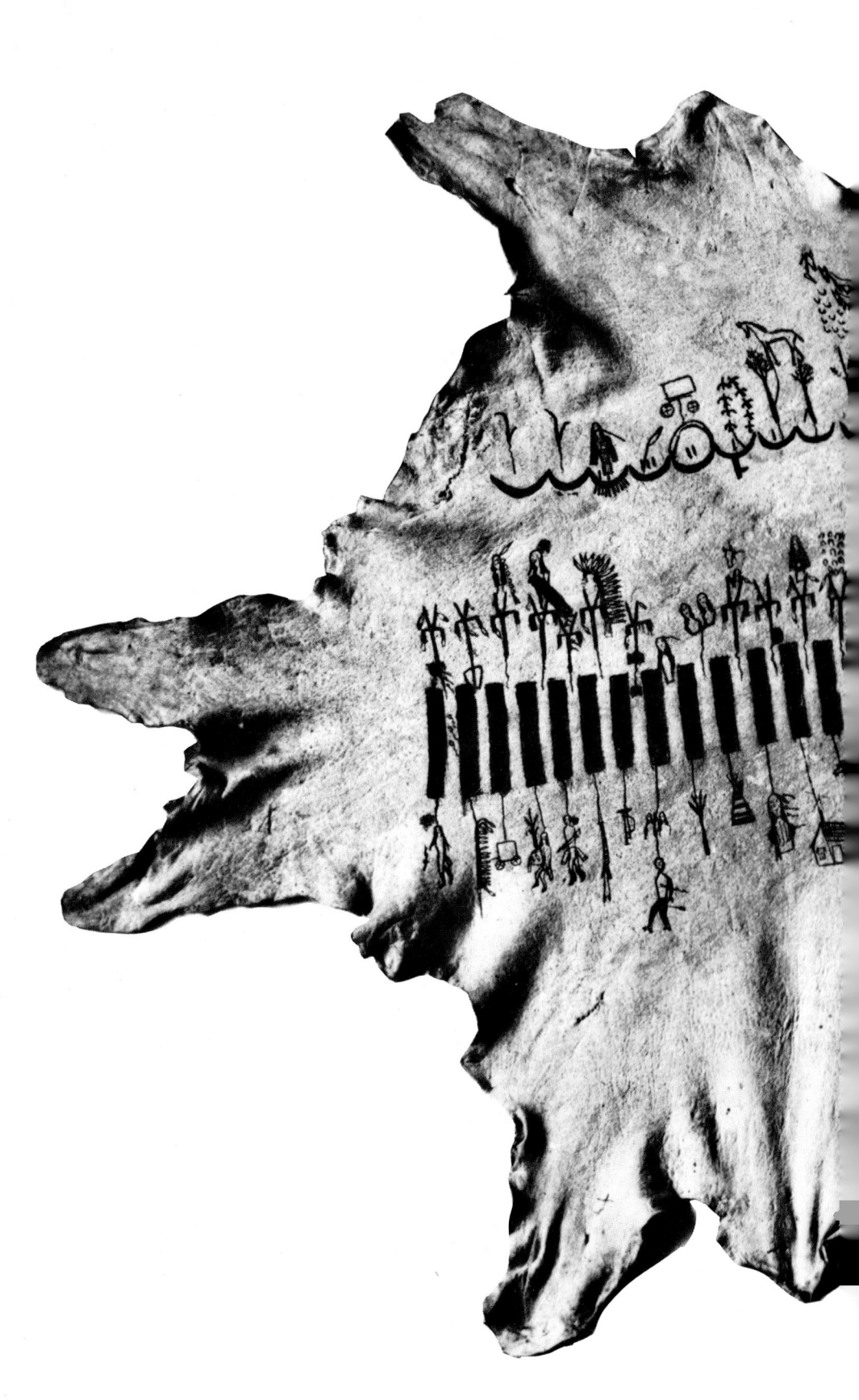

William Johnson festigte 1738 die guten Beziehungen zwischen den Briten und Irokesen. Sie überdauerten auch den Siebenjährigen Krieg mit den Franzosen. Johnson führt die Mohawk 1755 zum Sieg bei Lake George und 1759 zum Sieg bei Niagara. Nach dem Ausbruch der amerikanischen Revolution bemühten sich die Briten um den Beistand der Stämme. Häuptling Thayendanegea (Joseph Brant) wurde von König Georg nach England eingeladen. Nach seiner Rückkehr griff er an der Spitze der Mohawk die amerikanischen Forts Schuyler und Oriskany an. Es kam zum Massaker im Cherry-Tal. 1779 wurde die militärische Macht der Irokesen durch einen Gegenangriff von US-General John Sullivan gebrochen.

Nach dem Sieg über die britische Kolonialmacht wies ihnen die US-Regierung ein Reservat im Staate New York zu. Viele Mohawk unter Häuptling Thayendanegea zogen es jedoch vor, sich später in Kanada nördlich des Ontario-Sees anzusiedeln.

Das Reservat im US-Bundesstaat New York umfaßte 1985 9.886 Bewohner, während das Reservat in Wisconsin 4.437 Bewohner zählte.

Isleta Pueblo (*siehe* Pueblo)

Iswa (*siehe* Catawba)

J

Jemez Pueblo (*siehe* Apache)

Jicarilla Apache (*siehe* Apache)

John Day
Geographische Region: Großes Becken (Zentralregion Oregon am Columbia-Fluß)
Sprachgruppe: Penuti-Sahaptin
Wohnstätte: Einfaches Tipi
Hauptnahrungsquelle: Mischung aus tierischer und pflanzlicher Nahrung

Juaneño
Geographische Region: Südostkalifornien
Sprachgruppe: Uto-Aztekisch
Wohnstätte: Kuppelförmige Stroh-, Rinden- oder Fellhütte
Hauptnahrungsquellen: Mischung aus tierischer und pflanzlicher Nahrung, Mais
Die Juaneno gehörten zu den »Missionsvölkern«, die nach der Ankunft der Spanier deren Religion und Kultur übernahmen.

Links: Ein Kalender mit 37 Monaten – die Jahre 1889–92 – auf einer Büffelhaut. Der Kiowa-Künstler hielt alle Ereignisse in einfacher Piktogramm-Form fest. Auf diesem einzigartigen Kalender ist selbst eine Masernepidemie verzeichnet.

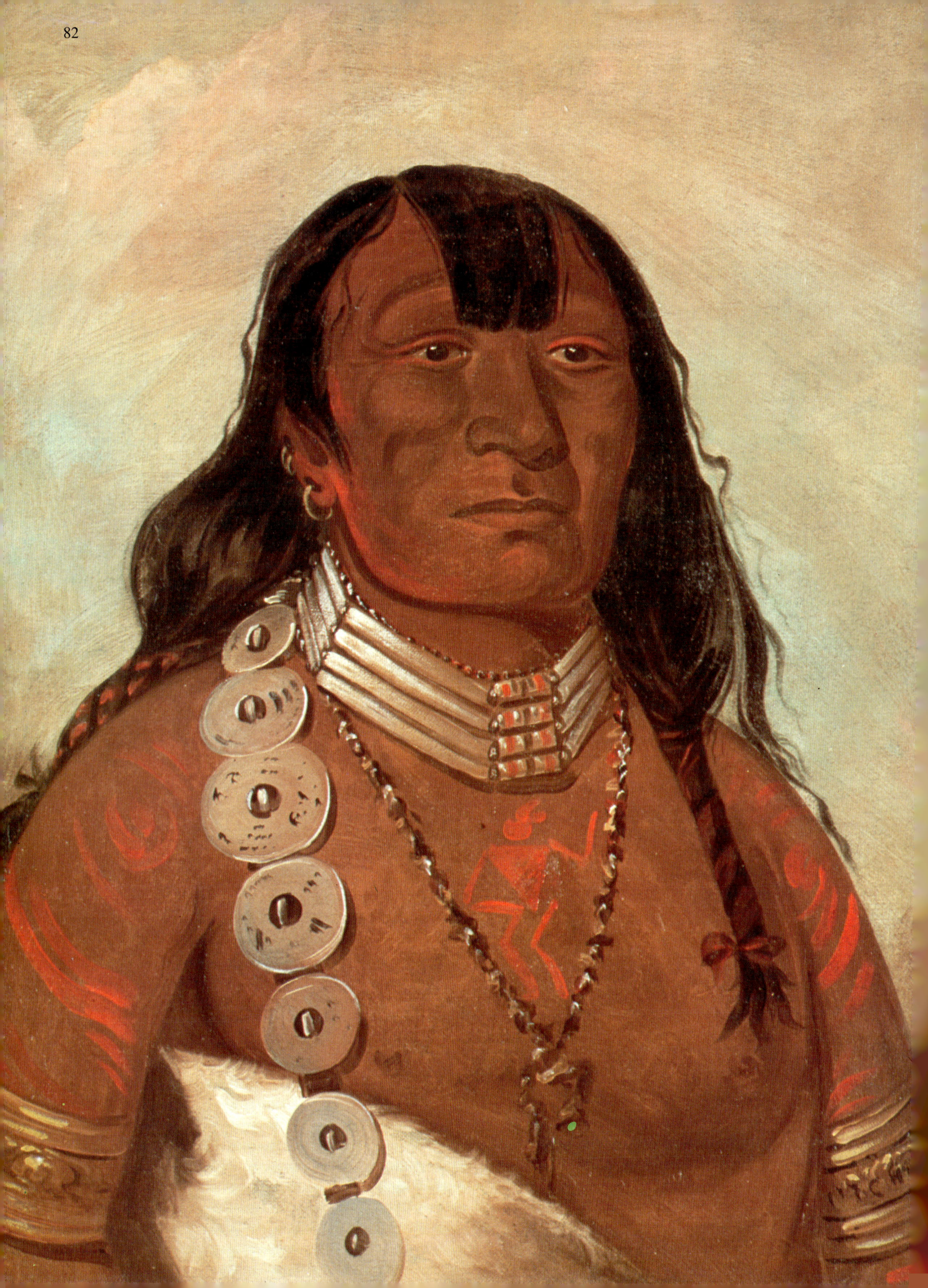

K

Kadohadacho (*siehe* Caddo)

Kaigani (*siehe* Haida)

Kake (*siehe* Tlingit)

Kalapuya (Calapooya)
Geographische Region: Großes Becken (Willamette-Tal, Oregon)
Sprachgruppe: Penuti
Wohnstätte: Erdhütte
Hauptnahrungsquelle: Mischung aus tierischer und pflanzlicher Nahrung

Kalispel (Lower Pend d'Oreille)
Geographische Region: Großes Becken (nordwestliches Montana, Idaho)
Sprachgruppe: Salishan
Wohnstätte: Erdhütte
Hauptnahrungsquelle: Großwild
Das Ursprungsgebiet der Kalispel grenzte an das der Spokane, mit denen sie auch enge Beziehungen unterhielten. Die heutige Stadt Kalispel in Montana ist nach dem Stamm genannt. In dem Reservat im US-Bundesstaat Washington lebten 1985 259 Bewohnern.

Kaluschian (*siehe* Tlingit)

Kamia
Geographische Region: Südwestliches Kalifornien (San Diego)
Sprachgruppe: Hoka-Yuma
Wohnstätte: Kuppelförmige Stroh-, Rinden- oder Fellhütte
Hauptnahrungsquelle: Eichen
Die Kamia waren mit den Diegueno eng verwandt.
Die Bevölkerung lag ursprünglich bei etwa 1.000 Menschen.

Kanianigmiut (Nordalaskanische Eskimo, *siehe* Eskimo)

Kansa (Kaw)
Geographische Region: Plains und Prärien
Sprachgruppe: Sioux-Dhegiha
Wohnstätte: Erdhütte
Hauptnahrungsquellen: Jagd, Mais
Die Kansa, deren Name »Leute des Südwinds« bedeutet, sind sowohl mit den Osage als auch mit den Omaha verwandt. Pater Jacques Marquette besuchte sie 1673 an der

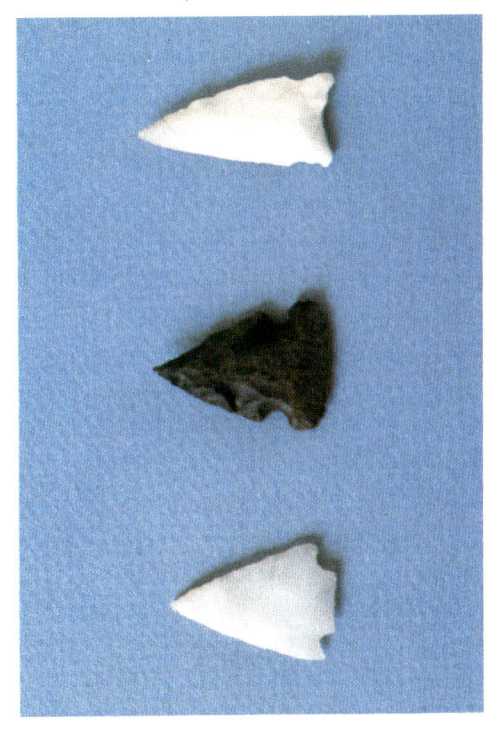

Gegenüberliegend: George Catlin malte hier Little Bluff, der die Kiowa von 1834–64 anführte. Indianer des Kalapuya-Stammes stellten diese Pfeilspitzen (oben und unten) her. Von den vier Spitzen unten ist der größte für Wild gedacht; die kleineren für die Jagd auf Vögel.

Mündung des Kansas-Flusses. Im vorigen Jahrhundert lebten sie vorübergehend in einem Reservat bei Topeka in Kansas, 1873 wurden sie in das Indianer-Territorium umgesiedelt.
Die Bevölkerung im Gebiet der Kaw-Behörde lag anfangs bei 533; Anfang dieses Jahrhunderts wurde ihr Land im Hinblick auf die Gründung des Bundesstaates Oklahoma unter den verbliebenen 247 Mitgliedern aufgeteilt. 1850 gab es etwa 1.700 Kansa, 1950 wurden 580 in Oklahoma gezählt. 1985 waren bei der dortigen Pawnee-Behörde 543 Angehörige des Stammes der Kaw registriert.

Karankawa
Geographische Region: Südosten (Küste von Texas)
Sprachgruppe: Coahuiltecan
Wohnstätte: Kuppelförmige Stroh-, Rinden- oder Fellhütte
Hauptnahrungsquelle: Fisch

Karok
Geographische Region: Nordwestliches Kalifornien (Klamath-Fluß)
Sprachgruppe: Hoka-Karok
Wohnstätte: Erdhütte
Hauptnahrungsquelle: Mischung aus tierischer und pflanzlicher Nahrung
Die Karok und die Yurok waren die größten Stämme in Nordkalifornien. Die gemeinsame Bevölkerung in den Lower Klamath River-Reservaten lag 1880 bei 1.125. Mit 2.096 Angehörigen bildeten die Karok 1985 die größte indianische Gruppe in Kalifornien.

Kasitha (*siehe* Creek)

Kaska
Geographische Region: Subarktis (British Columbia, Yukon-Territorium)
Sprachgruppe: Athapaskisch
Wohnstätte: Einfaches Tipi
Hauptnahrungsquellen: Karibu, Elch

Kaskaskia (*siehe* Illinois)

Kathlamet (*siehe* Chinook)

Kato
Geographische Region: Nordwestliches Kalifornien
Sprachgruppe: Athpaskisch
Wohnstätte: Blockhaus
Hauptnahrungsquelle: Mischung aus tierischer und pflanzlicher Nahrung

Kavelchadom
Geographische Region: Südwesten (Arizona)
Sprachgruppe: Hoka-Yuma
Wohnstätte: Kuppelförmige Stroh-, Rinden- oder Fellhütte
Hauptnahrungsquellen: Wildpflanzen, Kleinwild

Kaviagmiut (*siehe* Eskimo)

Kaw (*siehe* Kansa)

Kawaiisu
Geographische Region: Kalifornien (Sierra Nevada)
Sprachgruppe: Uto-Aztekisch
Wohnstätte: Einfaches Tipi
Hauptnahrungsquellen: Wildpflanzen, Kleinwild

Kawchodinneh (siehe Hare)

Kichai (Kitsash, Keechi)
Geographische Region: Plains und Prärien (Texas)
Sprachgruppe: Caddo
Wohnstätte: Erdhütte
Hauptnahrungsquelle: Mais

Die Kichai, wörtlich »roter Schild«, kamen erstmals 1701 mit Weißen am Oberlauf des Trinity- und des Red River in Berührung. Sie beteiligten sich 1842 am Großen Rat der Creek unter Zachary Taylor. Im Bürgerkrieg verhielt sich der Stamm überwiegend loyal gegenüber den Unionsstaaten. Er verließ damals seine Heimat am Washita im Indianer-Territorium in Richtung Kansas. Die Mehrheit des Stammes ging bei der Choleraepidemie 1867 zugrunde; die Überlebenden kehrten in das Indianer-Territorium zurück, wo sie sich mit den Wichita und den Wichita-Caddo in einem gemeinsamen Reservat zusammentaten und dort siedelten.

1849 soll es um die 300 Kichai gegeben haben, 52 im Jahre 1894 und kurz vor der Gründung des Bundesstaates Oklahoma 30 im Jahre 1905. 1950 lebten hier noch 47 Kichai im Anadarko-Reservat.

Kickapoo
Geographische Region: Nordosten (Wisconsin)
Sprachgruppe: Algonkin
Wohnstätte: Kuppelförmige Stroh-, Rinden- oder Fellhütte.
Hauptnahrungsquellen: Jagd, Mais

Der Stammesname kommt von *Kiwigapawa*, was so viel wie »er zieht herum, steht mal hier, mal da« bedeutet. Aus seiner angestammten Heimat im Süden von Wisconsin zog der Stamm ins südliche Illinois, nachdem die Illinois von den Franzosen besiegt worden waren. Zwischen 1811 und 1813 gehörten sie dem Bund von Tecumseh an.

1819 überließen die Kickapoo ihr Land in Illinois der US-Regierung im Austausch gegen ein Reservat in Missouri, das sie wiederum 1832 gegen ein winziges Reservat in Kansas eintauschten. Einige andere gingen nach Texas und schlossen sich dort den Cherokee an. 1839 wurde diese Stammesgruppe von den Texanern besiegt und zwangsweise in das Indianer-Territorium zu den Choctaw gebracht. 1850 wichen sie von dort nach Mexiko aus, kehrten 1873 zurück und erhielten schließlich 1905 eigenes Land in Oklahoma.

Die Kickapoo wurden 1825 auf 220 Stammesangehörige geschätzt. Ein Jahrhundert später gab es nur noch 194. Im Kickapoo-Reservat von Kansas lebten 1985 603 Personen, während der Stamm der Mexiko-Kickapoo in Oklahoma 1.001 und in Texas 463 Mitglieder umfaßte.

Killisnoo (siehe Tlingit)

Kinugmiut (Westalaskanische Eskimo, *siehe* Eskimo)

Kiowa
Geographische Region: Plains und Prärien
Sprachgruppe: Uto-Aztekisch
Wohnstätte: Plains-Tipi
Hauptnahrungsquelle: Büffel

Die Kiowa leiten ihren Namen von *kai-gwa* = »erste Menschen« ab. Nach der Legende stammen sie vom Yellowstone-Fluß in Montana. Als sie im 18. Jahrhundert Pferde bekamen, zogen sie in die Grassteppe und jagten Büffel. In jener Zeit verbündeten sie sich sowohl mit den Kiowa-Apachen als auch mit ihren früheren Feinden, den Comanchen. Auf dieser Grundlage kam 1892 die Gründung eines Kiowa-Comanche-Reservats im Indianer-Territorium zustande.

Unter den Indianerstämmen Nordamerikas taten sich die Kiowa durch ihre geschriebene Geschichte hervor. Sie bestand aus einem piktographischen Kalender, der zweimal im Jahr auf Büffelhaut gemalt und aktualisiert wurde. Dieses Geschichtsbuch, einmalig bei den Indianern nördlich von Mexiko, führte der Stamm von 1832 bis 1892. Es verzeichnete die Masernepidemien von 1877 und 1892 und beschrieb 1879 als das Jahr, in dem der Büffel »verschwand«. George Poolwa, ein Kiowa-Indianer, setzte die Tradition bis zu seinem Tode 1939 fort.

Er verzeichnete die Geistertanzwelle (*siehe* Apache und Paiute) ebenso wie die Staatsgründung von Oklahoma und den Verkauf von Land an die Weißen.

Trotz der Epidemien von 1877 und 1892 verzeichnete die Indianerbehörde in Washington D. C. im vorigen Jahrhundert eine recht konstante Kiowa-Bevölkerung. Zum ersten Mal wurde der Stamm 1875 nach der Übergabe bei Fort Still, Oklahoma, amtlich gezählt; in den nächsten 40 Jahren etwa einmal im Jahrzehnt.

Danach gab es 1875 1.070 Kiowa, 1.169 im Jahre 1885, 1.037 im Jahre 1895 und 1.195 im Jahre 1905. Die Bevölkerungszahlen anderer Stämme schwankten in jenen Jahren erheblich stärker.

1970 lag die Zahl der Kiowa bei 2.692 gegenüber 1.699 im Jahre 1924. Die Anadarko-Behörde in Oklohama hatte 1985 rund 4.000 Kiowa registriert.

Kiowa Apache (siehe Apache)

Kitamat
Geographische Region: Nordwestküste (British Columbia)
Sprachgruppe: Algonkin-Wakashan
Wohnstätte: Erdhütte
Hauptnahrungsquellen: Großwild, Fisch

Kite (Staitan)
Geographische Region: Plains und Prärien (Black Hills)
Sprachgruppe: Sioux
Wohnstätte: Plains Tipi
Hauptnahrungsquelle: Jagd

Kititas (Kittitas)
Geographische Region: Großes Becken (Kernregion von Washington)
Sprachgruppe: Penuti-Sahaptin
Wohnstätte: Erdhütte
Hauptnahrungsquellen: Großwild, Fisch

Unten: Satank oder Sitting Bear, ein Häuptling der Kiowa, dessen Flucht am 8. Mai 1871 mit seinem Tod endete.

Oben: Eine Gruppe Frauen und Kinder der Kwakiutl in Quatsino Sound, British Columbia. Das Foto von 1880 zeigt ihre Kopfdeformation, die durch den Druck festgebundener Bretter an ihren Hinterköpfen entstand. Nach einem anderen Ritual wurden Leichen stets verbrannt, nur Schamanen durften begraben werden.

Kitkehahki (*siehe* Pawnee)

Kitsash (*siehe* Kichai)

Klallam (Clallam)
Geographische Region: Nordwestküste (US- Seite der Straße von Juan de Fuca)
Sprachgruppe: Salishan
Wohnstätte: Blockhaus
Hauptnahrungsquelle: Fisch

Klamath
Geographische Region: Großes Becken (südliches Oregon, nördliches Kalifornien)
Sprachgruppe: Lutuamia (ähnlich dem Modoc)
Wohnstätte: Erdhütte, einfaches Tipi
Hauptnahrungsquelle: Mischung aus tierischer und pflanzlicher Nahrung

Die Klamath waren mit den benachbarten Modoc verwandt. Beide Stämme führten das Leben von Sammlern und Jägern. Gebackene Heuschrecken galten als Delikatesse auf ihrem Speisezettel. 1826 stießen sie erstmals auf Weiße. Sie kehrten 1843 und 1846 mit John Charles Fremonts Expeditionen wieder. 1864 wurde ihnen ein Reservat zugewiesen, das sie mit 35 anderen Stämmen, darunter den Modoc, teilten.

Die Bevölkerungszahl im Lower Klamath-Reservat (Kalifornien) schwankte erheblich: In den Jahren 1868-1880 waren hier zwischen 374 und 1.125 Bewohner registriert, 1887–1911 zwischen 673 und 791.

Mit Ausnahme der Zahl für 1887 beziehen sich die Angaben wahrscheinlich auf mehrere Stämme.

Klasset (*siehe* Makah)

Klatskanie (Clatskasnie)
Geographische Region: Nordwestküste (nördliches Oregon)
Sprachgruppe: Salishan
Wohnstätte: Blockhaus
Hauptnahrungsquelle: Fisch

Klikitat
Geographische Region: Nordwestküste
Sprachgruppe: Penuti-Sahaptin
Wohnstätte: Erdhütte
Hauptnahrungsquelle: Fisch

Koasati (Choushatta, Koasota)
Geographische Region: Südosten (Mobile, Alabama)
Sprachgruppe: Algonkin
Wohnstätte: Strohhütte
Hauptnahrungsquelle: Fisch

Kobukmiut (*siehe* Eskimo)

Kogohue (*siehe* Shoshone)

Kohuana
Geographische Region: Südwesten (Arizona)
Sprachgruppe: Hoka-Yuma
Wohnstätte: Kuppelförmige Stroh-, Rinden- oder Fellhütte
Hauptnahrungsquellen: Wildpflanzen, Kleinwild

Kolash (*siehe* Tlingit)

Kolomi (*siehe* Creek)

Konkonelp (*siehe* Okinagati)

Kootenai (Kootenay, Kutenai)
Geographische Region: Großes Becken (Schnittpunkt von Idaho, Montana und British Columbia)
Sprachgruppe: Kitunaha (Algonkin)
Wohnstätte: Plains Tipi
Hauptnahrungsquelle: Wild

Die Kootenai galten als Bundesgenossen der Spokane und lebten früher östlich der Rocky Mountains. Von den Blackfoot, ihren traditionellen Feinden, wurden sie jedoch nach Westen abgedrängt. Ein größerer See, ein Fluß und ein kanadischer Nationalpark tragen in der jetzigen Heimat ihren Namen. Ein Teil des Stammes führt noch ein primitives Nomadenleben.

Die Beziehungen mit den Weißen waren meist gut, nach jahrzehntelanger Feindschaft sind sie es jetzt auch zu den Blackfoot. 1967 gab es 5.449 Kootenai im kanadischen Reservat, 123 wurden 1985 in Idaho gezählt.

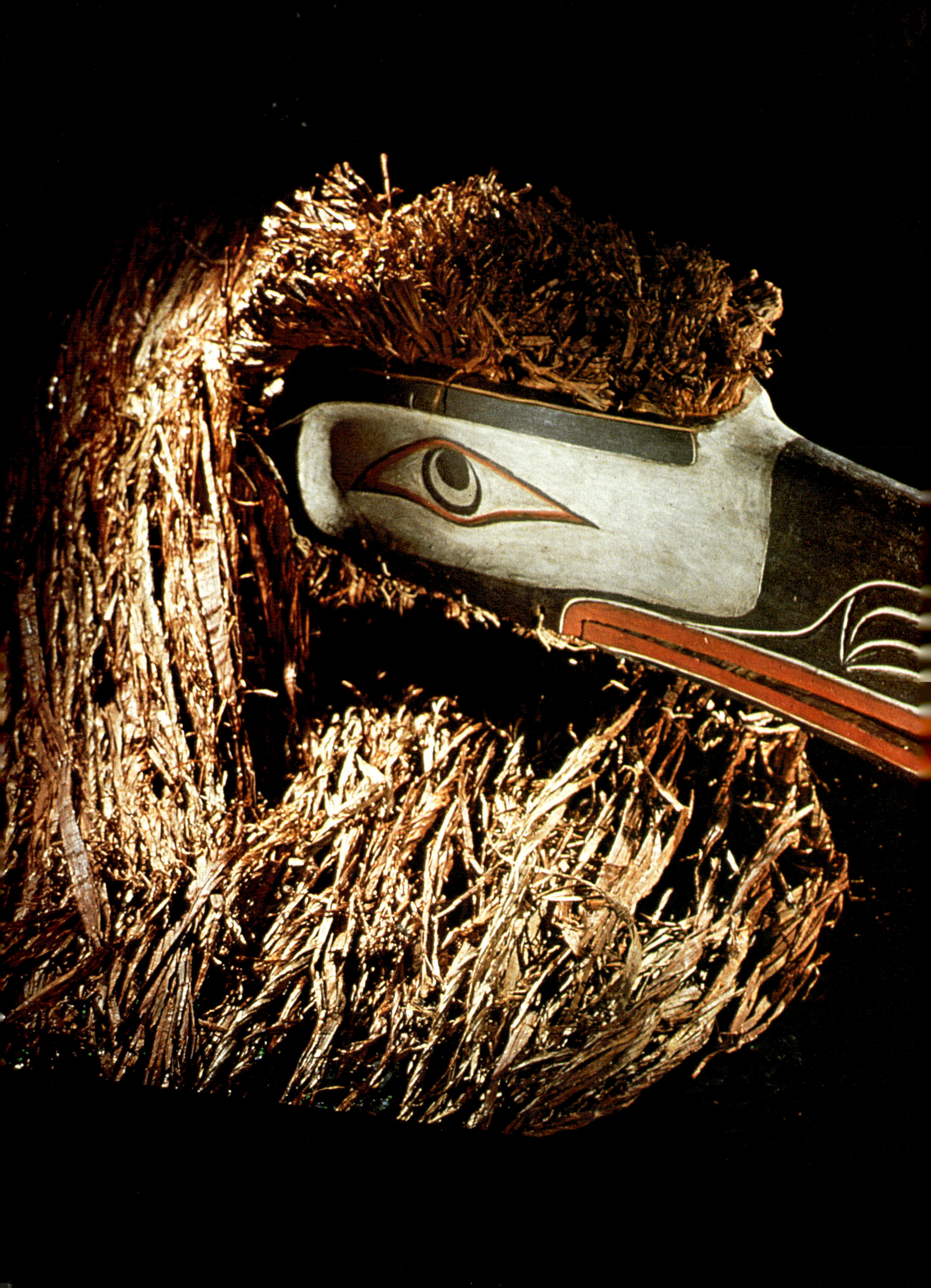

Links: Eine Kwakiutl-Rabenmaske (fast 1.50 Meter lang). In einem Ritualtanz frißt der Rabe die Augen seiner Opfer. Rechts: Eine Maske des Stammes, die ein Legendenerzähler trug. In einem spannenden Moment wurde der äußere Teil plötzlich aufgeklappt – zum Vorschein kam die versteckte Maske dahinter.

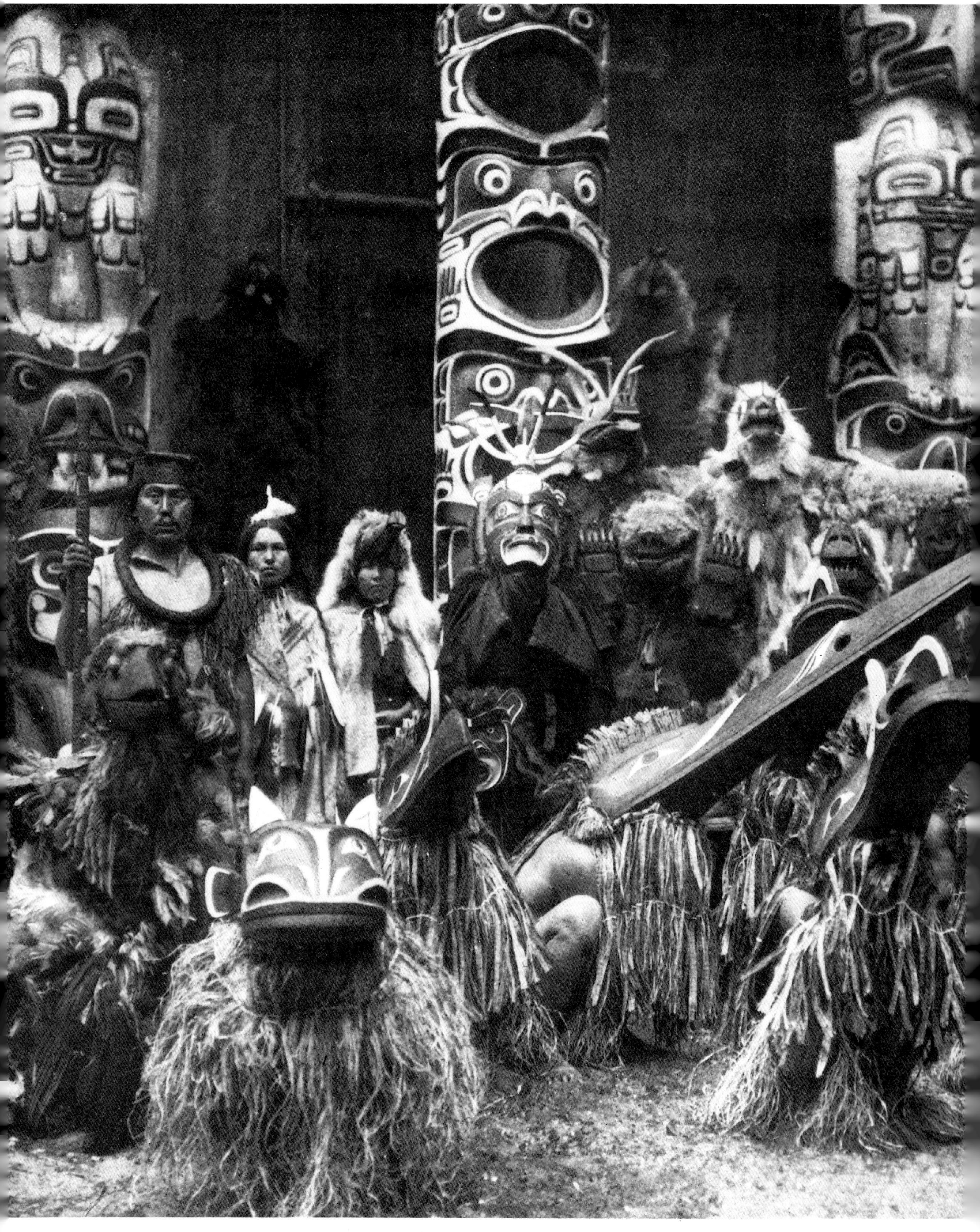

Unten: Tänzer in einem Dorf der Kwakiutl. Sie trugen geschnitzte Masken in allen Größen. Die Masken stellen Tiere und Vögel dar, die Teil der Stammeslegenden waren.

Koso (*siehe* Shoshone)

Koyukon
Geographische Region: Subarktis (Yukon und Kuskokwin, Zentralalaska)
Sprachgruppe: Athapaskisch
Wohnstätte: Erdhütte
Hauptnahrungsquellen: Karibu, Elch Fisch

Kugmiut (Nordalaskanische Eskimo, *siehe* Eskimo)

Kuiu (*siehe* Tlingit)

Kutchin
Geographische Region: Subarktis (Küstengebirge, Alaska und British Columbia)
Sprachgruppe: Athapaskisch
Wohnstätte: Doppeltes Pultdach
Hauptnahrungsquellen: Karibu, Elch, Fisch

Kutenai (*siehe* Kootenai)

Kwakiutl
Geographische Region: Nordwestküste (British Columbia)
Sprachgruppe: Algonkin-Wakashan
Wohnstätte: Blockhaus
Hauptnahrungsquelle: Fisch

Die Kwakiutl gehörten zu den größten Stämmen an der Nordwestküste. Zu ihnen zählten auch einmal benachbarte und sprachlich verwandte Stämme wie die Bella Bella, Kitimat, Makah und Nootka. Ihre Dörfer mit großen Häusern aus Zedernholz waren typisch für die Indianersiedlungen an der Nordwestküste. Schnitzereien an Totempfählen symbolisierten Tiere, mit denen eine bestimmte Familie religiös verbunden war.

Den Kwakiutl waren die ersten Weißen als Handelspartner willkommen, die beiderseitigen Kontakte blieben bis zur Mitte des 19. Jahrhunderts jedoch sporadisch.

Als der Anthropologe Franz Boas den Stamm 1896 besuchte, fragte der pragmatisch denkende Häuptling:

»Siehst Du diese Wälder? Siehst Du diese Bäume? Wir werden sie abschlagen, neue Häuser bauen und wie unsere Väter leben. Wir werden tanzen, wenn unser Gesetz es so will, wir werden feiern, wenn unser Herz es gebietet. Sagen wir dem Weißen Mann: Macht es wie die Indianer!? Wir tun es nicht. Warum also wollt' Ihr uns sagen, was wir zu tun haben? Ein strenges Gesetz ruft uns zum

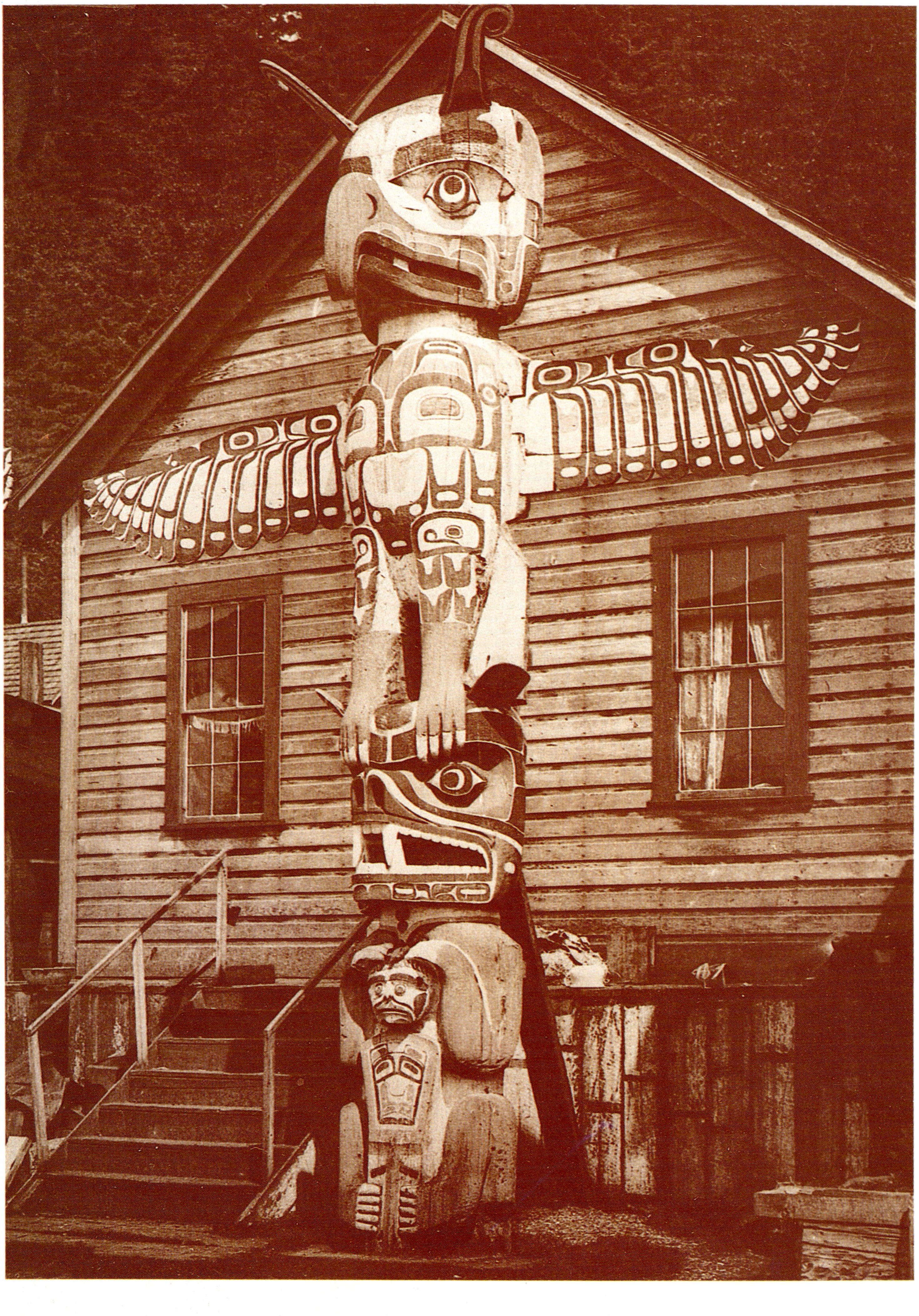

Gegenüberliegend: Ein Totempfahl diente auch einer Kwakiutl-Familie als »Stammbaum«. Keine andere Sippe durfte dieselbe Reihenfolge der Tiersymbole verwenden. Oben: Gäste verlassen einen Potlach bei den Kwakiutl. Gäste wurden manchmal sogar dazu angehalten, ihren Besitz vor dem Fest zu verbrennen, um ihn durch den Gastgeber ersetzen zu lassen.

Tanzen und fordert, daß wir unser Eigentum mit unseren Freunden und Nachbarn teilen. Es ist ein gutes Gesetz. Mag der Weiße Mann seine Gesetze beachten, wir befolgen unsere. Wenn Du jetzt gekommen bist, um uns etwas zu verbieten, geh' weg, falls nicht, sei willkommen.«

Die Worte des Häuptlings waren nicht nur für Boas, sondern für alle Weißen bestimmt. Ausdrücklich erwähnte er das »strenge Gesetz, das uns die Verteilung unseres Eigentums unter Freunden und Nachbarn gebietet«. Dies war ein Hinweis auf die Potlatch-Zeremonie, die die kanadische Regierung aus dem indianischen Leben an der Nordwestküste zu verbannen suchte. Boas hingegen unterstützte die Indianer.

Das Potlatch-Fest stand im Mittelpunkt des kulturellen Lebens an der Nordwestküste. Es ging um ein soziales, religiöses und meist sogar ziemlich politisches Ereignis.

Im Kern war die Zeremonie eine riesige Feier. Sie dauerte bis zu zehn Tage; es wurde gesungen, getanzt und gefeiert. Der Gastgeber demonstrierte seinen Reichtum und Erfolg, indem er Geschenke unter den Geladenen verteilte, wobei er sich fast bis zum Bankrott verausgabte. Je mehr er verteilte und je länger die Einladung dauerte, um so größer war ihr Erfolg. Die Gastgeber scheuten keine Kosten, denn ein gelungenes Potlatch-Fest hob in den Augen des Stammes ihr Sozialprestige.

Die kanadische Regierung erließ 1884 ein Verbot der Zeremonie. Besonders streng überwachte sie das Gesetz in den zwanziger Jahren.

Allein 1921/22 wurden 34 Kwakiutl vor Gericht gestellt und verurteilt. Erst 1951 wurde das Verbot aufgehoben. 1967 wurden 2.593 Kwakiutl in dem kandadischem Reservat registriert.

Kwalhioqua

Geographische Region: Großes Becken (südliche Cascades in Washington)
Sprachgruppe: Athapaskisch
Wohnstätte: Blockhaus
Hauptnahrungsquellen: Fisch, Wild

Oben: Hamasoka, der oberste Häuptling eines Kwakiutl-Dorfes, trägt hier eine Decke mit Perlenknöpfen, die seinen Status andeuten. Das Material wurde durch Tauschhandel erworben, ein Wirtschaftssystem, das unter den Stämmen des Nordwestens weit verbreitet war. Gegenüberliegende Seite: Makah-Männer zerren einen Wal ans Ufer (Neah-Bucht, Washington).

L

Labrador Eskimo (*siehe* Eskimo)

Laguna Pueblo (*siehe* Pueblo)

Lake
Geographische Region: Großes Becken (südliches British Columbia)
Sprachgruppe: Salishan
Wohnstätte: Erdhütte
Hauptnahrungsquellen: Fisch, Wild

Lake Miwok (*siehe* Miwok)

Lakota (*siehe* Sioux)

Lemhi (*siehe* Shoshone)

Lenni-Lenape (*siehe* Delaware)

Lillooet
Geographische Region: Großes Becken (südliches British Columbia)
Sprachgruppe: Salishan
Wohnstätte: Erdhütte
Hauptnahrungsquellen: Fisch, Wild
Mit 2.374 Angehörigen 1967 sind die Lillooet einer der größten Stämme im Westen Kanadas. Der Stamm gehört linguistisch außerdem zu den anderen Salishan-Völkern an der Nordwestküste.

Lipan Apache (*siehe* Apache)

Little Osage (*siehe* Osage)

Lower Pend d'Oreille (*siehe* Kalispel)

Luiseno
Geographische Region: Südöstliches Kalifornien
Sprachgruppe: Uto-Aztekisch
Wohnstätte: Kuppelförmige Stroh-, Rinden- oder Fellhütte
Hauptnahrungsquellen: Eicheln, Mais
Die Luiseno, auch als eines der »Missionsvölker« bekannt, waren bei der Ankunft der Spanier einer der größten Stämme im Süden Kaliforniens. Wie andere Stämme auch, übernahmen sie Kultur und vor allem Religion der weißen Eroberer sehr schnell.

Alfred Kroeber schätzte sie auf ursprünglich 4.000 Menschen. 1970 lebten 888 Luiseno im Süden Kaliforniens, verteilt auf neun Reservate. Bei der Volkszählung von 1985 wurden insgesamt 2.739 Stammesangehörige registriert.

Lumbee
Geographische Region: Südosten (North Carolina)
Sprachgruppe: Sioux
Wohnstätte: Langhaus
Hauptnahrungsquelle: Mais
Anmerkung: Der Stammesname stammt von dem Fluß »Lumber«.

Lummi
Geographische Region: Nordwestküste (Puget-Sund)
Sprachgruppe: Salishan
Wohnstätte: Blockhaus, Erdhütte
Hauptnahrungsquelle: Fisch
Die Bevölkerung im Lummi- Stammesreservat, dem zweitgrößten nach dem Puyallup-Reservat im Westen des US-Bundesstaats Washington, lag 1985 bei 2.503 Menschen.

M

Mackenzie Eskimo (*siehe* Eskimo)

Mahican
Geographische Region: Nordosten
Sprachgruppe: Algonkin
Wohnstätte: Langhaus
Hauptnahrungsquellen: Mais, Fisch
Untergruppen: Wawyachtonoc und möglicherweise Wea
Die Mahican wurden durch James F. Coopers Buch »*Der letzte Mohikaner*« bekannt.

Man darf sie nicht mit den Mohegan verwechseln, die korrekt als Mohican bezeichnet werden.

Die Mahican gehörten zu den Algonkin-Stämmen im Tal des Hudson-Flusses im oberen Teil des Bundesstaates New York.

Daher wurden sie auch als die »Flußindianer« bezeichnet. Sie waren mit den Munsee und Delawaren verbündet (*siehe auch* Wea).

Maidu
Geographische Region: Kalifornien
Sprachgruppe: Penuti-Maidu
Wohnstätte: Erdhütte
Hauptnahrungsquelle: Eicheln
Untergruppen: Maidu Proper, Nishinam (Nisenan)
Die Maidu waren ursprünglich als »grabende Indianer« bekannt, denn sie gruben eßbare Wurzeln aus. Ihre Grundnahrung basierte jedoch, wie bei den meisten Stämmen Kaliforniens, auf Eicheln, die zu Mehl und Brot verarbeitet wurden.

Die Maidu gehörten vor dem Eindringen der Weißen zu den größten Stämmen Kaliforniens; ja, sie zählten sogar zu den größten indianischen Völkern des gesamten nordamerikanischen Kontinentes. Sherburne Cook schätzte die ursprüngliche Bevölkerung der Maidu und Nishinam in einer Studie von 1955 auf 47.000 im Flußtal des Sacramento und auf 8.450 im Vorgebirge der Sierra Nevada. 1985 lag die Einwohnerzahl der Enterprise Rancheria in Orville, Kalifornien, bei 338.

Makah (Klasset, Makaw, Micaw)
Geographische Region: Nordwestküste
Sprachgruppe: Wakashan
Wohnstätte: Blockhaus

Hauptnahrungsquelle: Fisch

Die Makah – ihr Namen bedeutet »die Leute am Kap« – leben am Cape Flattery nahe des Hoko-Flusses und nahe von Tatoosh Island im US-Bundesstaat Washington.

Als südlichstes Volk der Wakashan sind sie mit den Nootka verwandt. 1855 traten sie große Teile ihres Landes an die US-Regierung ab; 1893 erhielten sie ein eigenes Reservat. Nach dem 2. Weltkrieg kauften sie ein verlassenes Armeegelände an der Neay-Bucht und errichteten dort ein eigenes Reservat. 1985 lebten im dortigen Makah-Reservat 919 Indianer.

Malecite (Maliseet)
Geographische Region: Nordosten (New Brunswick, Maine)
Sprachgruppe: Algonkin
Wohnstätte: Einfaches Tipi
Hauptnahrungsquellen: Karibu, Elch, Fisch

Die Malecite waren traditionell mit den Abnaki, Passamaquoddy und Penobscot verbunden. 1967 gab es 1.626 Malecite in Kanada; die Houlton-Sippe der Maliseet in Maine zählte 1982 rund 250 Mitglieder (*siehe auch* Abnaki).

Malemiut (Westalaskanische Eskimo, *siehe* Eskimo)

Maliseet (*siehe* Malicete)

Mandan
Geographische Region: Plains und Prärien (Missouri-Fluß, Kernregion North Dakota)
Sprachgruppe: Sioux
Wohnstätte: Große runde Erdhütten
Hauptnahrungsquellen: Jagd, Mais, Kürbisse

Anders als die meisten Stämme der großen Ebenen waren die Mandan im oberen Tal des Missouri seßhaft. Sie lebten in Blockhäusern, die in großen Dörfern am unteren Flußlauf des Missouri verstreut waren. Slant Village in North Dakota zeigt aus der Zeit am Ende des 18. Jahrhunderts Spuren von 75 Hütten, darunter ein Zeremonienzentrum von fast zehn Meter Durchmesser.

Rechts: Wie andere Plains-Stämme auch, gab es bei den Mandan einen Büffeltanz, um die Geister für Fleisch und Häute zu bitten. In diesem Gemälde von George Catlin tragen die Tänzer Büffelhäute und imitieren die Bewegungen der Tiere, um so zu versuchen, die Büffel-Geister näher an die Jagdgründe des Stammes heranzulocken.

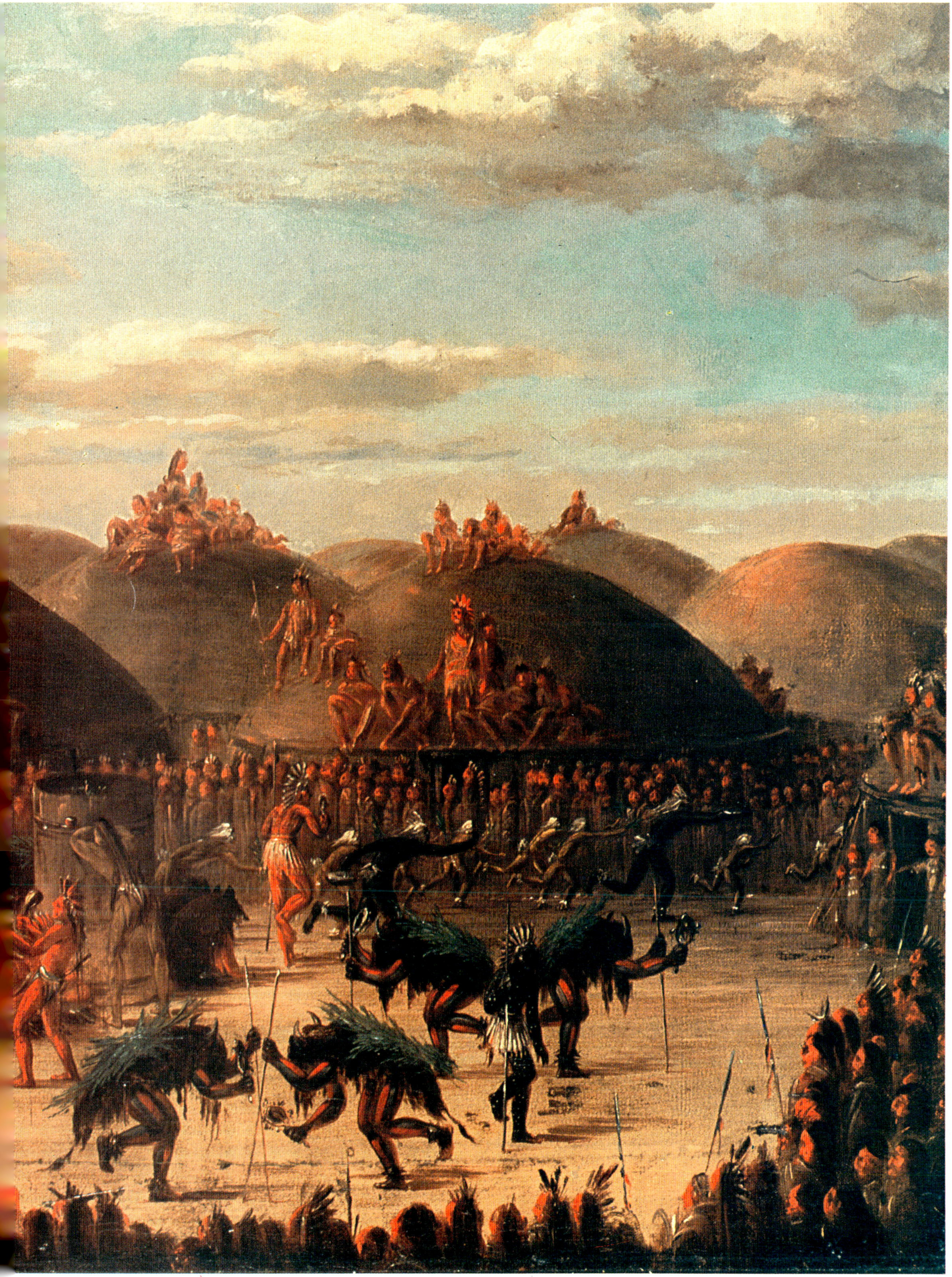

Auch durch ihre Töpferarbeiten unterschieden sich die Mandan von den anderen Stämmen. Sie waren mit den Hidatsa und Arikara verbündet. Der erste Kontakt mit den Weißen datiert von 1738. 1804 wurden sie von Lewis und Clark, 1833 von George Catlin besucht, der in seinen Gemälden vieles, was wir von den Mandan wissen, festgehalten hat. Eine Pockenepidemie reduzierte die Stammesbevölkerung 1837 von mehr als 1.800 auf knapp 23 Männer, 40 Frauen und rund 65 Kinder. 1970 gab es 705 Mandan im Fort Berthold-Reservat in North Dakota.

Maricopa
Geographische Region: Südwesten (südwestliches Kalifornien)
Sprachgruppe: Hoka-Yuma
Wohnstätte: Kuppelförmige Stroh-, Rinden- oder Fellhütte
Hauptnahrungsquellen: Wildpflanzen, Mais

Mascouten
Geographische Region: Plains und Prärien
Sprachgruppe: Algonkin
Wohnstätte: Plains Tipi
Hauptnahrungsquellen: Mischung aus Jagd und Wildpflanzen

Massachuset
Geographische Region: Nordosten (Massachusetts)
Sprachgruppe: Algonkin
Wohnstätte: Langhaus
Hauptnahrungsquellen: Jagd, Mais
Der Name »Massachuset« stammt aus dem Algonkin und heißt »nahe der großen Hügel« und wurde für die englische Kolonie sowie den späteren US-Bundesstaat Massachusetts übernommen.

Mattapony
Geographische Region: Nordosten
Sprachgruppe: Algonkin
Wohnstätte: Langhaus
Hauptnahrungsquelle: Mais

Mattole
Geographische Region: Nordwestliches Kalifornien
Sprachgruppe: Athapaskisch
Wohnstätte: Blockhaus
Hauptnahrungsquelle: Mischung aus tierischer und pflanzlicher Nahrung

Maumee (*siehe* Miami)

Mayucas (*siehe* Seminolen)

M'dewakanton (*siehe* Sioux)

Meherrin (*siehe* Susquehannock)

Menominee
Geographische Region: Nordosten (nördliches Wisconsin)
Sprachgruppe: Algonkin
Wohnstätte: Kuppelförmige Stroh-, Rinden- oder Fellhütte
Hauptnahrungsquellen: Tiere, Wildpflanzen, speziell wilder Reis.
Die Menominee, dessen Name auch »wilder Reis« bedeutet, haben sich niemals weit von ihrem jetzigen Reservat nahe von Wolf Lake in Wisconsin entfernt. Dort sammelten sie übrigens den wilden Reis nur, denn ihre Religion verbot den Anbau von Reis.
Sie waren sehr vieler enger verwandt mit den Sauk, Fox und Kickapoo als mit den benachbarten Chippewa und Ottawa. 1634 begegneten sie als erstem Weißen Jean Nicolet. Der Stamm blieb bis 1763 mit den Franzosen verbündet, unterstützte 1812 die Engländer und bezog 1831 ein Reservat. 1985 lebten dort 3.582 Menominee.

Mescalero Apache (*siehe* Apache)

Mesquaki (*siehe* Fox)

Methow
Geographische Region: Nordwestküste (Norden und Kernregion Washington)
Sprachgruppe: Salishan
Wohnstätte: Blockhaus
Hauptnahrungsquelle: Fisch

Miami (Maumee, Twigthwee)
Geographische Region: Nordosten (Illinois und Wisconsin)
Sprachgruppe: Algonkin
Wohnstätte: Kuppelförmige Stroh,- Rinden- oder Fellhütte
Hauptnahrungsquelle: Mais
Untergruppen: Piankashaw, Peoria (Piware, Peouaria), Eel River
Der Name stammt von dem Chippewa-Wort *omaumeg* oder »Leute, die auf der Halbinsel leben« ab. Bei Green Bay in Wisconsin kamen die Miami 1658 erstmals mit Weißen in Kontakt. Sie zogen sich bald in die Quellgebiete des Fox-Flusses zurück, später auch ins Quellgebiet des Wabash und des Maumee. Sie unterhielten gute Beziehungen mit den Franzosen, mit denen sie später auch gemeinsam kämpften. Enge Verbindungen bestanden auch mit den Piankashaw, die wahrscheinlich einmal ein Teil des Miami waren.

Die Miami beteiligten sich an Pontiacs Aufstand. Unter ihrem Häuptling Little Turtle (1747–1812) besiegten sie 1790 zweimal General Josiah Harmer und 1791 General Arthur St.Clair. 1794 erlitten sie jedoch eine Niederlage gegen General Anthony Wayne in der Schlacht von Fallen Timbers. Im folgenden Vertrag von Greenville überließen sie das gesamte südliche und östliche Ohio der US-Regierung.

Gemeinsam mit Tecumseh's Shawnee unterstützen die Miami im Krieg von 1812 die Engländer. Oberst John Campbell besiegte sie in der Schlacht von Mississinewa (18. Dezember 1812).

1838 wurden die meisten Miami nach Kansas deportiert, wo sie sich mit anderen, bereits dort lebenden Stämmen verbündeten und von dort aus 1867 in das Indianer-Territorium abgeschoben wurden.

1985 gab es in Oklahoma noch 393 Miami.

Micai
Geographische Region: Nordwestküste (Washington)
Sprachgruppe: Sahaptin
Wohnstätte: Blockhaus
Hauptnahrungsquelle: Fisch

Micaw (*siehe* Makah)

Miccosukee (Mikasuki, *siehe* Seminolen)

Michigamea (*siehe* Illinois)

Micmac (Mikwak, Mikwanak)
Geographische Region: Nordosten (Canadian Maritimes, nördliches Maine)
Sprachgruppe: Algonkin
Wohnstätte: Einfaches Tipi
Hauptnahrungsquellen: Karibu, Elch, Fischfang

Die Micmac stammen aus dem südlichen und östlichen Neufundland sowie aus Prince Edward Island, Nova Scotia, Cape Breton und dem Norden von New Brunswick.

Sie waren der erste Indianerstamm nördlich der Karibik, der auf Weiße traf. Mitglieder des Stammes sollen 1497 mit Henry

---

Oben links: Der Menominee-Häuptling Dan Wapouse zeigt hier seinen Federschmuck (1943). Ganz links: Michikinikwa («Little Turtle»), Häuptling der Miami. Er führte während des Nordwest-Krieges 1790–95 mehrere erfolgreiche Angriffe gegen die US-Armee. Links: Ein Micmac-Lager in Nova Scotia, 1860. Das Tipi im Hintergrund baute man aus Birkenrinde, weil sie wasserabweisend und formbar ist.

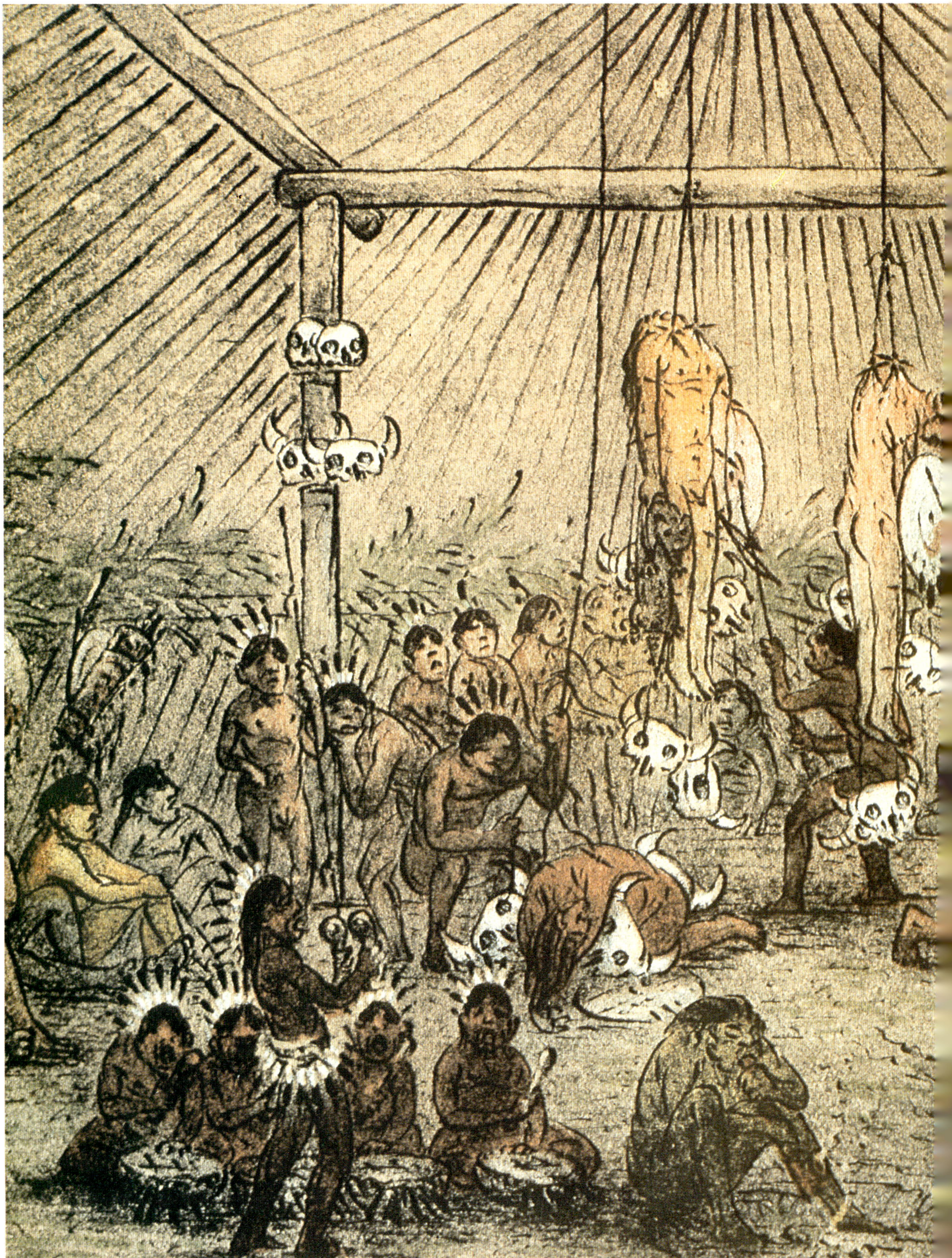

Ganz links: Das o-kee-pa Ritual der Mandan sollte die Geister der Natur besänftigen und endete mit Foltermutproben, um neue Führer zu bestimmen. Die beiden Krieger an der Decke hängen an Hacken, die unter ihrer Haut befestigt sind. Oben: Der Mandan-Häuptling Four Bears, wie die beiden anderen von George Catlin gemalt. Unten: O-kee-pa-Tänzer, die Nacht und Tag darstellen.

Unten: Jeder Medizinmann besaß eine Reihe von Instrumenten zur Behandlung von Krankheiten. Diese Objekte gehörten Thomas Smith, einem Miwok-Indianer aus Bodega Bay (Kalifornien), dessen Foto auf der gegenüberliegenden Seite unten links abgebildet ist. Zu seinen Instrumenten gehörten Tierhäute, die während des Heilungsrituals getragen wurden, eine Knochenflöte; Beutel für Heilkräuter, Mörser und Stößel für die Herstellung von Medizin, eine Mokassintasche, heilige Messerklingen, Federn und eine Klapperrassel.

Cabot nach Europa gereist sein. Nach ersten Kontakten mit den Franzosen verhielten sich die Micmac bis zum Ende des Siebenjährigen Krieges gegenüber den Engländern recht feindselig.

Um 1880 gab es etwa 4.000 Micmac, 1967 war ihre Bevölkerung auf 8.645 gewachsen.

Mikasuik (*siehe* Seminole)

Mikwak, Mikwanak (*siehe* Micmac)

Minneconjou Sioux (*siehe* Sioux)

»Missionsvölker« (*siehe* Cahuilla, Cupeno, Diegueno, Fernandeno, Gabrileno, Juaneno, Luiseno und Serrano)

Missouri
Geographische Region: Plains und Prärien
Sprachgruppe: Sioux-Chiwere
Wohnstätte: Kuppelförmige Stroh-, Rinden- oder Fellhütte
Hauptnahrungsquellen: Jagd, Mais
   (*Siehe* auch Oto).

Miwok
Geographische Region: Kalifornien
Sprachgruppe: Penuti-Miwok
Wohnstätte: Einfaches Tipi
Hauptnahrungsquelle: Eicheln
Untergruppen: Coast Miwok, Lake Miwok
Die Miwok bewohnten einmal die Pazifikküste nördlich der Bucht von San Franzisko bis zum heutigen Yosemite-Nationalpark. Sherburne Cook schätzte die ursprüngliche Bevölkerung in einer Studie von 1956 auf mehr als 19.000 Menschen.

1985 lebten 280 Miwok in zwei Dörfern im Vorgebirge der Sierra Nevada. Ein traditionelles Miwok-Dorf mit Speichern und einer Schwitzhütte wurde an der *Point Reyes National Seashore* nördlich von San Franzisko rekonstruiert.

Modoc
Geographische Region: Kalifornien (Grenze zwischen Kalifornien und Oregon)
Sprachgruppe: Lutuamia (ähnlich dem Klamath)
Wohnstätte: Erdhütte
Hauptnahrungsquelle: Mischung aus tierischer und pflanzlicher Nahrung
Die Modoc standen den Indianern im Großen Becken kulturell näher als denen in Kalifornien. Eine Ausnahme bildeten die Klamath, mit denen sie dieselbe Sprachgruppe teilten. Daher wurden sie 1864 bei der Umsiedlung in das Klamath-Reservat

Oben: Die Modoc-Frau Winema, 1873. Als die Siedler von der US-Regierung forderten, die Modocs in das Klamath-Reservat umzusiedeln, nahm sie als Dolmetscherin an den Verhandlungen zwischen den Weißen und Captain Jack teil. Unten rechts: Kientpoos (»Captain Jack«), Häuptling der Modoc, wollte Frieden, wurde aber von den aggressiven Weißen und eigenen Stammesmitgliedern in einen Krieg hineingezogen. Später wurde er von der Armee aufgespürt und in Fort Klamath gehängt.

MAIDU

MIWOK

YOKUTS

PATWIN

Gegenüberliegend: Diese Körbe sind typisch für die Stämme in Kalifornien. Sie wurden aus Schilfwurzeln, Weidenblättern und Baumrinden hergestellt und dienten als Behälter für Lebensmittel. Links: Ein Modoc-Häuptlingskopfschmuck. Unten links: Perlenverzierte Modoc-Schuhe.

Modoc kam es zu Streitigkeiten. Captain Jack brach ein zweites Mal mit seinen Getreuen nach Kalifornien in das alte Modoc-Land am Lost River auf. Als er sich Ende November 1872 weigerte, in das Reservat zurückzukehren, setzte die US-Regierung die Armee ein und bedrohte die Indianer zunächst mit einer schieren militärischen Machtdemonstration.

Am 29. November 1872 näherten sich 30 Soldaten den Modoc, von denen die meisten friedlich ihre Waffen niederlegten. Scarfaced Charlie zögerte ein wenig, ein US-Offizier half nach. Es kam zu einem Feuergefecht, das zum Modoc-Krieg oder dem *Lava Beds*-Feldzug eskalierte, so benannt nach der Lavawüste, in die sich Captain Jack mit etwa 80 Kriegern zurückgezogen hatte.

Dort wurde er im folgenden Frühjahr umzingelt. Die Armee überbrachte ihm eine Nachricht, in der sie ihn zu einem Friedensgespräch einlud und zur Aufgabe aufforderte. Doch bei den Verhandlungen gab es erneut Blutvergießen: Während eines Wortwechsels fiel General R. S. Canby einer Kugel von Captain Jack zum Opfer. Bogus Charlie tötete Eleazer Thomas, als dieser zu fliehen versuchte. Die US-Soldaten stürmten daraufhin das Zelt der Stammesältesten: Sie fanden zwei Tote, einen Verwundeten, die anderen Indianer waren entkommen.

Bei ihrem Versuch, sie im Labyrinth der *Lava Beds* einzufangen, erlitt die US-Truppe in den folgenden Wochen schwere Verluste. Aber im Lager der Modoc gab es allmählich Auseinandersetzungen, so daß Bogus Charlie und einige andere Indianer zu den Amerikanern überliefen.

Nachdem er zweimal umzingelt worden war und seine besten Männer desertiert oder gefallen waren, ergab sich Captain Jack. Sechs Modoc wurden als Mörder angeklagt.

Captain Jack und drei andere endeten vor den Augen von 500 Klamath am 3. Oktober 1873 in Fort Klamath am Galgen. Dem Rest des Stammes, 247 Modoc-Indianer einschließlich Bogus Charlie, wurde ein winziges Reservat im Indianer-Territorium zugeteilt.

1864 zählten die Modoc ungefähr 700

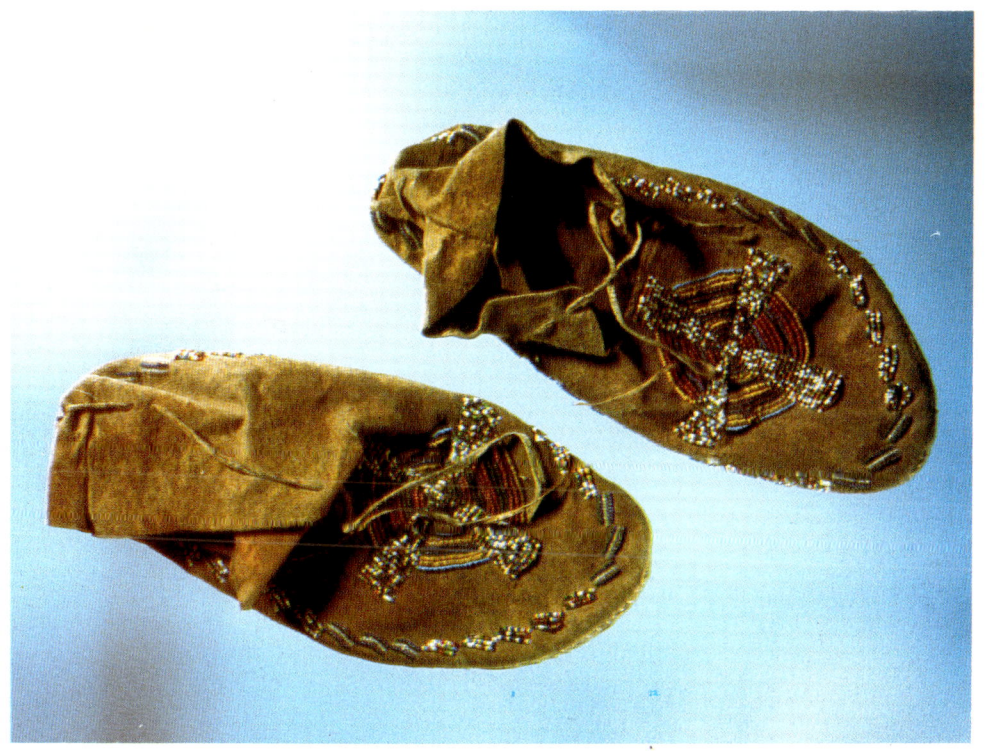

eingewiesen. Zwischen den Weißen und den Modoc herrschte eine stärkere Abneigung als zwischen den Weißen und anderen Stämmen Kaliforniens.

Dies geht auf das Massaker von 75 Weißen 1852 in Tule Lake zurück: Ben Wright aus Yreka hatte 46 wichtige Modoc zu Friedensgesprächen in einen Hinterhalt gelockt, 41 Indianer wurden dabei hinterlistig getötet.

Wright erhielt zur Belohnung einen Posten bei der Indianerbehörde, was die beiderseitige Feindseligkeit noch vertiefte. Kurz nach Unterzeichnung des Vertrags von 1864 verließ eine große Zahl von Modocs unter Kientepoos (Captain Jack) das Reservat in die alte Heimat, blieben dort fünf Jahre, bevor sie kurzzeitig 1869 wieder in das Reservat zurückkehrten.

Auch zwischen den Klamath und den

Stammesmitglieder; 1890 waren es nur noch 84 in Oklahoma und 151 im Klamath-Reservat von Oregon. 1985 zählte der Stamm in Oklahoma 133 Angehörige.

Mohave (*siehe* Mojave)

Mohawk (*siehe* Irokesen)

Mohegan (Mohican)
Geographische Region: Nordosten (Connecticut)
Sprachgruppe: Algonkin
Wohnstätte: Langhaus
Hauptnahrungsquelle: Fisch

Man darf die Mohegan nicht mit den Mahican verwechseln, die in Coopers Buch »Der letzte Mohikaner« eine Rolle spielen. Die Mohegan gehörten wahrscheinlich einmal zum Stamm der Pequot, in dessen Nähe sie bis zum 17. Jahrhundert lebten. 1637 wurde Uncas, ein von den Pequot verbannter Stammesführer, Häuptling der Mohegan. Gedeckt von englischen Truppen, veranstaltete er mit 70 Kriegern unter den Pequot bei Fort Mystic ein Blutbad, das 600 Tote kostete.

Oben: Stammesangehörige der Klamath, Modoc und Paiute bei einem Rat im Klamath-Reservat in Oregon (1929). Unten: Scarfaced Charley war ein Modoc-Indianer unter Captain Jack. Er unterstützte die Friedenspolitik seines Häuptlings. 1873 wurden die Modocs in das Quapaw-Reservat gebracht. Nach dem Tod von Captain Jack übernahm Scarfaced Charley die Stammesführung.

Eine Landzuweisung an Uncas blieb umstritten, aber 1773 erhielten die Mohegan ein kleines Reservat im New London County in Connecticut.

Moingwena (*siehe* Illinois)

Mojave (Mohave)
Geographische Region: Südöstliches Kalifornien
Sprachgruppe: Hoka-Yuma
Wohnstätte: Vierkantdachhaus
Hauptnahrungsquelle: Mischung aus tierischer und pflanzlicher Nahrung

Die Mohave galten als der stärkste und kriegerischste Stamm unter den Yuman-Völkern. 1834 umfaßte er schätzungsweise 4.000 Mitglieder.

Traditionell lebten sie am Unterlauf des Colorado am Rande der Mojave-Wüste, wo sie Mais, Kürbis, Melonen und Bohnen für sich anbauten.

Die Mohave störten weiße Einwanderer, die ihr Gebiet durchquerten, doch in größere Kriege waren sie nicht verwickelt. 1865 mußten sie zusammen mit den Chemehuevi das Colorado River-Reservat an der Grenze von Arizona und Kalifornien beziehen. 1905 lebten hier 1.589 Stammesangehörige.

Ihre Zahl war 1985 auf 2.151 gestiegen. Außerdem gab es 503 Mohave im nahegelegenen Reservat von Fort Mohave.

Molale (Molalla)
Geographische Region: Großes Becken (nördliche Mitte von Oregon)
Sprachgruppe: Penuti-Sahaptin
Wohnstätte: Einfaches Tipi
Hauptnahrungsquelle: Mischung aus tierischer und pflanzlicher Nahrung

Mono (*siehe* Paiute)

Montagnais
Geographische Region: Subarktis (Labrador)
Sprachgruppe: Algonkin
Wohnstätte: Einfaches Tipi
Hauptnahrungsquellen: Wild, Fisch
Die Montagnais waren mit den Naskapi und Abnaki in Maine verwandt. Ende des 19. Jahrhunderts entwickelten sie eine Korbmachertechnik, deren Produkte die traditionellen Behälter aus Birkenrinde ablösten.

Sie kämpften gelegentlich mit den Eskimo, aber regelrechte Kriege führten sie nie. 1967 gab es 5.268 Montagnais in Kanada.

Montauk
Geographische Region: Nordosten (Long Island, New York)
Sprachgruppe: Algonkin
Wohnstätte: Langhaus
Hauptnahrungsquelle: Fisch
Im 17. Jahrhundert durch Krieg und Krankheiten dezimiert, war der Stamm Mitte des vorigen Jahrhunderts so gut wie erloschen.

Der Name ist als Stadt und durch eine Felsspitze am östlichen Zipfel von Long Island erhalten geblieben.

Moore (*siehe* Delaware)

Mountain
Geographische Region: Subarktis (Alaska und Bergland von British Columbia)
Sprachgruppe: Athapaskisch
Wohnstätte: Doppeltes Pultdach
Hauptnahrungsquellen: Karibu, Elch

Muckleshoot
Geographische Region: Nordwestküste (Puget-Sund, Washington)
Sprachgruppe: Salishan
Wohnstätte: Blockhaus
Hauptnahrungsquelle: Fisch
1970 gab es im Reservat im US-Bundesstaat Washington 2.392 Muckleshoot.

Multnomah
Geographische Region: Großes Becken (Columbia-Fluß, Norden und Kernregion Oregon)
Sprachgruppe: Penuti-Chinook
Wohnstätte: Erdhütte
Hauptnahrungsquelle: Fisch

Munsee (*siehe* Delaware)

Muskogee (*siehe* Creek)

Muskwaki (*siehe* Fox)

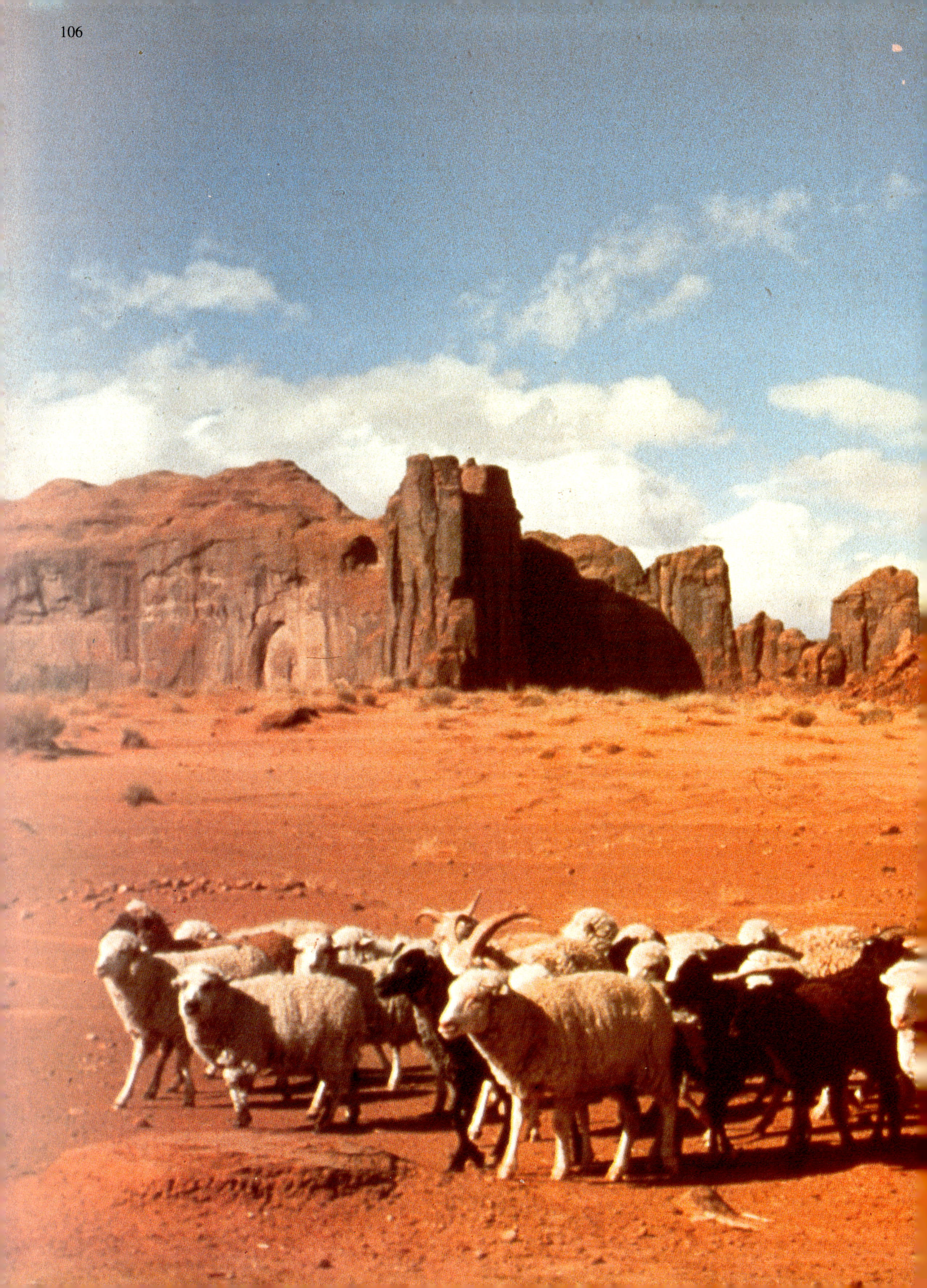

Unten: Ein Schafhirte der Navahos blickt auf seine Herde in der Nähe von Monument Valley, an der Grenze zwischen Arizona und Utah. Die Spanier hatten Hausschafe nach Nordamerika gebracht, und die Navahos züchteten ihre eigenen Herden, indem sie die Tiere der Spanier entwendeten. Ursprünglich gehörten die Herden den Navaho-Frauen, die Männer übernahmen die Aufgabe der Schafhirten. Das Navaho-Reservat ist das größte in Nordamerika und besteht aus Teilen der vier Bundesstaaten Arizona, Utah, Colorado und Neu-Mexiko.

Links: Ein Navaho-Mann und seine Frau bewundern das Monument Valley, das wegen seiner Bögen und Gipfel gern als »achtes Weltwunder« bezeichnet wird. Oben: Der Mann trägt die traditionelle türkisfarbene Halskette, Ohrringe und Kopfband der Navaho. Gegenüberliegend: Noch heute ist die Teppichweberei im Navaho-Reservat wichtig.

N

Nabesna (*siehe* Tanana)

Nadako (*siehe* Anadarko)

Nakota (*siehe* Dakota)

Nambe Pueblo (*siehe* Pueblo)

Nanticoke (*siehe* Delaware)

Narraganset
Geographische Region: Nordosten (Rhode Island)
Sprachgruppe: Algonkin
Wohnstätte: Langhaus
Hauptnahrungsquellen: Fisch, Mais

Die Narraganset siedelten eigentlich am westlichen Ufer der gleichnamigen Bucht in Rhode Island, doch sie beeinflußten auch andere Stämme vom südlichen Massachusetts bis hinunter nach Long Island. Durch die Vermittlung von Roger Williams, der in ihrem Stammesgebiet eine Siedlung errichtete, das spätere Providence, hatten sie gute Beziehungen zu den Engländern. Der Stamm blieb daher auch im Pequot-Krieg 1637 neutral und nahm einige der überlebenden Pequots auf. Die Narraganset schlossen sich allerdings im King Williams-Krieg den Wampanoag an und wurden während der Schlacht im *Great Swamp* am 19. Dezember 1675 fast vollständig vernichtet. Einige von ihnen wurden zerstreut und blieben in der Nähe von Charleston in Rhode Island.

Naskapi
Geographische Region: Subarktis (Davis Inlet, Labrador)
Sprachgruppe: Algonkin
Wohnstätte: Einfaches Tipi
Hauptnahrungsquellen: Großwild, Fisch

Die Naskapi gehören traditionell zu dem wesentlich größeren Stamm der Montagnais, die ebenfalls auf der Labrador-Halbinsel lebten. 1967 gab es in Kanada noch 284 Naskapi-Indianer.

Natakmiut (Nordalaskanische Eskimo, *siehe* Eskimo)

Natchez
Geographische Region: Südosten (unteres Mississippi-Tal)
Sprachgruppe: Hoka-Natchez
Wohnstätte: Rindenhütte
Hauptnahrungsquelle: Mais

Der Name »Natchez« ist aus den Choctaw-Wörtern *nakni sakti chata* zusammengesetzt. Sie bedeuten so viel wie »Krieger der hohen Klippe« – eine Bezeichnung, die sich auf die Natchez-Klippe in der heutigen, gleichlautenden Stadt bezieht, von der aus man das gesamte Mississippi-Tal überblicken kann. Der Name wurde ursprünglich nur auf die Indianer dieser Region angewandt, breitete sich jedoch mit der zunehmenden Ausdehnung des Stammes auch auf andere Gegenden aus. Der Stamm lebte in neun Siedlungen verstreut und hatte im frühen 18. Jahrhundert etwa 6.000 Mitglieder.

Sie waren ein seßhaftes Volk mit einer gut funktionierenden Stammeshierarchie und respektierten Häuptlingen. Ihre Religion beinhaltete die Sonnenanbetung und merkwürdigerweise das Töten von Häuptlingswitwen.

Die Natchez wurden von den Franzosen schlecht behandelt, so daß sie 1720 einen Aufstand entfachten, der jedoch drei Jahre später brutal niedergeschlagen wurde. Schon 1728 erhoben sie sich erneut, töteten 200 Franzosen und wurden 1730 endgültig von den Weißen besiegt. 450 Natchez-Indianer verkaufte man in die Sklaverei, die restlichen Überlebenden wurden bei anderen Stämmen, insbesondere den Chickasaw, aufgenommen.

Nauset
Geographische Region: Nordosten (südliches Cape Cod)
Sprachgruppe: Algonkin
Wohnstätte: Langhaus
Hauptnahrungsquelle: Fisch

Navaho (Dineh)
Geographische Region: Südwesten
Sprachgruppe: Athapaskisch (südliche Gruppe)
Wohnstätte: Holzhaus
Hauptnahrungsquellen: Mais, Wildpflanzen, Kleinwild

Ursprünglich waren die Navaho einer der größten Stämme im Südwesten der USA; noch heute leben sie dort in einem Reservat, dessen Fläche von 640.000 Quadratkilometer größer ist als mehrere Bundesstaaten an der Ostküste. Der Begriff Navaho »Volk mit großen Feldern« ist von den Spaniern gedeutet worden. Als die Weißen die Navaho zum ersten Mal trafen, hatten sie bereits eine blühende Landwirtschaft entwickelt, wenn sie auch nicht so perfektioniert wie die der Hopi- und Pueblo-Indianer war. Die Navaho waren weniger seßhaft als diese Stämme und ähnelten darin eher den Apache-Stämmen jener Region.

Mit der Ankunft der spanischen Eroberer begannen die Navaho auch mit der Schafzucht, die fortan ein wichtiger Teil ihrer Lebensgrundlage werden sollte. Mit den weißen Eindringlingen befanden sie sich ständig im Krieg, da die Weißen sie versklaven wollten. Die Navaho zogen sich dabei immer wieder in die Berge zurück und verwandelten den Canyon de Chelly im nordöstlichen Arizona zu einer Art Festung. Die Spanier und später die US-Armee versuchten mehrmals, diesen Canyon einzunehmen, doch erst im 19. Jahrhundert gelang es der Armee, in diese natürliche Verteidigungsstellung einzudringen.

Ein vertragliches Verhältnis zwischen dem Stamm und der US-Regierung begann 1846, nachdem die US-Armee Santa Fe erobert hatte. Doch Oberst Alexander Donlphan konnte nicht alle Navaho-Häuptlinge zur Unterzeichnung eines Friedensvertrages bewegen. Da sich die Autorität eines Häuptlings nur auf sein eigenes Dorf erstreckte, ging der Krieg weiter. Erst Oberst E.R.S. Canby gelang es, mit 22 Häuptlingen einen neuen Vertrag abzuschließen.

1863 eroberte Oberst Christopher »Kit« Carson den Canyon de Chelly, besiegte die Navaho und nahm sie gefangen. Sie wurden etwa fünf Jahre lang im Bosque Redondo-Reservat festgehalten (im östlichen Neu-Mexiko), zusammen mit ihren Erzfeinden, den Mescalero-Apachen. Erst 1868 wurde ein neuer Vertrag unterzeichnet, der den Navaho die Rückkehr in den Canyon de Chelly erlaubte. Dieses Dokument sah auch eine Entschädigung für ihre geschlachteten Viehherden vor. Der Stamm hat seitdem Frieden gehalten. Bis heute ist niemandem der Zutritt zum Canyon de Chelly ohne die Erlaubnis des Navaho-Volks erlaubt.

Die genauen Grenzen der Navaho-Gebiete haben sich im Laufe der Zeit ständig verändert, insbesondere in Bezug auf das Hopi-Reservat, das inmitten der Navaho-Gebiete liegt. Das Zentrum der Navaho-Regierung befindet sich in Window Rock, Arizona, ungefähr in der Mitte zwischen dem Canyon und Gallup, Neu Mexiko. Das Volk der Navaho muß sich heute mit einem Stammesgebiet zufriedengeben, das kleiner als ihre ursprünglichen Gebiete ist, gleichwohl handelt es sich um das größte Indianerreservat der USA.

Während des 2. Weltkrieges dienten etwa 3.000 Navahomänner in der US-Armee. Erwähnenswert sind die sogenannten *Navaho Code Talkers* des US-Marinekoprs. Sie übermittelten in Radioberichten geheime Informationen: Dafür benutzten sie einfach ihre eigene, uralte Sprache – ein Geheimcode, den der Feind nie knacken konnte.

Zwischen 1868 und 1900 stieg die Navaho-Bevölkerung von rund 8.000 auf fast 20.000 an; 1930 war diese Zahl bereits auf über 40.000 gestiegen. 1969 gab es 122.316 Navaho-Indianer und 1985 waren es

Oben: Ein Navaho-Silberschmied bearbeitet das Metall vor seiner Hütte. Sein Sohn guckt vom Blasebalg aus zu, während der Mann rechts einen Bogenbohrer benutzt. Das Foto entstand 1893 in Neu-Mexiko. Unten rechts: Selbst moderne Navaho-Frauen weben die Decken nach alten Methoden. Unten links: Das Ergebnis sind Decken wie diese, eine »Häuptlingsdecke« mit dem charakteristischen Muster. Um 1860 erreichte die Navaho-Handwerkskunst ihren Höhepunkt. Gegenüberliegende Seite: Eine Frau backt in einem traditionellen Steinofen Brot aus Weizenmehl.

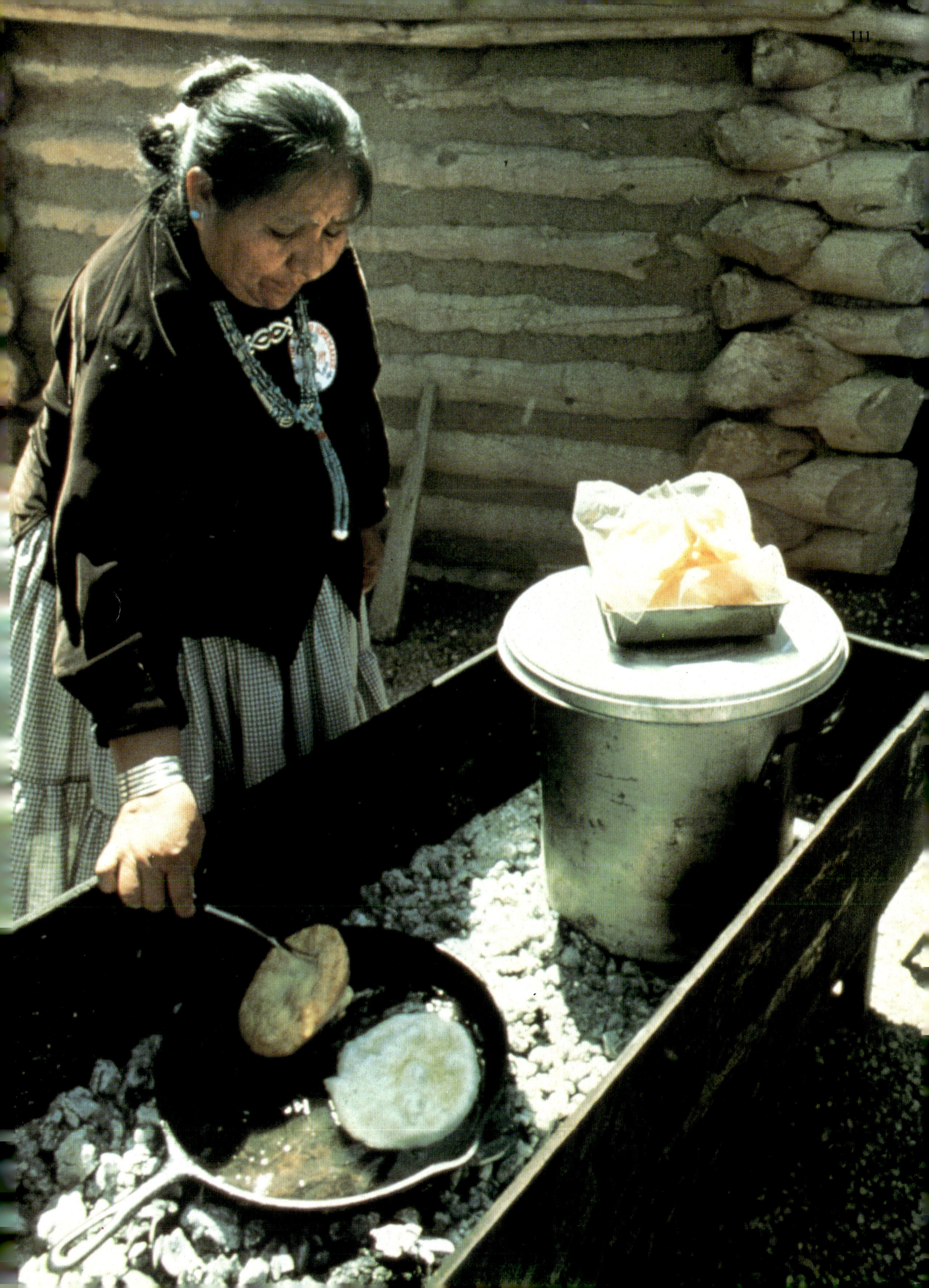

Oben: Der Medizinman Charlie Turqoise (mit weißer Kopfbedeckung) führt eine Gruppe Navaho-Tänzer an (Foto: Fort Wingate, Neu-Mexiko, 1941). Rechts: Der Navaho-Häuptling Manuelito gab nach dem Krieg 1866 als letzter auf. Gegenüberliegend: Ein Silberschmied zeigt sein Werkzeug. Die Navahos hatte diese Kunst von den Mexikanern gelernt. Sie fertigten Schmuck aus Münzen an, bis es später Metallplatten gab.

166.665 Menschen. Über die Hälfte von ihnen lebt in dem Teil des Reservats, der zu Arizona gehört; 39 Prozent in Neu-Mexiko, der Rest in Utah.

N'de (*siehe* Apache)

Nespelem
Geographische Region: Großes Becken (östliches Washington, westliches Idaho)
Sprachgruppe: Salishan
Wohnstätte: Erdhütte
Hauptnahrungsquellen: Fisch, Wild

Netsilik Eskimo (*siehe* Eskimo)

Neutral
Geographische Region: Nordosten (südliche Region der Großen Seen)
Sprachgruppe: Irokesisch

113

Wohnstätte: Kuppelförmige Stroh-, Rinden- oder Fellhütte
Hauptnahrungsquelle: Mais

Nez Percé
Geographische Region: Großes Becken (Idaho, Oregon, Washington)
Sprachgruppe: Sahaptin (Penuti)
Hauptnahrungsquelle: Großwild

Der Stamm hieß ursprünglich Sahaptin und wurde erst von den Franzosen Nez Percé getauft: Als sie die Indianer zum ersten Mal sahen, trugen viele von ihnen in durchgestochenen Nasenflügeln Schmuckanhänger. Die Nez Percé jagten Großwild, insbesondere den Büffel, fischten aber auch Lachs. Der Stamm unterhielt zu den Weißen gewöhnlich gute Beziehungen; die ersten Kontakte kamen mit den Franzosen und schließlich 1803 mit den Amerikanern zustande, als Lewis und Clark den Stamm besuchten. 1831 bat der Stamm sogar um Missionare.

Die Nez Percé blieben in allen Indianerkriegen der Region neutral, selbst in den Rogue River-Kriegen in den 1850er Jahren. Die Nez Percé bestanden eigentlich aus zwei Stämmen, den Oberen und den Unteren Nez Percé, die über jeweils eigene Gebiete verfügten, aber gemeinsame Jagdgründe hatten. Die Trennung zwischen beiden Stämmen wurde jedoch indirekt durch die US-Regierung aufgehoben, als sie 1863 die Oberen Nez Percé einen Vertrag unterzeichnen ließ, der auch die Unteren Nez Percé mit einschloß und die Umsiedlung beider Stammesgruppen in das Lapwai-Reservat vorsah.

Es vergingen zehn Jahre, bevor der Siedlerstrom auch die Nez Percé bedrohte, die den Vertrag noch nicht in die Tat umgesetzt hatten. Obwohl die lokalen Behörden die Schaffung eines regionalen Reservats für die Unteren Nez Percé bei Wallowa befürworteten, lehnte der US-Kongreß diese Idee ab. Und trotz der Bemühungen des in einer Missionsschule ausgebildeten Häuptlings Joseph, wurde die südliche Stammesgruppe 1877 aus dem Wallowa-Tal in das Lapwai-Reservat gezwungen, wo sich die traditionellen Gegensätze zwischen beiden Stammesteilen verschärften.

Joseph wollte Blutvergießen verhindern, doch Angehörige der Unteren Nez Percé zettelten einen Krieg an und zogen sich damit den Zorn der US-Armee zu. General Oliver Otis Howard und Häuptling Joseph kannten und respektierten einander, aber die Initiative einiger weniger hatte die Gewalt plötzlich so weit getrieben, daß ein Krieg nicht mehr zu vermeiden war: Wider-

Links: Häuptling Joseph der Nez Percé, 1877. Er vermied einen Krieg mit den Weißen, wehrte sich aber gegen die Eroberung seines Landes. Oben: Eine Nachfahrin des Nez Percé-Indianers He-Yum-Ki Yum Mi, der mit Joseph gekämpft hatte, bei einer Sommerparade 1985.

willig übernahm Joseph das Kommando und zog mit seinen Kriegern in den White Bird Canyon, wo er am 17. Juni 1877 der Armee in der ersten Schlacht dieses Nez Percé-Krieges eine Niederlage zufügte. Als Howard mit neuen Einheiten und schwerer Artillerie anrückte, hatte sich Joseph bereits hinter den Clearwater-Fluß zurückgezogen. Er wollte mit seinem Stamm über die Grenze nach Kanada fliehen. Aber um in den Norden zu kommen, mußten die Nez Percé zunächst nach Montana gelangen, die Rocky Mountains überqueren und hunderte Kilometer Steppe. Den Montana-Fluß passierten sie in der Nähe von Fort Missoula und schafften es immer wieder, die Armee zu täuschen oder zu besiegen. Doch als der Stamm endlich die Plains erreicht hatte, wurde er nicht nur von Howard, sondern auch von einer Kavallerieeinheit unter Oberst Nelson Miles aus Fort Keogh verfolgt. In einem Scharmützel am Canyon Creek vernichteten sie diese Truppen und überquerten den Missouri bei Cow Island am 23. September. Eine Woche später lagerten die völlig erschöpften Indianer, die mit ihren Familien und ihren Viehherden losgezogen waren, bei den Bear Paws-Bergen. Von dort war es nur noch ein Tagesritt nach Kanada. Da Howard noch zwei Tage benötigen würde, um sie zu erreichen, ließ Joseph den Stamm weiter ausruhen.

Währenddessen war es Miles allerdings gelungen, aus den Resten seiner geschlagenen Einheit eine neue Kavallerietruppe zusammenzustellen, so daß er Josephs Lager umschließen konnte: In einer fünf Tage währenden Schlacht wehrten sich die Krieger gegen die mit modernen Gewehren ausgerüsteten Soldaten, doch als es keine Hoffnung mehr gab, kapitulierte Joseph am 5. Oktober 1877. An diesem Tag hielt Joseph eine bis heute bemerkenswerte Rede:

»Sagen Sie General Howard, daß ich sein Herz kenne. Was er mir früher gesagt hat, trage ich nun in meinem Herzen. Ich bin des Kämpfens müde. Unsere Häuptlinge sind tot. Looking Glass ist tot. Toohoolhoolzote ist tot. Alle alten Männer sind tot. Jetzt sagen die jungen Männer ja oder nein. Er, der die Jungen geführt hat, ist auch tot. Es ist kalt und wir haben keine Decken. Die kleinen Kinder frieren zu Tode. Ich möchte Zeit haben, um nach meinen Kindern zu suchen und sehen, wie viele von ihnen ich finden kann. Vielleicht finde ich sie unter den Toten. Hört mich, meine Häuptlinge! Ich bin müde; mein Herz ist krank und traurig. Von dort, wo die Sonne jetzt steht, bis in alle Ewigkeit werde ich nie mehr kämpfen.«

Einige der Nez Percé konnten über die Grenze nach Kanada fliehen und schlossen sich dort den Sioux unter Sitting Bull an. Doch die meisten der Überlebenden wurden nicht, wie von Miles zugesagt, in das Lapwai-Reservat gebracht, sondern in das Indianer-Territorium. 1885 wurden die letzten Stammesangehörigen nach Lapwai geschafft, aber Joseph schickte man in das Colville-Reservat im Bundesstaat Washington, wo er am 21. September 1904 starb.

Aus den 1.400 Nez Percé des Jahres 1950 sind bis 1985 knapp über 2.000 Stammesangehörige geworden.

Niantic
Geographische Region: Nordosten (südliches Cape Cod)
Sprachgruppe: Algonkin

Unten: Berittene Nez Percé in vollem Schmuck. Aufnahme von 1906, nachdem man Häuptling Joseph gezwungen hatte, das Nez Percé-Land an die USA abzutreten.

Wohnstätte: Langhaus
Hauptnahrungsquelle: Fisch

Nipissing
Geographische Region: Nordosten (nördliche Region der Großen Seen)
Sprachgruppe: Algonkin
Wohnstätte: Einfaches Tipi
Hauptnahrungsquelle: Wild

Nipmuck
Geographische Region: Nordosten (Zentralregion Massachusetts)
Sprachgruppe: Algonkin
Wohnstätte: Langhaus
Hauptnahrungsquellen: Jagd, Fisch, Mais

Die Nipmuck waren im 17. Jahrhundert in der Zentralregion von Massachusetts ein wichtiger Stamm. Nachdem englische Siedler die Wampanoag nach Westen verdrängt hatten, schlossen sie sich 1674 im König Philips Krieg den Nipmucks an. Während des Krieges (1675/76) waren sie mit den Wampanoag und den Narragansett unter dessen Häuptling König Philip verbündet. Der Krieg endete mit einer Niederlage der drei Stämme und der fast völligen Ausrottung der Nipmuck.

Nisenan, Nishinam (*siehe* Maidu)

Nisqually (Nisquali)
Geographische Region: Nordwestküste (südlicher Puget Sund, Washington)
Sprachgruppe: Salishan
Wohnstätte: Blockhaus
Hauptnahrungsquelle: Fisch

Im Nisqually-Reservat im US-Bundesstaat Washington lebten 1985 etwa 1.700 Stammesangehörige.

Nitinat
Geographische Region: Nordwestküste (westliche Vancouver Island)
Sprachgruppe: Algonkin-Wakashan
Wohnstätte: Blockhaus
Hauptnahrungsquelle: Fisch

No Bows (*siehe* Sioux)

Nooksack (Nooksak)
Geographische Region: Nordwestküste (Puget Sund, Washington)
Sprachgruppe: Salishan
Wohnstätte: Blockhaus
Hauptnahrungsquelle: Fisch

Im Jahre 1985 lebten im Nooksack-Reservat im US-Bundesstaat Washington 860 Stammesangehörige.

Nootka (Aht)
Geographische Region: Nordwestküste (Vancouver Island, British Columbia)
Sprachgruppe: Wakashan
Wohnstätte: Blockhaus
Hauptnahrungsquellen: Fisch, Walfang

Der Stamm war durch seine Sprache und Kultur mit den Heiltsuk und den Kwakiutl

Oben: Eine Gruppe Omaha-Jungen der Pennsylvania Carlisle-Indianerschule 1879. Gegenüberliegend: Das Ratsmitglied der Osage, Joseph Matthews in seinem Haus in Oklahoma, 1937. Während der dreißiger Jahre wurde die Selbstverwaltung in den Reservaten unterstützt und die Ausbildungsmöglichkeiten verbessert. Matthews war ein Rhodes-Stipendiat, Autor und Historiker.

eng verwandt. Auch mit den Makah teilten sie viele Gemeinsamkeiten. Wie die meisten Stämme der Region, waren auch die Nootka hervorragende Fischer und Bootsbauer; zudem gehörten sie zu den wenigen Indianern, die auch Walfang betrieben. Charakteristisch für die Nootka sind die *tamanwa*, heilige Dramen, die auf Stammeslegenden beruhen. Eine andere Tradition, die sie mit vielen Stämmen der Gegend teilten, ist der Potlach-Kult (*siehe auch* Haida und Kwakiutl). James Cook traf die Nootka 1776 und schätzte ihre Bevölkerung auf ca. 2.000 Menschen.

Nordalaskanische Eskimo (*siehe* Eskimo)

Nord-Paiute (*siehe* Paiute)

Nord-Wintun (*siehe* Wintun)

Norridgewock
Geographische Region: Nordosten (Maine)
Sprachgruppe: Algonkin
Wohnstätte: Einfaches Tipi
Hauptnahrungsquelle: Wild
Der Stamm war innerhalb der Abnaki-Konföderation führend. Weiße trafen ihn zum ersten Mal am Kennebec-Fluß in Maine. In der langen Reihe von Kriegen zwischen Franzosen und Engländern in den Kolonien unterstützte der Stamm Frankreich. Eine große Zahl Indianer wurde von dem Jesuitenpater Sebastien Rasles ab 1689 zum Katholizismus bekehrt. 1724 überfielen die Engländer eine Norridgewock-Siedlung und töteten Pater Rasles sowie 100 Indianer. Während des Französisch-Indianischen Krieges 1754 wurde der Stamm auseinandergerissen; einige von ihnen gingen nach Kanada, wenige Nachfahren leben noch heute in der Region ihrer Ahnen.

Nottaway
Geographische Region: Südosten (Virginia, North Carolina)
Sprachgruppe: Algonkin
Wohnstätte: Langhaus
Hauptnahrungsquelle: Mais

Nunamiut (Nordalaskanische Eskimo, *siehe* Eskimo)

O

Ocone (*siehe* Seminolen)

Oglala Sioux (*siehe* Sioux)

Ohlone (*siehe* Costonoan)

Ojibwa (*siehe* Chippewa)

Okchai (*siehe* Creek)

Okinagan (Okanagan)
Geographische Region: Großes Becken, südliches British Columbia
Sprachgruppe: Salishan
Wohnstätte: Erdhütte
Hauptnahrungsquelle: Großwild
Untergruppen: Lower Okinagan (Konkonelp, Conconcully)
Im Jahre 1967 gab es noch rund 1.900 Okinagan-Indianer.

Omaha
Geographische Region: Plains und Prärien (Nebraksa)
Sprachgruppe: Sioux-Dhegiha
Wohnstätte: Prärie-Erdhütte
Hauptnahrungsquellen: Jagd, Mais

Obwohl die Omaha zu derselben Sprachgruppe wie die Sioux gehören, waren sie nie mit ihnen verbündet, sondern führten gegen den Stamm Krieg.

Die Omaha hatten ursprünglich an den Ufern des Mississippi in der Nähe des heutigen St. Louis gelebt. Aber schon sehr früh zogen sie von dort zum unteren Platte-Fluß und dem Elkhorn-Tal in Nebraska. In Verträgen von 1830, 1836 und 1854 gab der Stamm seine Gebiete an die US-Regierung ab und wurde gemeinsam mit den Winnebago in ein Reservat im nordöstlichen Nebraska gebracht, wo 1950 rund 1.600 und 1970 etwa 1.300 Omaha lebten.

Onondaga (*siehe* Irokesen)

Oneida (*siehe* Irokesen)

Osage (Wazhazhe)
Geographische Region: Steppe und Prärien (Kansas)
Sprachgruppe: Sioux-Dhegiha
Wohnstätte: Prärie-Erdhütte
Hauptnahrungsquellen: Jagd, Mais
Untergruppen: Great Osage, Little Osage, Arkansas Osage

Die Osage sind eng verwandt mit den Omaha, Kansa, Quapaw und Ponca. Man nimmt an, daß sie einst im Ohioflußtal lebten, obgleich die ersten Siedler in Missouri auf sie stießen. Die Osage lebten gewöhnlich in Erdhütten, benutzten während der Büffeljagd in der nördlichen Prärie aber auch das Tipi. In der ersten Hälfte des 18. Jahrhunderts kämpften sie gemeinsam mit den Franzosen gegen die Fox-Indianer. 1804 trafen auch Lewis & Clark auf den Stamm, die seine Bevölkerungszahl auf etwa 6.500 schätzten.

Zwischen 1808 und 1825 überließen die Osage den größten Teil ihrer Gebiete den USA und erhielten dafür ein Reservat in Kansas. Am 15. Juli 1870 wurde ihnen ein größeres Gebiet im Indianer-Territorium zugeteilt.

Als 1904 auf dem Osage-Land Öl gefunden wurde und die Produktion innerhalb kurzer Zeit auf bis zu fünf Millionen Barrel im Jahr anstieg, wurden die Osage zu einem der reichsten Stämme in den USA. Dennoch nahm ihre Bevölkerung zunächst von 4.102 im Jahre 1843 auf 1.582 1886 ab, um dann bis 1906 auf über 2.000 anzusteigen. Heute leben etwa 6.700 Osage-Indianer in Oklahoma.

Otchente Chakowin (*siehe* Sioux)

Oto (Otoe)
Geographische Region: Steppen und Prärien (Nebraska)
Sprachgruppe: Sioux-Chiwere
Wohnstätte: Prärie-Erdhütte
Hauptnahrungsquellen: Jagd, Mais

Die Oto gehören der Sprachgruppe der Missouri an und werden oft mit diesem Stamm gleichgesetzt. Die Oto hängen ebenfalls eng mit den Iowa und Winnebago zusammen, denn alle Stämme lebten früher an den Großen Seen. Als die Franzosen die ersten Oto 1690 trafen, geschah dies allerdings am Des Moines-Fluß in Iowa. Sie traten ihre Gebiete 1854 an die US-Regierung ab und siedelten in einem Reservat am Big Blue-Fluß, an der Grenze zwischen Kansas und Nebraska. Dieses Land verkaufte der Stamm 1881 an die USA und erwarb mit dem Geld neue Gebiete im Indianer-Territorium. Allerdings wurde dieser Besitz 1907, als das Indianer-Territorium aufgelöst wurde, unter den verbliebenen 514 Stammesangehörigen aufgeteilt.

Wie die meisten Stämme, mußten auch die Oto im 19. Jahrhundert einen Bevölkerungsrückgang hinnehmen: 1843 gab es 931 Oto, 1862 nur noch 708, 1880 noch 438 und 1891 noch 377 Oto-Indianer. Allerdings hat sich ihre Zahl bis 1985 auf über 1.200 erhöht.

Ottawa
Geographische Region: Nordosten (nördliche Gebiete an den Großen Seen)
Sprachgruppe: Algonkin
Wohnstätte; Stroh,- Rinden- oder Fellhütte
Hauptnahrungsquellen: Fisch, Wild, wilder Reis

Der Name Ottawa ist von dem Algonkin-Wort *adawe* abgeleitet, das soviel wie »handeln« heißt – eine treffende Beschreibung für den Stamm. Denn die Ottawa unterhielten gute Handelsbeziehungen zu den verwandten Chippewa und Potawatomi wie auch zu anderen Stämmen der Region. Ebenso wie die Chippewa, bauten sie Kanus aus Birkenrinde und pflanzten wilden Reis an. Der französische Forscher Samuel de Champlain besuchte die Ottawa 1615

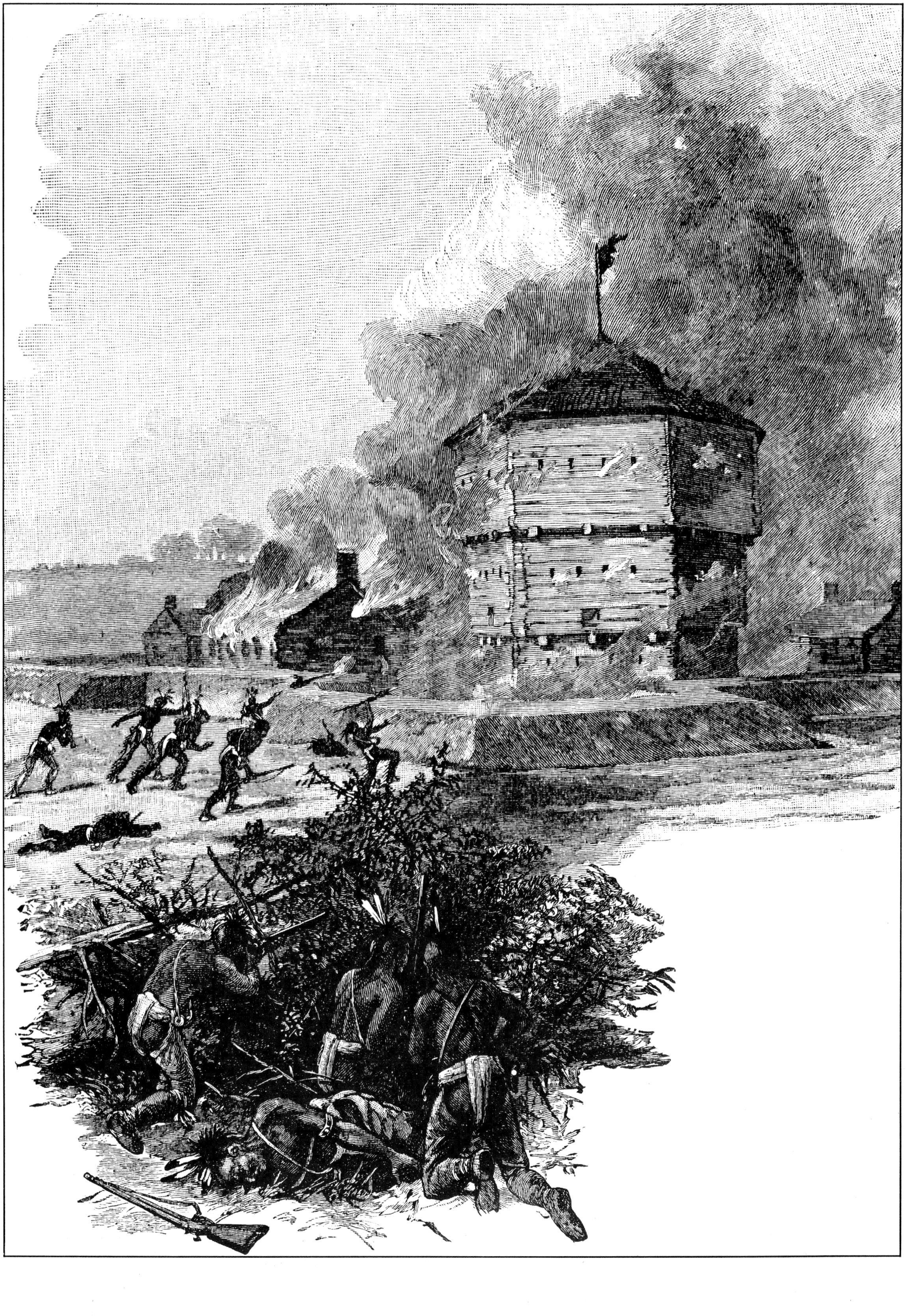

Gegenüberliegende Seite: Pontiacs Aufstand wurde von den Weißen Pontiacs Verschwörung genannt, weil es dem Häuptling gelungen war, ein Stammesbündnis aus 18 Stämmen aufzubauen. Oben: Pontiac (ca. 1715 bis 1769) war Häuptling der Ottawa und ein einflußreicher Führer. 1766 nahm er an der Friedenskonferenz in Fort Ontario teil, wurde jedoch später in Illinois von einem Peoria-Indianer umgebracht.

zum ersten Mal. Gewöhnlich waren sie mit den Huronen verbündet, doch nachdem dieser Stamm vom Irokesenbund vernichtet worden war, wichen die Ottawa weiter in den Westen, bis nach Michigan, aus.

Im Jahre 1755 wurde der Ottawa-Häuptling Pontiac zu dem wohl wichtigsten indianischen Anführer seiner Zeit. Er wurde von den anderen Algonkin-Stämmen respektiert, so daß es ihm gelang, ein Bündnis zwischen den Ottawa, Chippewa, Potawatomi und den Miami aufzubauen. Dieser Stammesbund ließ sich durchaus als westliches Gegenstück des mächtigen Irokesenbundes an der Ostküste ansehen.

Nachdem Montreal im September 1760 aufgegeben, und England damit das »Neue Frankreich« vernichtet hatte, sprach Pontiac mit dem britischen Befehlshaber, Major Robert Rogers. Er sagte ihm zu, daß die Engländer alle französischen Forts besetzen könnten, wenn sie die Indianer mit demselben Respekt behandelten, wie die Franzosen vor ihnen. Als dies nicht geschah, entfesselte Pontiac einen Aufstand, dem sich außer seiner Allianz weitere Nachbarstämme anschlossen. Die Franzosen ermutigten die Indianer bei ihrem Vorgehen, weil sie hofften, so ihre verlorenen Gebiete in Louisiana zurückzuerobern. Im Frühjahr 1763 erfuhr Pontiac vom Friedensvertrag von Paris, der den Engländern große Teile des Algonkin-Landes zusprach. Pontiac war entsetzt und führte nun einen neuen Aufstand gegen die Engländer, dessen Härte für einen Indianerstamm bis dahin unbekannt gewesen war: Im Mai und Juni des Jahres wurden neun wichtige Forts oder Siedlungen, darunter Saulte St. Marie, Mackinac und Green Bay, von Pontiacs Indianern geplündert. Alle englischen Siedlungen westlich der Alleghenie-Berge waren nun in Gefahr. Der Wendepunkt trat jedoch ein, als Pontiac auch Detroit belagerte, das er zwischen Mai und Juli einzunehmen versuchte, die Siedlung allerdings auch nach diesen drei Monaten immer noch nicht erobert hatte.

Eine große britische Gegenoffensive schlug diesen Aufstand 1765 nieder und zwang den Indianern im folgenden Jahr einen Friedensvertrag auf. Die Algonkin-Allianz unter Pontiac brach auseinander; er selbst blieb bis zu seiner Ermordung 1769 mit den Franzosen verbündet.

Zwischen 1831 und 1836 wurde der Stamm von der US-Regierung aus Ohio nach Kansas umgesiedelt. 1867 erhielten die letzten Stammesangehörigen durch den Omnibus-Vertrag eigene Landgebiete im Indianer-Territorium.

1906 gab es schätzungsweise 4.700 Ottawa in Nordamerika. 1967 lebten 1.495 in Kanada, dessen Hauptstadt sich in ihrem alten Stammesgebiet befindet und nach ihnen benannt worden ist. 1985 gab es 377 Ottawa-Indianer, die noch in Oklahoma lebten.

Ousita (*siehe* Wichita)

Ozette
Geographische Region: Nordwestküste (nordwestliches Washington)
Sprachgruppe: Salishan
Wohnstätte: Blockhaus
Hauptnahrungsquelle: Fisch

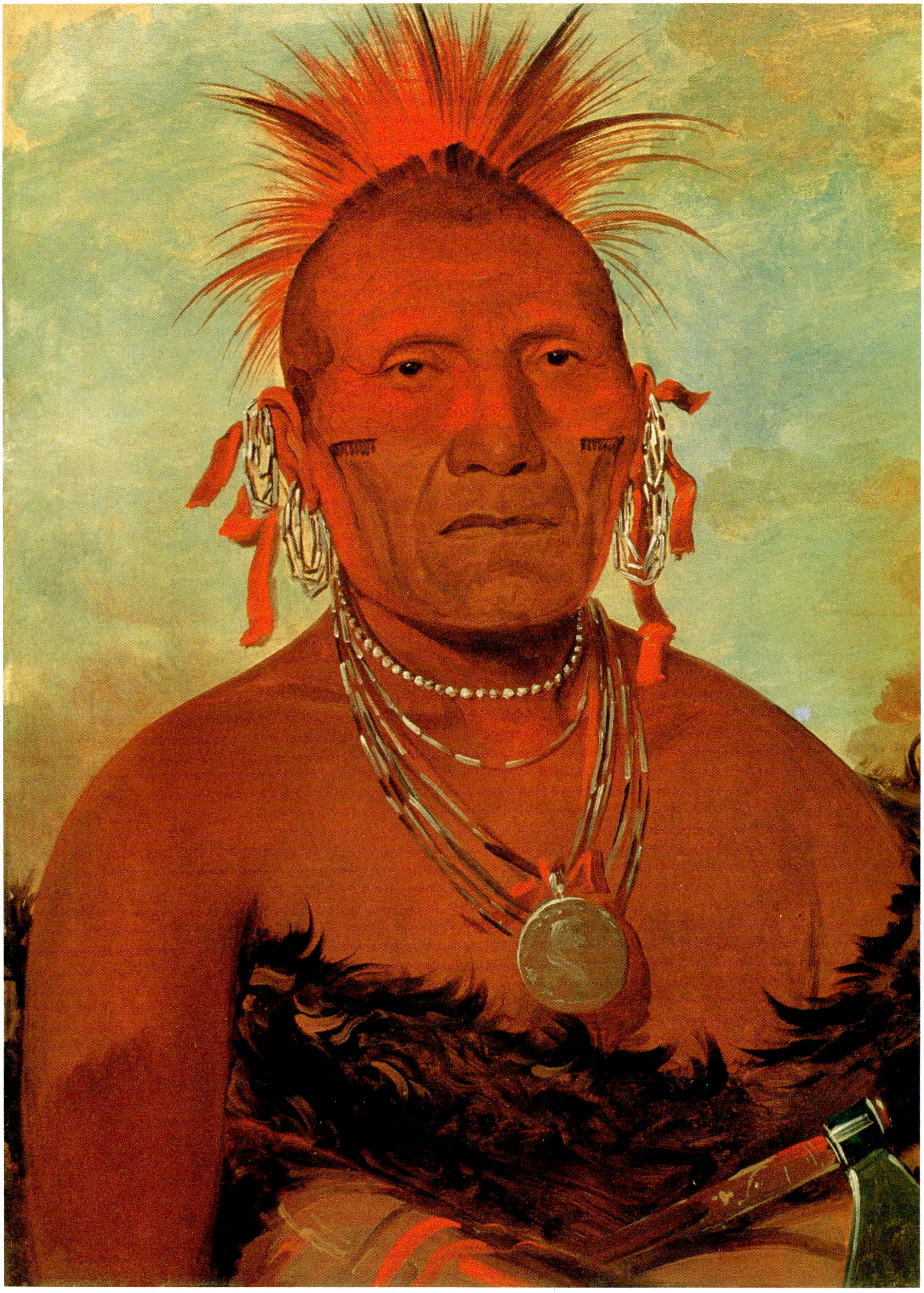

P

Pacaha (*siehe* Quapaw)

Pahvant (*siehe* Ute)

Paiute
Geographische Region: Großes Becken (Utah, Nevada, östliches Kalifornien)
Sprachgruppe: Uto-Aztekisch
Wohnstätte: Einfaches Tipi
Hauptnahrungsquellen: Wildpflanzen, Kleinwild
Untergruppen: Paiute Proper, Nord Paiute (Paviotso), Süd Paiute (Chemehuevi), Mono (östliches Kalifornien)

Die Paiute waren eng verwandt mit den Bannock, den Shoshonen, den Gosiute sowie den Ute und waren damit einer der am weitesten verbreiteten Stämme im Großen Becken. Obwohl sie hauptsächlich im nördlichen Utah lebten, erreichte der nördliche Zweig des Stammes die Wüsten des östlichen Oregon und der südliche Teil der Paiute die kalifornische Mojave-Wüste. Von dort breitete sich dieser Stammesteil in Richtung Westen bis in die Colorado-Flußregion im südlichen Utah aus.

Von allen Stämmem in Nordamerika waren jene des Großen Beckens die technologisch am wenigsten entwickelten Völker. Sie entsprachen am ehesten unserer Vorstellung einer steinzeitlichen Gesellschaft, obgleich die Paiute des Owens-Tals in Kalifornien auch Landwirtschaft betrieben. Der größte Teil ihrer Nahrung bestand aus gesammelten Wurzeln und Beeren, und selbst die Jagd betrieben sie nicht mit Pfeil und Bogen oder Speeren, sondern mit Keulen. Für die Paiute entsprach das Präriekaninchen in seiner Bedeutung der des Büffels für die Plains-Stämme: Sie versorgten auch die Paiute mit Fleisch und Leder für Kleidung und ihre Hütten. Die Paiute jagten diese kleinen Tiere, indem sie in Netze getrieben und dort zu Dutzenden erschlagen wurden.

Da das Große Becken eine sehr trockene und unwirtliche Region ist, traf der Stamm relativ spät auf die ersten Weißen. Erst in der zweiten Hälfte des vorigen Jahrhunderts, mit der Entdeckung von großen Silbervorkommen in der Gegend der heutigen Städte Reno und Carson City 1859 und der Vollendung der transkontinentalen Eisenbahnlinie zehn Jahre später, strömte eine große Einwandererwelle auch in die Paiute-Gebiete.

Gegenüberliegend: Horse Chief, ein Krieger der Pawnee, gezeichnet von George Catlin. Trotz seines kriegerischen Aussehens war der Stamm friedlich und sandte eine Delegation nach Washington. Oben: Wovoka war der Sohn von Tavibo, dem Propheten, und wurde der »Messias« der Paiute genannt. Er schuf die Geistertanz-Religion.

Die Beziehungen zwischen den Ureinwohnern und den Weißen waren zunächst gut, doch die Siedler und ihre weidenden Viehherden zerstörten die geringen natürlichen Ressourcen jener Landschaft. Der traditionelle Lebensstil der Paiute brach schließlich in sich zusammen, weil der Stamm einen totalen Kulturschock erlitt – aus der Steinzeit direkt in das Industriezeitalter. Die Geistertanz-Religion der 1880er Jahre stammte von dem Paiute-Shamanen Wovoka, dessen Kult als Reaktion auf diesen Identitätsverlust bewertet werden kann. Die Religion breitete sich schnell in anderen Stämmen des Großen Beckens und der Plains aus; sie versprach einen indianischen »Messias«, der alle Indianer gegen die Weißen verbünden wurde. Zwar löste der Geistertanz-Kult viel Gewalttätigkeit aus, insbesondere bei den Sioux, aber die Bewegung hörte bereits in den 1890er Jahren auf zu existieren, als noch immer kein Erlöser erschienen war. Wovoka selbst lebte bis 1932.

Der größte Teil der Paiute wohnt noch heute in Nevada, zerstreut in vielen kleinen Reservaten im gesamten Bundesstaat. 1985 gab es insgesamt 5.600 Stammesangehörige.

Pakana (*siehe* Creek)

Palouse (Palus)
Geographische Region: Großes Becken (östliches Washington)

Links: Wolf Necklace, ein Palouse-Häuptling. Der Stamm war für seine Appaloosa-Pferdezucht und den Handel mit den Pferden bekannt.
Gegenüberliegend: Eine Erdhütte der Pawnee. Diese feststehenden Hütten wurden aus Balken gebaut, die mit Ästen, Zweigen und Lehm bedeckt wurden. Sie boten mehreren Familien Raum.

Sprachgruppe: Penuti-Sahaptin
Wohnstätte: Erdhütte
Hauptnahrungsquellen: Großwild, Fisch

Pamunkey
Geographische Region: Nordosten
Sprachgruppe: Algonkin
Wohnstätte: Langhaus
Hauptnahrungsquelle: Mais

Pana, Panana, Panamaha (*siehe* Pawnee)

Panamint (*siehe* Shoshone)

Panis (*siehe* Wichita)

Panka (*siehe* Ponka)

Papago
Geographische Region: Südwesten
Sprachgruppe: Uto-Aztekisch
Wohnstätte: Kuppelförmige Stroh-, Rinden- oder Fellhütte
Hauptnahrungsquellen: Wildpflanzen, Kleinwild

Der Stamm ist sprachlich eng verwandt mit den Pima und lebte früher südlich und südöstlich des Gila-Flusses, rund um Tucson (Arizona) und im mexikanischen Sonora. Sie sind ein Landwirtschaft betreibendes Volk, das Mais, Bohnen, Weizen und Baumwolle anpflanzt, aber auch Viehherden besitzt. Die Papago sind außerdem für ihre Korbmacherkünste bekannt.

1985 zählte die Papago-Behörde in Arizona etwa 22.500 Stammesangehörige.

Passamaquoddy
Geographische Region: Nordosten (Maine, New Brunswick)
Sprachgruppe: Algonkin
Wohnstätte: Einfaches Tipi
Hauptnahrungsquellen: Karibu, Elch

Die Passamaquoddy waren gemeinsam mit den Penobscot frühe Mitglieder der Abnaki-Konföderation, einer Gruppe von Stämmen, die mit Frankreich verbündet war und gegen England kämpfte. Im frühen 18. Jahrhundert waren zahllose Stammesangehörige zum Katholizismus übergetreten; bis heute sind viele der Passamaquoddy katholisch geblieben.

Patwin
Geographische Region: Nordkalifornien
Sprachgruppe: Penuti
Wohnstätte: Einfaches Tipi
Hauptnahrungsquelle: Mischung aus pflanzlicher und tierischer Nahrung
Untergruppen: Hill Patwin, River Patwin (Valley Patwin)

Der Stamm war ursprünglich mit den Maidu und den Wintun verwandt, so daß er wie diese Völker die ersten Weißen erst 1810 traf: Die Spanier schleppten allerdings 1837 eine Pocken-Epidemie ein, an der viele Indianer auch der Patwin starben. Alfred Koerber schätzte in seiner Untersuchung von 1928 die höchste Bevölkerungszahl des Stammes auf 3.800, die in 19 Dörfern gelebt haben sollen.

Paviotso (Nord Paiute, *siehe* Paiute)

Pawnee (Pani, Pana, Panana, Panamaha, Panimaha)
Geographische Region: Plains und Prärien (Nebraska)
Sprachgruppe: Hoka-Caddo
Wohnstätte: Prärie-Erdhütte
Hauptnahrungsquellen: Jagd, Mais
Untergruppen: Chaui (Grand), Kitkehahki (Republican), Pitahauerat (Tappage) und Skidi/Skedee (Wolf). Die Quiveras, die von Coronado beschrieben worden sind, waren vielleicht auch Pawnee.

Der Stammesname ist möglicherweise von dem Caddo-Wort *pariki* abgeleitet, dem Begriff für »Horn«. Damit spielte man wohl auf die seltsame Angewohnheit an, in der die Stammesmitglieder den Haarskalp trugen. Die Pawnee lebten in festen Dörfern, die den Mandan-Siedlungen sehr ähnlich waren. Sie betrieben Landwirtschaft, jagten aber auch den Büffel. Sie verfügten über eine komplizierte Religion, die sich unabhängig von denen der anderen Plains-Stämme entwickelt hatte. Zu ihrem Glauben gehörten auch Opferungen gefangener Frauen, um die Götter für eine gute Ernte gnädig zu stimmen. Dieser Ritus wurde in einer unter den Pawnee unbeliebten Bestimmung des Skidi-Häuptlings Petalesharo jedoch abgeschafft.

Die Pawnee verhielten sich gegenüber den Spaniern feindlich, begegneten den Franzosen dagegen freundlich. Sie trafen die ersten Pawnee im späten 17. Jahrhundert. Nach dem Landkauf von Louisiana 1803, entstanden zwischen dem Stamm und den USA ebenfalls gute Beziehungen. Den USA verkauften sie auch den größten Teil ihrer Gebiete. Der Stamm gab sich 1857 mit einem Reservat in Kansas zufrieden, litt dort allerdings unter Krankheiten und Heuschreckenplagen, die die Ernten vernichteten. Außerdem wurden sie des öfteren von den Sioux überfallen. Zwischen 1872 und 1876 nahm die Pawnee-Bevölkerung deshalb stark ab – von 2.447 auf 1.521. 1876 wurden sie schließlich in ein neues Reservat im Indianer-Territorium gebracht. 16 Jahre später wurde dieses Land unter den verbliebenen 820 Pawnee aufgeteilt oder an weiße Siedler verkauft. 1985 lebten in Oklahoma fast 2.000 Pawnee.

Pend d'Oreille
Geographische Region: Großes Becken (nördliches Idaho, nordwestliches Montana und British Columbia)
Sprachgruppe: Salishan
Wohnstätte: Erdhütte
Hauptnahrungsquellen: Großwild, Fisch

Der Stamm gehörte zu jenen Indianervölkern, die von den mächtigen Spokane beherrscht wurden. Die Pend d'Oreille waren verwandt mit den nahebei lebenden Kalispel, Coeur d'Alene und den Flathead, mit denen sie ein Reservat in Lake County, Montana, teilen.

Pennacook (Pennacock)
Geographische Region: Nordosten (New Hampshire)
Sprachgruppe: Algonkin
Wohnstätte: Einfaches Tipi
Hauptnahrungsquellen: Jagd, Mais

Der Name Pennacook ist das Algonkin-Wort für »ein gewundener Ort« und bezog sich auf ein Bündnis kleiner Indianergruppen in New Hampshire, Maine und Massachusetts südlich der Abnaki-Gebiete. Während des König-Philip-Krieges (1674–76) war der Stamm zerstritten – ein Teil unterstützte Philip in dessen Kampf gegen die Weißen, die andere Stammesgruppe unter ihrem Häuptling Passakonawa verhielt sich dagegen neutral. Nach dem Krieg wurden die Pennacook von weißen Siedlern aus ihren alten Stammesgebieten verdrängt und bis nach Kanada zerstreut.

Penobscot
Geographische Region: Nordosten (Maine)
Sprachgruppe: Algonkin
Wohnstätte: Einfaches Tipi
Hauptnahrungsquellen: Jagd, Mais

Der Stamm gehörte dem Abnaki-Bund an. Frankreich hatte in ihrem Stammesgebiet schon 1688 eine Missionsstation eingerichtet. Nach der amerikanischen Revolution erhielten die Penobscot ein Reservat bei Bangor (Maine), wo bis heute etwa 1.500 Penobscot leben.

Peoria, Peouaria (*siehe* Miami)

Pequot
Geographische Region: Nordosten (Connecticut)
Sprachgruppe: Algonkin

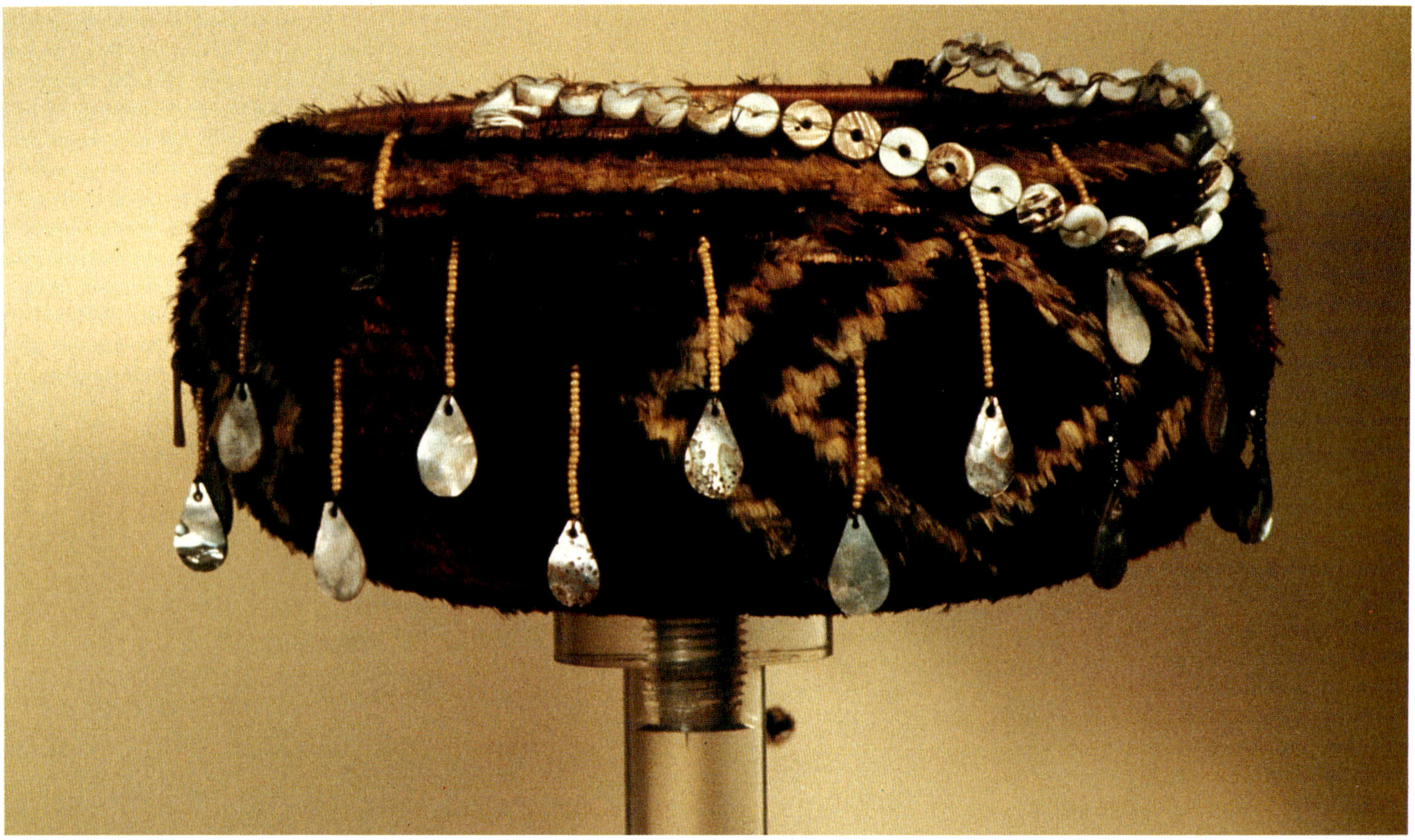

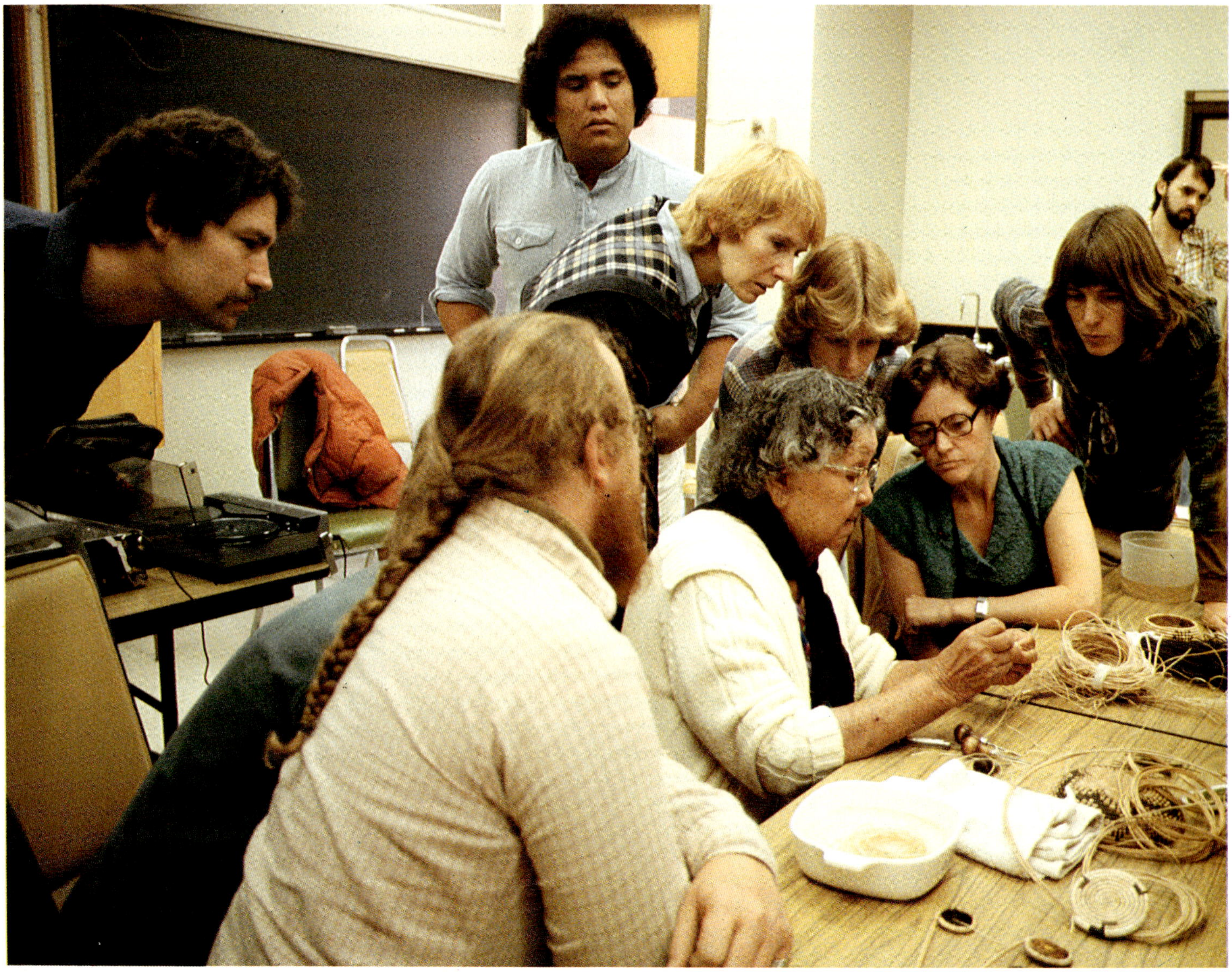

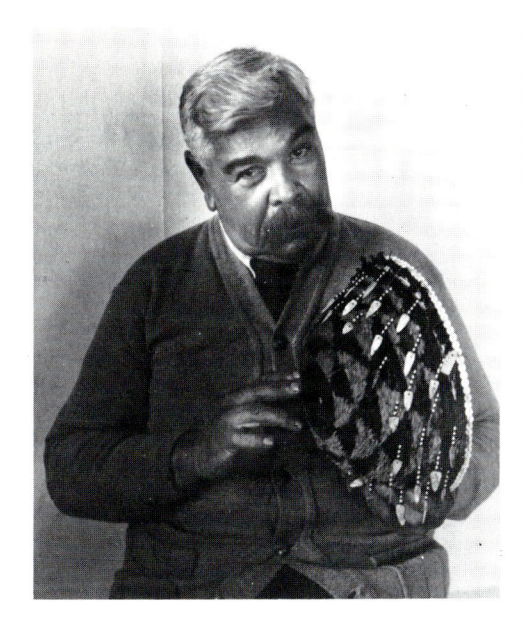

Gegenüberliegend oben: Ein Pomokorb. Die Pomos sind bekannt für ihre Korbmacherkünste und benutzen Federn oder Muscheln. Gegenüberliegend unten: Laura Somersal erklärt einem Kursus über amerikanische Eingeborene die Korbflechterei. Oben: Bill Benson zeigt einen mit Federn geschmückten Korb. Unten: Die einfachen Körbe wurden für Lebensmittel, die Schmuckkörbe als Geschenke verwendet.

Oben links: Die Pequots widersetzten sich der weißen Kolonisation. Die Engländer rotteten den Stamm fast aus. Oben links: Ira Hayes, ein Pima-Mann, bereitet sich auf einen Fallschirmsprung vor. Er war unter den GI's, die 1945 auf Iwo Jima die US-Flagge hißten.

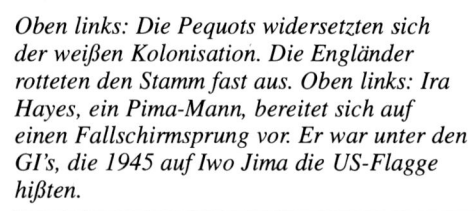

Wohnstätte: Langhaus
Hauptnahrungsquellen: Jagd, Mais

Die Pequot und die Mohegan gehörten einstmals wahrscheinlich zum selben Stamm, wobei letzterer um 1634 von den Pequot abfiel. Die Pequot-Indianer, die zu Beginn des 17. Jahrhunderts rund 3.000 Menschen gezählt haben dürften, verhielten sich der weißen Kolonisation gegenüber extrem feindlich und wehrten sich in ständigen, blutigen Überfällen. Im Mai 1637 wurde ihre Hauptsiedlung am Mystic-Fluß von den Engländern angegriffen. Mit dieser Schlacht begann der Pequot-Krieg. Während dieser Auseinandersetzungen versuchten die Kolonisten, die Kriegsfähigkeit des Stammes völlig zu vernichten. Da die meisten Stämme der Region neutral blieben, gelang es den Weißen bald, die Pequot aus Connecticut zu vertreiben. Diese Stammesgruppe versuchte unter ihrem Häuptling Sassacus Unterstützung bei den Mohawk-Indianern zu finden. Doch sie erklärten den Pequot ihrerseits den Krieg und töteten die meisten ihrer Krieger, darunter auch Sassacus. Die Überlebenden wurden von den Mohawk und den Engländern versklavt. Nach 1650 wurde es einigen wenigen Pequot gestattet, sich wieder in Connecticut anzusiedeln, doch 1850 zählte der fast ausgerottete Stamm nur noch 40 Angehörige.

Petun (*siehe* Tobacco)

Piankashaw (*siehe* Miami)

Picuris Pueblo (*siehe* Pueblo)

Piegan Blackfoot (*siehe* Blackfoot)

Pima
Geographische Region: Südwesten
Sprachgruppe: Uto-Aztekisch
Wohnstätte: Kuppelförmige Stroh-, Rinden- oder Fellhütte
Hauptnahrungsquellen: Wildpflanzen, Kleinwild

Die Sprache des Stammes hing eng mit dem Papago-Dialekt zusammen. Die Pima lebten im gesamten Süden von Arizona und im mexikanischen Sonora. Sie gelten als Nachfahren der prähistorischen Hohokam-Völker, die in jener Region ausgedehnte Landwirtschaft betrieben hatten und den Zeremonientempel in Casa Grande bauten.

Pitahauerat (*siehe* Pawnee)

Pit River (*siehe* Achumawi, Atsugewi)

Piware (*siehe* Miami)

Pohogue (*siehe* Shoshone)

Point Hope (Nordalaskanische Eskimo, *siehe* Eskimo)

Pojoaque Pueblo (*siehe* Pueblo)

Pokanoket (*siehe* Wampanoag)

Polar Eskimo (*siehe* Eskimo)

Pomo
Geographische Region: Nordkalifornien (Russian River)
Sprachgruppe: Hoka-Pomo (Kulanapa)
Wohnstätte: Einfaches Tipi
Hauptnahrungsquelle: Mischung aus pflanzlicher und tierischer Nahrung, hauptsächlich Eicheln

Die Pomo waren ein wichtiger Stamm in der Küstenregion nördlich der Bucht von San Franzisko. Die Pomo-Besiedlung erstreckte sich vom Russian River bis in die Gegend um den Clear Lake im Osten und an die Pazifikküste im Westen. Eicheln waren die Hauptnahrungsquelle für den Stamm, doch sie jagten auch und gingen im dem Clear Lake auf Fischfang. Im 18. Jahrhundert gab es ungefähr 8.000 Pomo, die in 70 autonomen Dörfern lebten. Jeder Siedlung stand ein Häuptling vor; in der Dorfmitte befand sich ein zentraler, halb unterirdischer Versammlungs- und Tanzsaal. Besonders bekannt sind die Pomo wegen ihrer Korbflechterei, die ein hohes Maß an handwerklichem Können und ästhetischer Sicherheit verraten. Pomo-Korbflechter verwendeten gewöhnlich Weidenblätter, Schilf- oder Riedgras, Binsengras und Rotbuchenrinde, die sie zu verschiedenartigen Motiven verwebten. Einige Körbe wurden mit hineingewebten Mustern in

Schwarz oder Dunkelrot verziert; diese strengen geometrischen Formen symbolisierten bestimmte Dinge oder Inhalte. In den auffallend geschmückten Körben wurden zusätzlich kleine Federn eingearbeitet, um dem Korb ein weiches, samtähnliches Aussehen zu geben. Zu Beginn unseres Jahrhunderts war diese Kunst allerdings fast vergessen, obwohl es noch einige erfahrene Pomo-Korbflechter gab. Herausragend unter diesen Künstlern war Laura Somersal, die die Kunst der Korbflechterei noch bis in die achtziger Jahre an der Sonoma State-Universität unterrichtete.

Die Pomo hatten nur wenig Kontakt zu den Spaniern und Russen, obwohl sie in der Nähe des Stammes Siedlungen gegründet hatten. Erst mit Beginn des Goldrausches in Kalifornien 1849 siedelten die Weißen auch in der Region zwischen Russian River und Clear Lake. 1856 wurde an der Küste nördlich der Bodega-Bucht ein Pomo-Reservat eingerichtet, aber schon 13 Jahre später wieder aufgelöst. Die Pomo kehrten in ihre alten Stammesgebiete zurück. 1985 gab es 688 Pomo.

Ponca (Panka, Punka)
Geographische Region: Plains und Prärien (südliches South Dakota)
Sprachgruppe: Sioux-Dhegiha
Wohnstätte: Prärie-Erdhütte
Hauptnahrungsquellen: Jagd, Mais
Die Ponca, dessen Name soviel wie »heiliger Kopf« bedeutet, sind eng mit den Omaha, Osage und Kansa verwandt, die alle

Oben: Männer vom Garcia-Fluß vor einem Baseballspiel, 1906. Unten: Ein Pomo-Mann bohrt kleine Löcher in Perlen. Wie auch andere kalifornische Stämme, entwickelten die Pomos hervorragende Handwerks- und Kunstarbeit.

denselben Sioux-Dhegiha-Dialekt sprechen. Als der Stamm zum ersten Mal von den Weißen angetroffen wurde, lebten die Ponca in Nebraska, doch wegen der ständigen Sioux-Überfälle waren sie 1877 bereit, in ein Reservat im Indianer-Territorium umzusiedeln.

Zu diesem Zeitpunkt gab es rund 680 Ponca, die übrigens auch als »Heißland«-Ponca bezeichnet wurden.

36 weitere Stammesangehörige lebten mit den Omaha weiterhin in Nebraska. 1889 wurde dort ein neues Reservat eingerichtet, und einige der Ponca entschlossen sich, aus dem Indianer-Territorium dorthin zurückzukehren.

Potawatomi
Geographische Region: Nordosten (Wisconsin)
Sprachgruppe: Algonkin
Wohnstätte: Kuppelförmige Stroh-, Rinden- oder Fellhütte
Hauptnahrungsquellen: Jagd, Mais
Untergruppen: Citizen Potawatomi (Oklahoma), Prärie Potawatomi (Kansas), Forest Potawatomi (Wisconsin)
Der Stamm gehörte zu den Chippewa und den Ottawa. Als es zum ersten Kontakt mit Weißen kam, lebten sie in der Nähe der Green Bay in Wisconsin, zogen aber im späten 17. Jahrhundert südlich zum Michigan-See, wo sie Gebiete besiedelten, die früher den Illinois gehört hatten. Die Potawatomi waren mit den Franzosen verbündet und schlossen sich 1763 dem Ottawa-Häuptling Pontiac in dessen Aufstand gegen England an. Nach dessen Vernichtung und der französischen Niederlage schlug sich der Stamm auf die Seite Englands und kämpfte später gegen die USA.

Der größte Teil des Stammes, etwa 2.500 Menschen, wurde 1846 nach Kansas gebracht, doch einige wenige kehrten nach Wisconsin zurück, wo sie als Forest Potawatomi lebten. 1868 gingen viele von ihnen aus Kansas in das Indianer-Territorium; dort bezeichnete man sie als Citizen Potawatomi, jene in Kansas hießen von da an Prärie Potawatomi.

1908 lebten in Oklahoma 1.768 Stammesangehörige und 676 weitere in Kansas.

Für das Jahr 1985 lauten die entsprechenden Zahlen 1.910 und 1.326.

Powhatan
Geographische Region: Nordosten (Virginia und Maryland)
Sprachgruppe: Algonkin
Wohnstätte: Langhaus
Hauptnahrungsquelle: Mais

Die Powhatan hatten eine große Konföderation verschiedener Algonkin-Stämme aufgebaut, als sie zum ersten Mal auf einen Weißen stießen: John Smith war 1607 in der Neuen Welt angekommen, und gründete als erste Kolonie Jamestown. Er zählte damals 160 Powhatan-Dörfer und schätzte ihre Bevölkerungszahl auf etwa 8.000. Diese Siedlungen waren rund um zentrale Gemeindehäuser gebaut, die bis zu 30 Meter lang waren. An den Außenbereichen ihrer Dörfer baute der Stamm Korn und Tabak an.

Der wichtigste Häuptling des Stammes war zweifellos Wahusonacook (1550 bis 1618), auch bekannt als Häuptling Powhatan. Er wurde Stammesführer, als John Smith in Amerika ankam. Der Weiße wurde während einer Erkundungsexpedition von dem Häuptling gefangengenommen und fast getötet worden, wenn ihn nicht seine Tochter, Pocahontas, davon abgehalten hätte. Die Beziehungen zwischen dem Stamm und den Weißen verbesserten sich schließlich zusehends, nachdem Pocahontas zum Christentum übergetreten war und im April 1613 den Engländer John Rolfe geheiratet hatte.

Das Ehepaar kehrte 1616 nach England zurück, doch auf der Rückreise starb Pocahontas. Zwei Jahre später verstarb auch ihr Vater. Neuer Häuptling wurde sein Bruder Opechancano, der den Engländern sogleich den Krieg erklärte. Während der kommenden 14 Jahre zerstörten die Powhatan alle englischen Siedlungen in Virginia bis auf Jamestown und töteten insgesamt 374 Weiße. Opechancano brach schließlich sechs Jahre nach einem Friedensvertrag von 1636 diesen Bund und tötete in einem Überraschungsangriff über 500 Engländer. Doch in einem englischen Vergeltungsschlag wurde der Stamm vernichtet, dabei fand auch Opechancano den Tod.

In der Mitte des 18. Jahrhunderts waren die Powhatan durch Krankheiten, Heiraten in andere Stämme und Kriege mit Weißen und gegnerischen Indianern fast verschwunden.

Prärie Potawatomi (*siehe* Potawatomi)

Pswanwapam
Geographische Region: Großes Becken (Kernregion Washington)
Sprachgruppe: Penuti-Sahaptin
Wohnstätte: Erdhütte
Hauptnahrungsquelle: Fisch

Pueblo
Geographische Region: Südwesten (Neu-Mexiko)
Sprachgruppe: Uto-Aztekisch (Tano und Keres)
Wohnstätte: Lehmhaus (Pueblo)
Hauptnahrungsquellen: Wildpflanzen, Mais, Kleinwild

Der Begriff Pueblo stammt aus dem Spanischen und heißt Dorf. Ein Pueblo ist ein Komplex aus Lehmhäusern, meist untereinander verbunden und gelegentlich auch mehrstöckig angelegt – fast wie ein moderner Appartmentkomplex. Die Pueblo-Indianer sind also alle Stämme, die in Pueblos leben, insbesondere die tano- und keressprechenden Stämme im Rio Grande-Tal zwischen dem heutigen Santa Fe und Albuquerque in Neu-Mexiko sowie der Wüste westlich von Albuquerque. Auch die Hopi- und Zuni-Stämme sind mit den Pueblo verwandt, zumal sie ursprünglich auch in Pueblos lebten.

Oben: Pocahontas rettete John Smith das Leben. Als Erwachsene wurde sie Vermittlerin zwischen ihrem Vater, Häuptling Powhatan, und den Weißen. 1613 wurde sie von Kolonisten gefangengenommen, trat zum Christentum über und heiratete später den Engländer John Rolfe. Mit ihm besuchte sie auch England, starb aber auf der Rückreise 1617.

Ein Pueblo wird gewöhnlich an eine Felswand gebaut und besteht aus mehreren Häusern, die sich terassenförmig nach oben erweitern, wobei das Dach eines Hauses als Eingangsbereich oder Fußboden des nächsten dient. Einige Pueblos sind so dicht aneinandergesetzt, daß sie einen gesamten Stamm aufnehmen können.

Die Pueblo-Indianer waren seit Jahrhunderten Bauern, die Korn, Bohnen, Melonen und Tabak auf Feldern in einem Umkreis wenige Kilometer um ihre Dörfer anbauten. Außerdem jagten sie Wild und Kaninchen, nicht nur für die Fleischbeschaffung, sondern auch, um aus dem Leder Kleidung herzustellen.

Interessanterweise gehörte bei den Pueblo wirklich alles, bis hinunter zum Saatgut, den

Unten: Diese modernen Pueblo-Bauten ähneln den traditionellen Pueblos, die Indianer schon lange vor der Ankunft der Weißen im amerikanischen Südwesten errichteten. Die aus sonnengetrocknetem Lehm erbauten Pueblos boten Platz für mehrere Familien und wurden gewöhnlich in Höhlen oder auf Felsvorsprüngen erbaut. Aus dem Lehm fertigten die Pueblo-Indianer auch ihr Geschirr und Haushaltsgeräte. Die Kirche auf dem Bild erinnert daran, daß die Indianer jener Region allen Versuchen der Spanier, sie zum Christentum zu bekehren, 300 Jahre lang trotzen. Rechts: Dieser Mann und seine Frau von dem Laguna Pueblo tragen auf dieser Aufnahme aus dem vorigen Jahrhundert Stoffhosen und Ledermokassins. Das Kleid der Frau wurde immer über der rechten Schulter zusammengeknotet. Ein Beispiel für die Töpferkunst dieses Stammes ist im Vordergrund zu sehen.

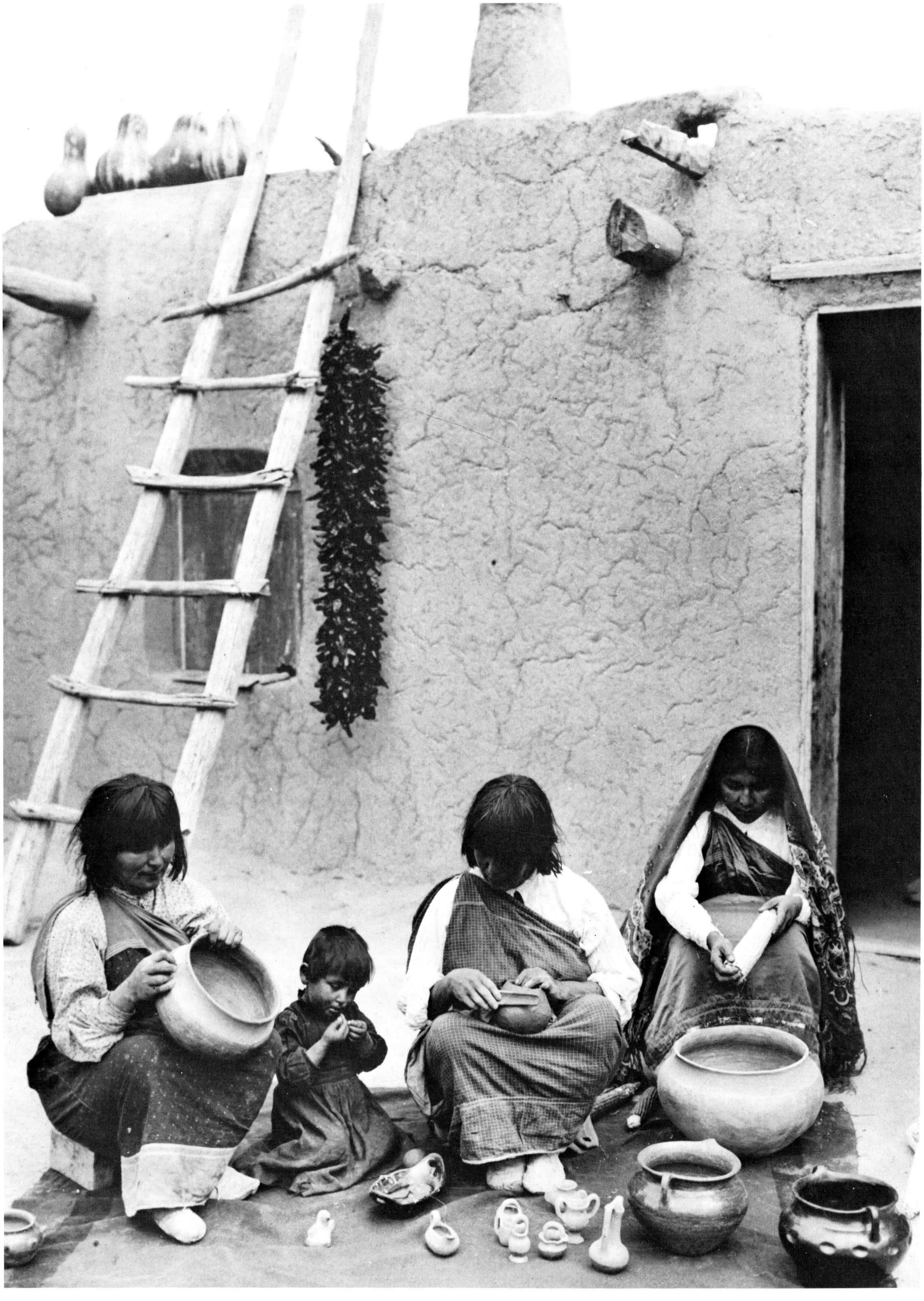

Frauen. Die Familien folgten immer der mütterlichen Linie: Ein männlicher Pueblo wurde Mitglied des Clans seiner Frau. Nur die Kinder seiner Geschwister blieben bei seiner Familie, während seine eigenen Kinder immer Mitglieder der Sippe seiner Ehefrau wurden. Die Männer waren bei den Pueblo für die Jagd verantwortlich und mußten das religiöse Leben des Stammes regeln.

Der erste Weiße, der auf Pueblo-Stämme stieß, war Cabeza de Vaca, ein spanischer Hauptmann, der mit seinen Männern von der texanischen Küste aus einen 1.600 Kilometer langen Marsch quer durch den Südwesten unternahm, um einen spanischen Außenposten zu finden. Nachdem er die Zivilisation endlich wieder erreicht hatte, erzählte er überall von sieben Städten aus Gold, die er gesehen haben wollte. Wahrscheinlich war dies nichts anderes als die glitzernde Nachtmittagssonne gewesen, die sich auf den Lehmwänden irgendeiner Pueblo-Siedlung gespiegelt hatte. 1540 führte Francisco Vasquez de Coronado eine berittene Expedition in das nördliche Rio Grande-Flußtal, wo es – in der Nähe des heutigen Albuquerque – zahlreiche Pueblo-Siedlungen gab. Coronado durchsuchte alle diese Dörfer nach Gold, fand aber nur Korn und Melonen.

Die Missionare begannen später mit ihrer Arbeit an den überlebenden »Wilden«, die die grausamen spanischen Eroberer nach ihren Expeditionen am Leben gelassen hatten, und gründeten in der Nähe vieler Pueblos auch spanische Siedlungen. 1680 entfesselten die Indianer jedoch einen Aufstand und zerstörten den spanischen Handelsposten Santa Fe. Zwölf Jahre später kehrten die Spanier zurück. Diesmal blieben sie für immer.

Obwohl das meiste der indianischen Kultur in ganz Nordamerika zerstört worden ist, hat sich vieles davon im Südwesten der USA erhalten.

Die Pueblos sind teilweise noch heute bewohnt und gelten damit als die ältesten, ständig genutzten Siedlungen Nordamerikas. Zwar gibt es in diesen Siedlungen auch Spuren der modernen Zivilisation, etwa Elektrizität oder Autos, doch erstaunlicherweise ist das Leben so geblieben, wie es schon vor Jahrhunderten ausgesehen haben muß.

Gegenüberliegend: Einwohner der Santa Clara Pueblo in Neu-Mexiko beim Töpfern. Oben rechts: Ein Jemez Pueblo-Stammesältester und seine Tochter bei einer indianischen Gedenkfeier in Neu-Mexiko. Unten rechts: Zwei Acamo Pueblo-Einwohner treiben ihren Esel nach Hause.

Links: Dieses Beispiel der Acoma Pueblo-Töpferkunst unterscheidet sich mit seinen komplizierten, geschwungenen Mustern eindeutig von den geometrischen Figuren der Laguna Pueblo-Arbeiten (rechts). Als es immer mehr Farben gab, wichen die strengen, klaren Linien naturalistischen Formen, wie Blättern und Vögeln. Viele Bildmotive ähneln sich, doch jedes Pueblo hatte seine ureigenen Motive.

	Bevölkerung 1970	*Bevölkerung 1985*	*Dialekt*
Rio Grande Pueblos			
(Nord Pueblo-Behörde)			
Nambe	237	391	Tano
Picuris	165	154	Tano
Projoaque	60	83	Tano
San Ildefonso	319	612	Tano
San Juan	1255	1821	Tano
Santa Clara	916	2622	Tano
Taos	1470	1718	Tano
Tesque	231	304	Tano
(Süd Pueblo-Behörde)			
Cochiti	700	907*	Keres
Isleta	2356	3401	Tano
Jemez	1528	2177	Tano
Sandia	211	248	Tano
San Felipe	1340	2051*	Keres
Santo Domingo	2058	3186	Keres
Zia	479	616	Keres
West Pueblos**			
(Süd Pueblo-Behörde)			
Acoma	2512	3195	Keres
(Laguna-Behörde)			
Laguna	4432	6764	Keres
Puebloverwandte Stämme**			
Hopi**	6000	8952	Shoshone
Zuni	5352	7754	Zuni

* Daten von 1982; ** Die größeren Hopi- und Zuni-Stämme unterscheiden sich sprachlich von den Pueblo, wohnen aber auch in Pueblobauten.

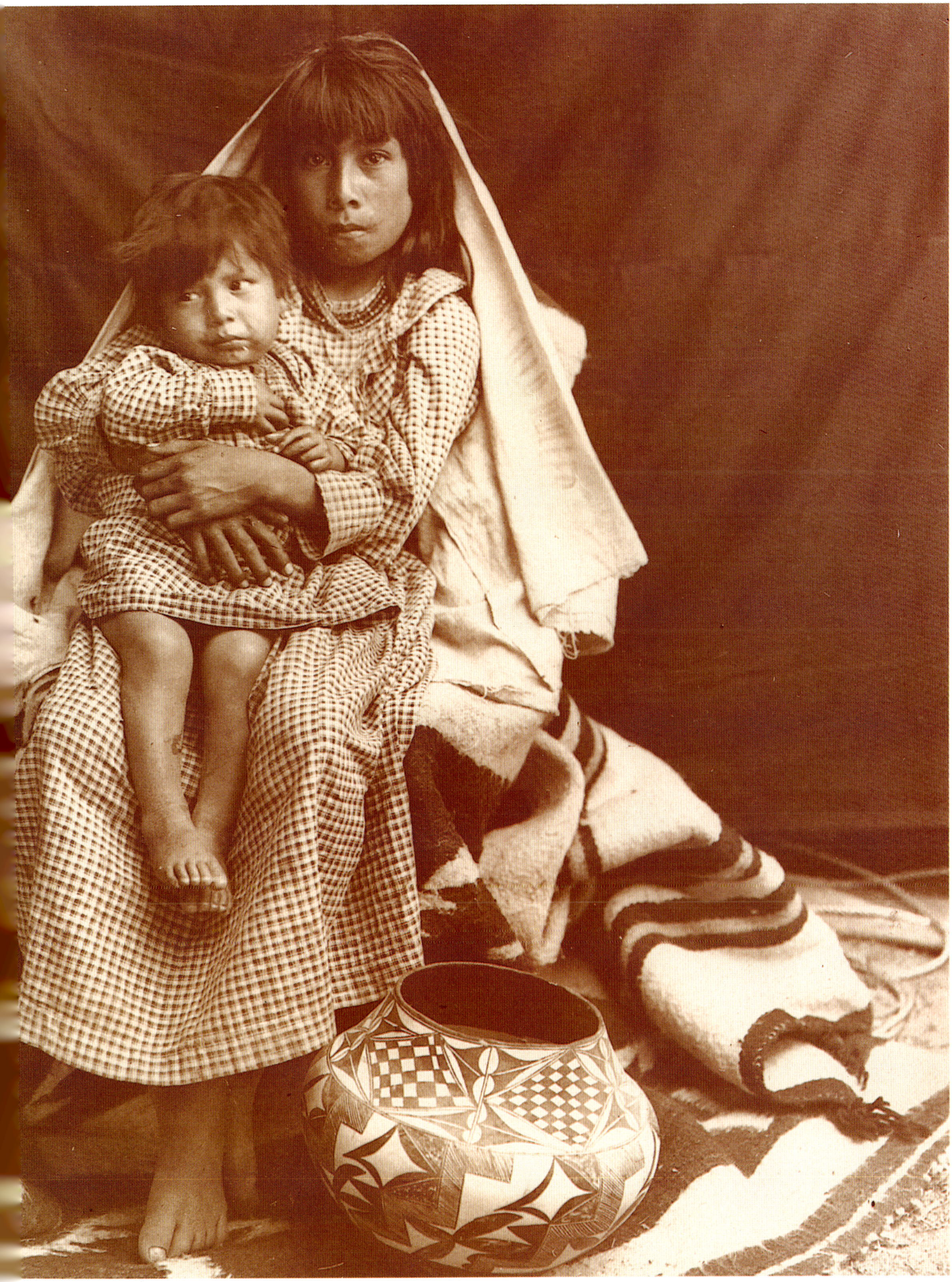

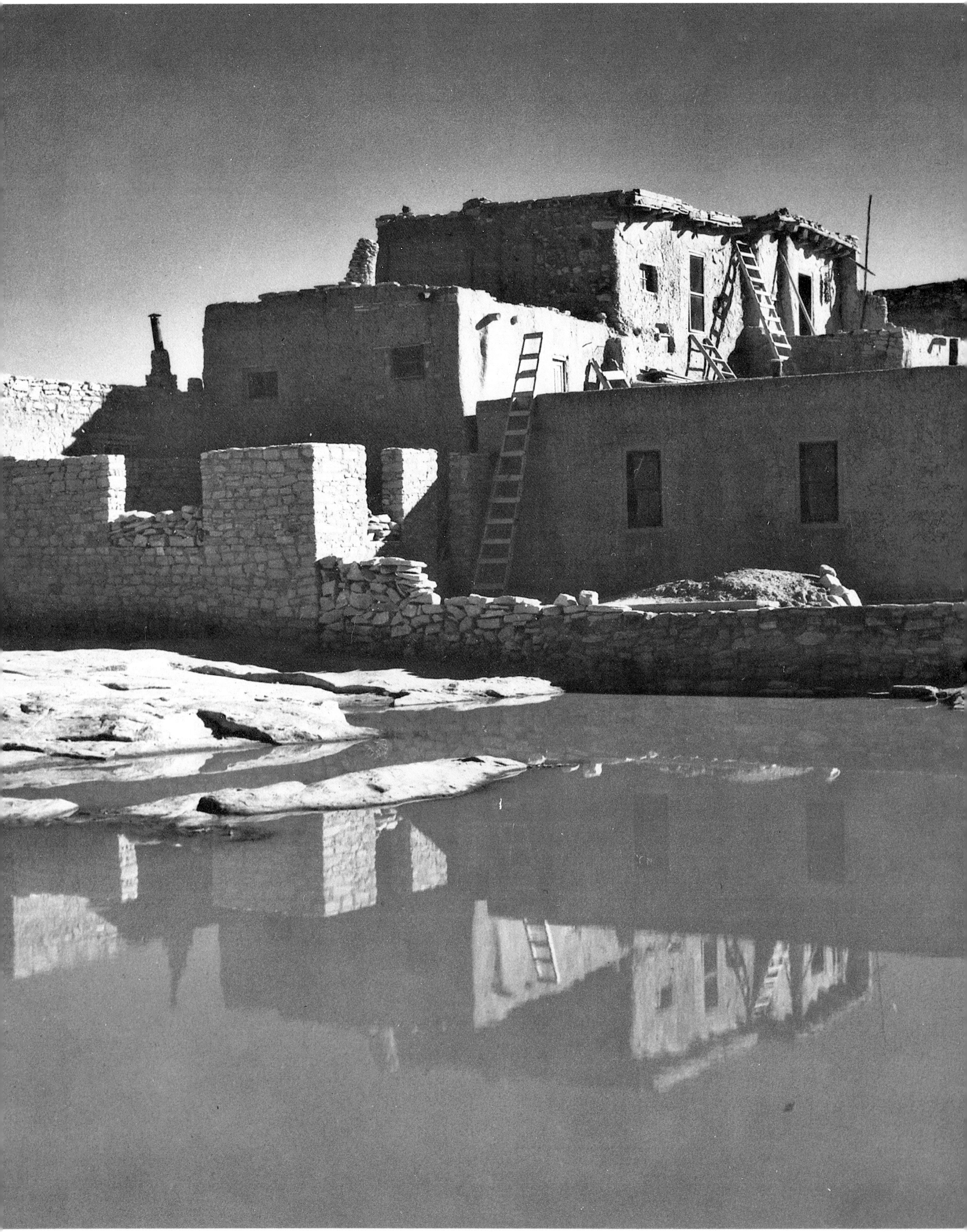

Die Stadt Taos in Neu-Mexiko, in der Nähe des Taos Pueblo gelegen, wurde 1984 als einer der vier größten Kunstmärkte der Welt (in bezug auf den Umsatz) eingestuft – nur Paris, New York und das benachbarte Santa Fe übertreffen diesen Markt.

Viele der dort gehandelten Kunstwerke enthalten traditionelle indianische Motive und werden von indianischen Künstlern hergestellt.

Punka (*siehe* Ponca)

Puyallup
Geographische Region: Nordwestküste (südlicher Puget-Sund, Washington)
Sprachgruppe: Salishan
Wohnstätte: Blockhaus
Hauptnahrungsquelle: Fisch
Der Stammesname meint »großzügiges Volk« und wurde später auf eine Stadt in der Nähe von Tacoma im US-Bundesstaat Washington übertragen. Der Puyallup-Stamm lebt noch heute in einem dortigen Reservat; 1985 hatte es eine Bevölkerungszahl von 7.158 Menschen.

Gegenüberliegend: Auf diesem Foto von Ansel Adams (1936) spiegelt sich der Acoma Pueblo voller Ruhe auf der Wasseroberfläche. Unten: Ein Bewohner der Cochiti Pueblo in Neu-Mexiko baut sein Haus aus sonnengetrockneten Lehmziegeln. Die Räume werden dort angefügt, wo sie benötigt werden oder Platz ist. Die Pueblo-Stämme waren keine Nomadenvölker und bauten ihre Häuser für die Ewigkeit – einige Pueblos sind 700 Jahre alt. Ganz unten: Eine Frau der San Ildefonso Pueblo-Indianer backt Brot.

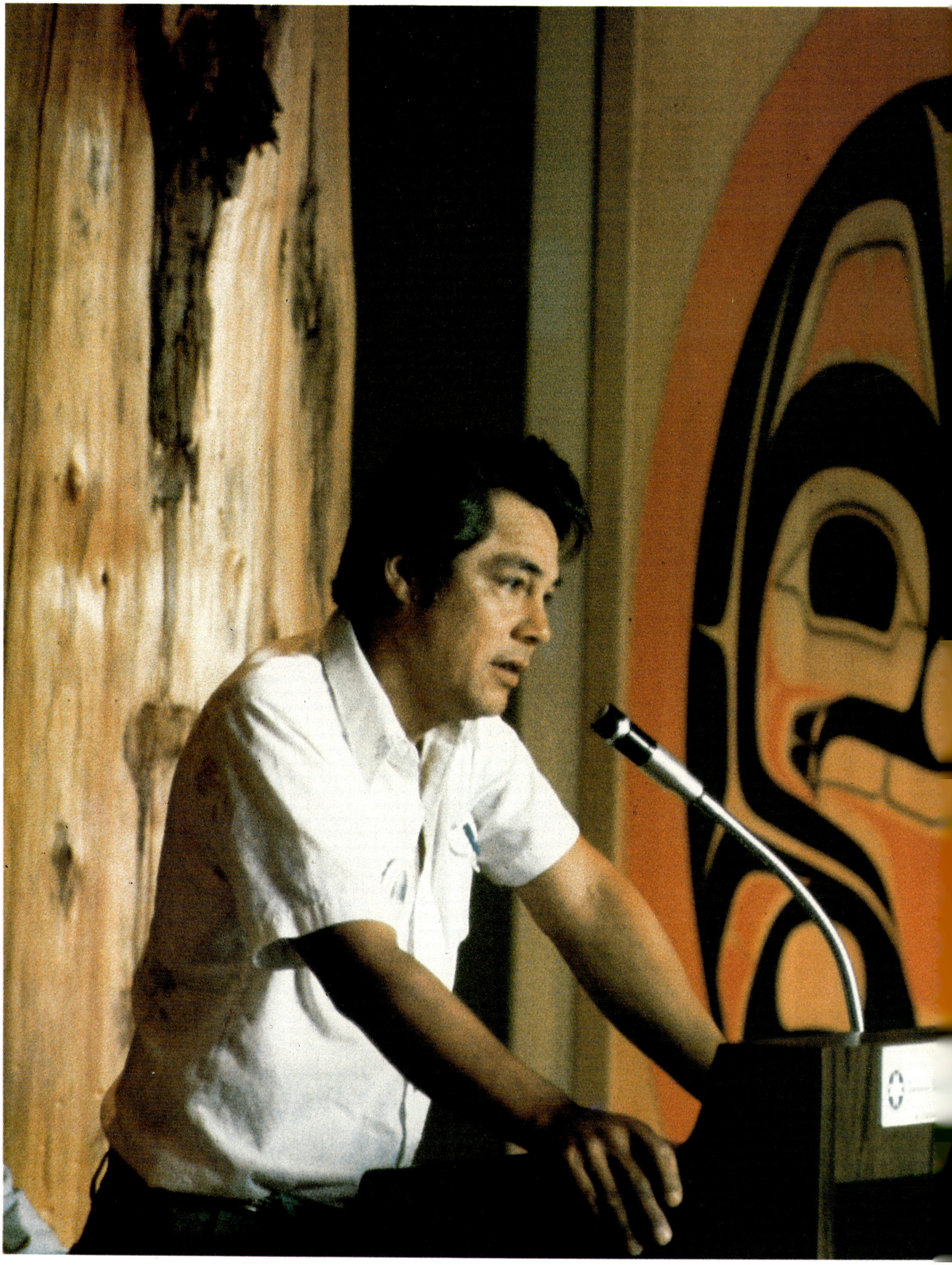

Gegenüberliegende Seite: Joe DeLaCruz, Vorsitzender des Quinault-Rates, bei einer Rede im Indian Daybreak Center Seattle. Der Stamm erhielt seine ursprünglichen Gebiete dank der Umweltschutzbewegung wieder.

Oben: Oliver Mason, Häuptling des Quinault-Volkes und direkter Nachkomme des Quinault-Häuptlings Taholah. Unten: Eine Quinault-Forsttruppe pflanzt neue Douglastannen, um die Erosion zu verhindern.

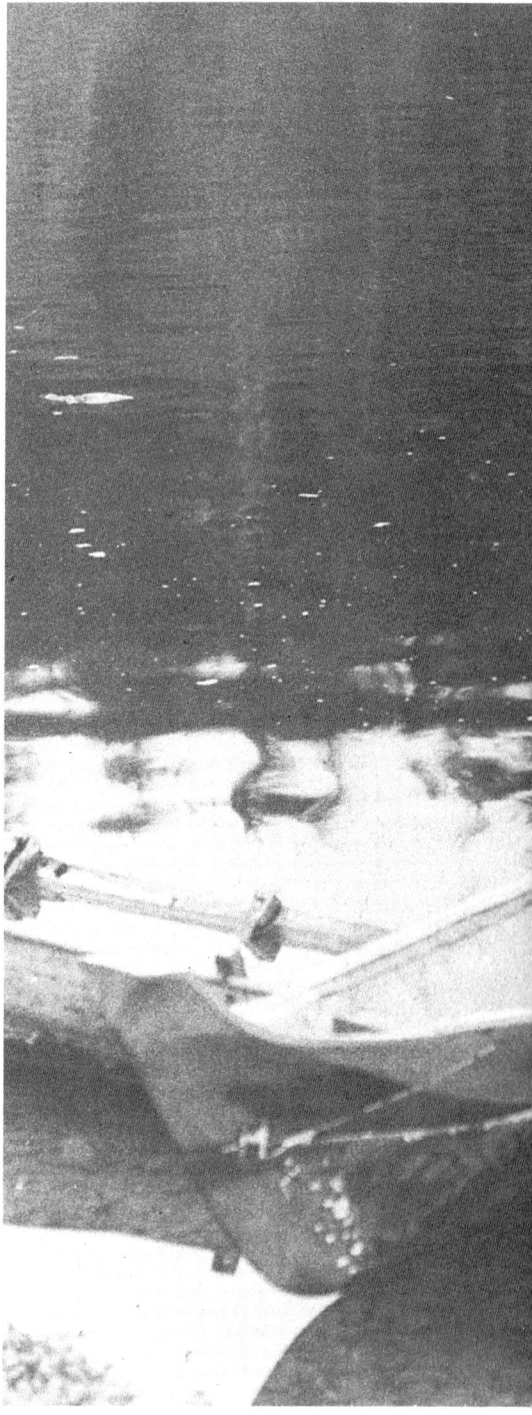

Oben links: Der Quinault-Indianer Johnni Saux präsentiert stolz einen Lachs (1936). Oben rechts: Frank Tlyasman probiert ein neues Kanu aus; das Foto entstand im Quinault-Territorium in Taholah, Washington.

Q

Quapaw (Pacaha, Capaha)
Geographische Region: Plains und Pärien (nördliches Arkansa)
Sprachgruppe: Sioux-Dhegiha
Wohnstätte: Kuppelförmige Rindenhütte
Hauptnahrungsquelle: Mais

Der Name Quapaw leitet sich von dem Begriff *Ugakhpa* ab, er bedeutet so viel wie »Volk am unteren Flußluf«. Diese Bezeichnung wurde auf den Stamm angewendet, der am Mississippi, in der Nähe der Mündung des Arkansas-Flusses lebte. De Soto traf 1541 zum ersten Mal auf diese Indianer. Die Quapaw stammen von den Sioux ab und sprechen denselben Sioux-Dialekt wie die Osage, Omaha, Ponca und Kansa. 1673 verhielten sie sich gegenüber den französischen Forschern Jacques Marquette und Louis Joliet friedlich.

Die Quapaw gaben schon 1818 den größten Teil ihres Landes an die USA ab und erhielten ein kleines Reservat am unteren Arkansas-Fluß. 1824 verkauften sie dieses Reservat und schlossen sich mit den Caddo zusammen. Letztere zogen in das Indianer-Territorium, wo sie unter den Osage lebten. Ein eigenes Gebiet innerhalb dieses Territoriums wurde 1852 für den Stamm vorgesehen, konnte aber wegen des Bürgerkrieges nicht realisiert werden. Deshalb lebten bis 1878 die meisten Stammesangehörigen nach wie vor unter den Osage. Zwischen 1887 und 1893 wurde dieses Gebiet unter den einzelnen Stammesangehörigen aufgeteilt, und eine eigene Quapaw-Behörde eingerichtet. 1784 gab es nach spanischen Angaben 708 Quapaw, 1843 476 und 1885, nach entbehrungsreichen Jahrzehnten, nur noch 174 Indianer. Heute leben in Oklahoma etwa 1.300 Quapaw.

Quechan
Geographische Region: Südöstliches Kalifornien
Sprachgruppe: Hoka-Yuma
Wohnstätte: Kuppelförmige Stroh-, Rinden- oder Fellhütte
Hauptnahrungsquellen: Wildpflanzen, Kleinwild

Queets (*siehe* Quinault)

Quileute

Geographische Region: Nordwestküste (westliches Washington)
Sprachgruppe: Salishan
Wohnstätte: Blockhaus
Hauptnahrungsquelle: Fisch
1985 lebten im Quileute-Reservat 383 Menschen. (*Siehe auch* Quinault).

Quinault

Geographische Region: Nordwestküste (westliches Washington)
Sprachgruppe: Salishan
Wohnstätte: Blockhaus
Hauptnahrungsquelle: Fisch
Untergruppen: Quileute, Queets
Die Quinault sind verwandt mit den Quileute, Chehalis und Chinook. Das Quinault-Volk lebt heute an der Pazifikküste der Olympia-Halbinsel des US-Bundesstaates Washington, dem Ursprungsgebiet des Stammes. Damit gehören sie zu den wenigen Indianern in Nordamerika, die – wie sie selber sagen – »glücklich sein können, auf denselben Ufern zu gehen, durch dieselben Gewässer zu paddeln und in denselben Jagdgründen zu jagen, wie schon ihre Vorfahren.«

Die Quinault lebten traditionellerweise in Langhäusern, die aus rotem Zedernholz gebaut wurden und fischten Lachs sowie Forellen. Ihre Zedernholzkanus reichten von kleinen Flußbooten bis hin zu ozeantauglichen Großkanus.

Die Spanier trafen den Stamm zum ersten Mal am 16. Juli 1775, in der Nähe der heutigen Stadt Moclips. Vier Jahre später, nach der ersten blutigen Auseinandersetzung mit den Weißen, errichteten die Spanier eine Missionsstation. Später gründete die US-Regierung ein Quinault-Reservat, das dem ursprünglichen Land des Stammes entsprach und dessen Größe durch einen Vertrag vom 1. Juli 1885 festgelegt wurde. Nach 1890 waren allerdings alle Bemühungen gescheitert, auch die restlichen Stämme dieser Küstenregion in diesem einen Reservat unterzubringen.

Seit 1922 begann auch im Quinault-Reservat eine großangelegte wirtschaftliche Nutzung der Wälder. Da es kein geplantes Vorgehen gab, wurde aus den abgeholzten Flächen oft genug nutzloses Brachland. Auch zahllose große Waldbrände vernichteten in den folgenden zwei Jahrzehnten viel von den wertvollen Wäldern.

Doch seit 1974 hat ein Forstprogramm den Umgang mit dem Wald völlig verändert: Dank der Hilfe der privaten Industrie, Regierungsbehörden und wissenschaftlichen Instituten verwertet man heute die Wälder der Quinault wirtschaftlich so optimal wie möglich. Im Ministerium für Naturschätze wurde außerdem eine eigene Abteilung für diese Waldbestände eingerichtet.

Obwohl sie das größte wirtschaftliche Kapital des Stammes darstellen, wurden auch andere Naturschätze bewahrt: Dazu gehört die Küste des Reservats, die aus Naturschutzgründen für die Öffentlichkeit gesperrt wurde, so daß sich die Landschaft so ursprünglich wie möglich erhalten läßt.

Allerdings ist es dennoch gestattet, diese Gegenden zu besuchen und sogar am Quinault-See zu fischen, doch eine Genehmigung und ortskundige Führer sind dabei unverzichtbar. Und die indianische Firma *Quinault Tribal Enterprises* vertreibt zudem Fischprodukte aus dem Reservat unter dem stolzen Markennamen *Quinault Pride*. Dazu gehören Lachs, Austern, Muscheln – meist nach alter Stammestradition geräuchert. 1985 lebten im Quinault-Reservat 2.013 Menschen. Fünfzehn Jahre zuvor waren es nur halb soviel gewesen.

Oben: Lachszubereitung nach Quinault-Art. Rechts: Quinaults sammeln Lachseier für die Lachszucht.

Quiveras (*siehe* Pawnee)

Quon-di-ats (*siehe* Ute)

R

River (*siehe* Mahican)

River Patwin (*siehe* Patwin)

River Wintun (*siehe* Wintun)

Rock Creek
Geographische Region: Großes Becken (Zentralregion Oregon, entlang des Columbia-Flusses)
Sprachgruppe: Penuti-Sahaptin
Wohnstätte: Einfaches Tipi
Hauptnahrungsquelle: Mischung aus tierischer und pflanzlicher Nahrung

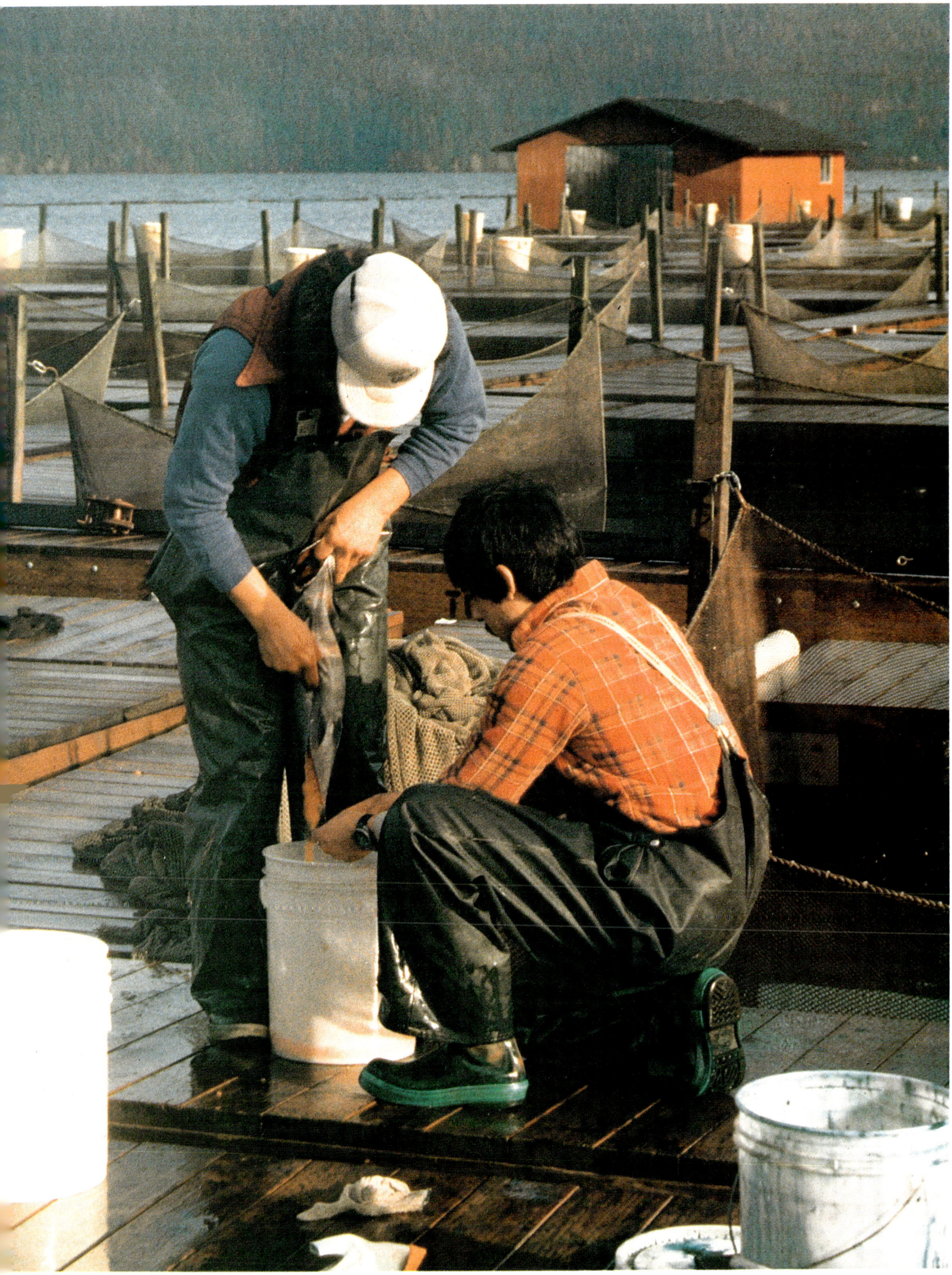

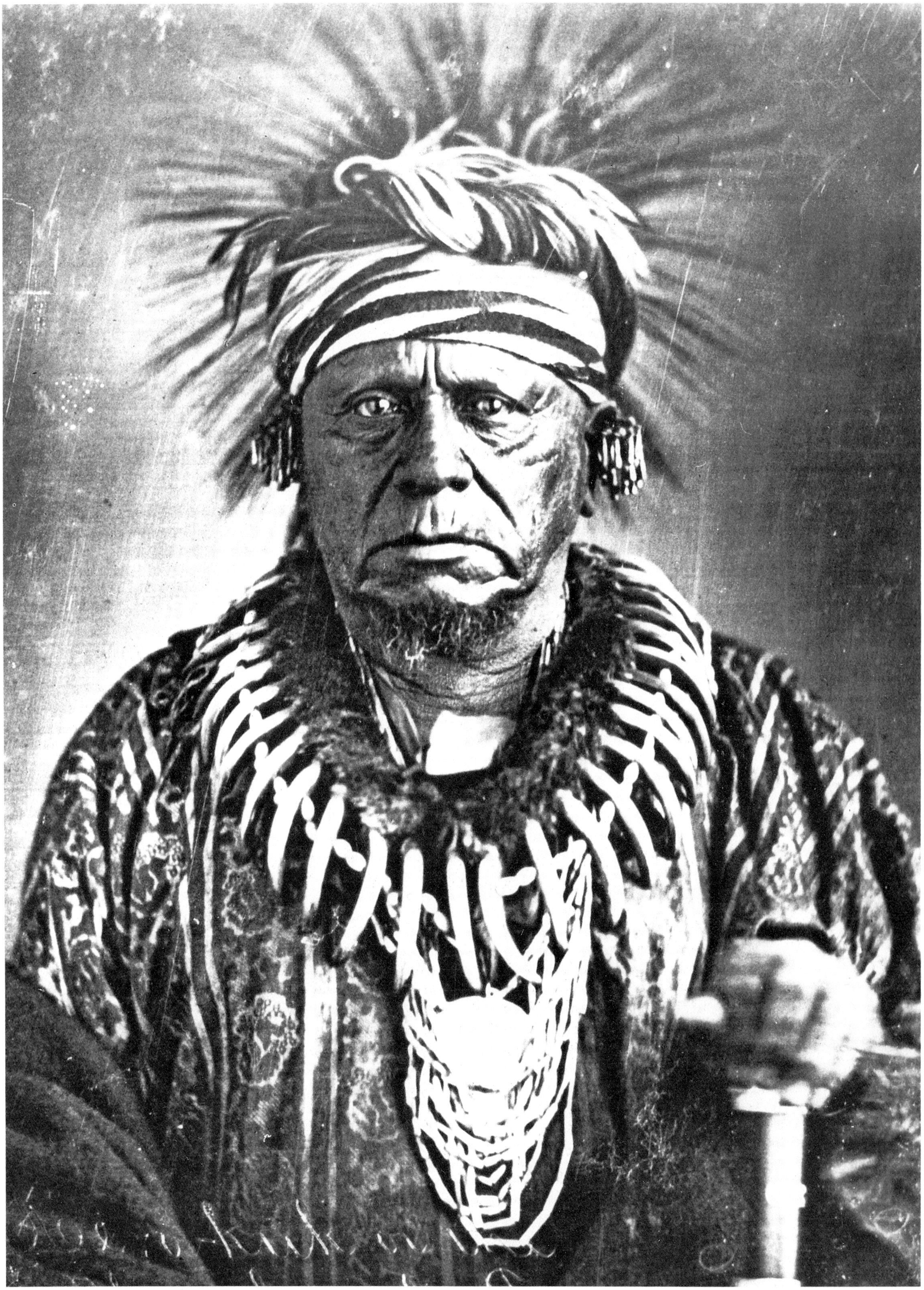

S

Sac (*siehe* Sauk)

Sahaptin (*siehe* Nez Percé)

St. Lawrence Island Eskimo (*siehe* Eskimo)

Salina (Salinan)
Geographische Region: Kalifornien (Salinas-Fluß)
Sprachgruppe: Hoka
Wohnstätte: Kuppelförmige Stroh-, Rinden- oder Fellhütte
Hauptnahrungsquelle: Eicheln

Sallumiut (Baffin Island Eskimo, *siehe* Eskimo)

Salteaux (*siehe* Chippewa)

Samish
Geographische Region: Nordwestküste (Puget-Sund, Washington)
Sprachgruppe: Salishan
Wohnstätte: Blockhaus
Hauptnahrungsquelle: Fisch

Sandia Pueblo (*siehe* Pueblo)

San Felipe Pueblo (*siehe* Pueblo)

San Ildefonso Pueblo (*siehe* Pueblo)

San Juan Pueblo (*siehe* Pueblo)

San Nicoleno
Geographische Region: Südöstliches Kalifornien
Sprachgruppe: Uto-Aztekisch
Wohnstätte: Kuppelförmige Stroh-, Rinden- oder Fellhutte
Hauptnahrungsquellen: Eicheln, Mais
Der Stamm war einer der »missionierten Völker«, da sie schon sehr bald nach der Ankunft der Spanier in Kalifornien Religion und Kultur der Weißen übernahmen. Nach einer Übersicht von Alfred Koerber aus dem Jahre 1925 hatte der Stamm, gemeinsam mit den Gabrieeno und den Fernandeno eine Bevölkerung von 5.000 Menschen.

Gegenüberliegende Seite: Eine Daguerreotype (1847) des Sauk-Häuptlings Kiyokaga. Um einen Krieg zu vermeiden, gaben die Sauks ihre Gebiete in Michigan an die USA ab und zogen in die Plains. Damit hatte der letzte Stamm sein Gebiet im Nordosten abgetreten.

Sanpoil
Geographische Region: Großes Becken (südliches British Columbia)
Sprachgruppe: Salishan
Wohnstätte: Erdhütte
Hauptnahrungsquellen: Fisch, Großwild

Sans Arc (*siehe* Sioux)

Santa Ana Pueblo (*siehe* Pueblo)

Santa Clara Pueblo (*siehe* Pueblo)

Santee Sioux (*siehe* Sioux)

Santo Domingo Pueblo (*siehe* Pueblo)

Sanya (*siehe* Tlingit)

Sarsi
Geographische Region: Plains und Prärien (Oberer Saskatchewan)
Sprachgruppe: Athapaskisch (isoliert)
Wohnstätte: Plains-Tipi
Hauptnahrungsquelle: Büffel

Satsop
Geographische Region: Nordwestküste (Küste von Washington)
Sprachgruppe: Salishan
Wohnstätte: Blockhaus
Hauptnahrungsquelle: Fisch

Satudene (*siehe* Bear Lake)

Sauk (Sak)
Geographische Region: Nordosten (Wisconsin)
Sprachgruppe: Algonkin
Wohnstätte: Kuppelförmige Stroh-, Rinden- oder Fellhütte
Hauptnahrungsquellen: Jagd, Mais
Der Stamm lebte ursprünglich im östlichen Michigan, zog aber im 18. Jahrhundert nach Wisconsin, wo er sich mit den Fox verbündete. Doch in den ersten Jahrzehnten des folgenden Jahrhunderts gingen die Fox ohne den Stamm nach Iowa. 1832 erklärte eine Sauk-Indianergruppe unter Häuptling Black Hawk den Weißen den Krieg. Black Hawk hatte schon unter Tecumseh gekämpft und sah sich selbst bereits als Kopf einer großen Konföderation verschiedener Indianerstämme, wie es Tecumseh und Pontiac vor ihm getan hatten.

Allerdings zeigte sich, daß er es nicht schaffen sollte, die Unterstützung der Fox oder eines großen Teils seines eigenes Stammes zu bekommen – die Sauk blieben unter ihrem Häuptling Keokuk den Weißen gegenüber friedlich. So wurde aus Black Hawks Krieg eine Reihe von verlustreichen Schlachten gegen die US-Armee, der er am 3. August 1832 endgültig unterlag. Der Häuptling wurde gefangengenommen, US-Präsident Andrew Jackson erkannte Keokuk als den alleinigen Sauk-Häuptling an. Der Stamm wurde gemeinsam mit den Fox zunächst nach Iowa und dann nach Kansas gebracht.

Die politische Verbindung zwischen beiden Stämmen zerbrach 1859, und die Fox zogen wiederum nach Iowa. Acht Jahre später gaben die Sauk ihre Gebiete in Kansas an die US-Regierung ab und erhielten dafür ein Reservat im Indianer-Territorium. Zum letzten Mal verbündeten sich die Stämme 1885 unter Häuptling Ukquahoko. Der berühmte Anthropologe der Columbia-Universität, William Jones, war übrigens ein Stammesangehöriger; genauso wie Jim Thorpe, der bei den Olympischen Spielen 1912 in Stockholm den Penthalon und den Decathlon gewann. 1940 betrug die Bevölkerung beider Stämme 1.512. Von insgesamt 2.041 Indianern lebten 1970 795 in Iowa, 250 in Kansas und 996 in Oklahoma. 1985 gab es 1.842 Sauk und Fox.

Sawokli (*siehe* Seminole)

Secotan
Geographische Region: Nordosten
Sprachgruppe: Irokesisch
Wohnstätte: Langhaus
Hauptnahrungsquelle: Mais

Sekani
Geographische Region: Subarktis (östliche Gebirge der Zentralregion in British Columbia)
Sprachgruppe: Athapaskisch
Wohnstätte: Doppeltes Pultdach, einfaches Tipi
Hauptnahrungsquellen: Karibu, Elch

Selawikmiut (Nordalaskanische Eskimo, *siehe* Eskimo)

Semiahmoo
Geographische Region: Nordwestküste (nordwestliches Washington und Grenzgebiet zu British Columbia)
Sprachgruppe: Salishan
Wohnstätte: Blockhaus
Hauptnahrungsquelle: Fisch

Seminolen
Geographische Region: Südosten (Florida)
Sprachgruppe: Muskhogee
Wohnstätte: Strohhaus
Hauptnahrungsquelle: Mischung aus Wildpflanzen und Landwirtschaft
Untergruppen: Alachua, Apalachee, Apachicola, Ays, Chiaha, Mayucas, Mikasuki (Miccosukee), Ocone (Oconee), Sawokli, Tegesta, Timuqan, Tocabago
Die Seminolen waren ursprünglich eine

Oben: Obwohl dieses Gemälde von George Catlin einen Krieger in voller Kriegsbemalung zeigt, war der dargestellte Häuptling Keokuk doch sehr friedlich. Er wurde zweimal, 1833 und 1837, nach Washington eingeladen. Sein Rivale, Häuptling Black Hawk, diente im Krieg 1812 den Briten und kämpfte später gegen die amerikanischen Siedler. Jackson erkannte Keokuk als den Häuptling der Sauks an und schickte den Stamm nach Kansas.

Gegenüberliegende Seite: Osceola, ein junger Krieger, übernahm die Führung des Seminolen-Stammes, um ihr Land gegen die US-Regierung zu verteidigen. Als er einen Vertrag mit seinem Messer durchtrennte, wurde er ins Gefängnis geworfen, konnte befreit werden und führte von den Sümpfen aus einen Guerilla-Krieg. 1837 wurde er bei einem Friedensrat verraten, festgenommen und ins Gefängnis gesteckt.

147

Stammesgruppe der Creek, dessen Sprache sie auch sprechen. Ihr Name ist aus dem Creek-Wort für »Entlaufener« abgeleitet. Der Kern der Seminolen war die Ocone-Stammesgruppe, die seit dem späten 17. Jahrhundert am gleichnamigen Fluß in Georgia lebte. Gegen Ende dieses Jahrhunderts bewegten sich die Seminolen Richtung Süden und wurden schließlich zum beherrschenden Stamm Floridas. Er wurde sogar noch größer, als er entlaufene Sklaven und Creek-Indianer nach dem Creek-Krieg 1813/14 aufnahm.

Zu dieser Zeit beklagten sich die ersten amerikanischen Siedler, daß die spanische Regierung, der Florida als Kolonie damals unterstand, nichts tat, um die Überfälle der Seminolen auf amerikanischem Boden zu verhindern. Die US-Armee startete daraufhin 1816 eine Strafexpedition, die zum ersten Seminolen-Krieg führte und mit der unrechtmäßigen amerikanischen Invasion Floridas durch General Andrew Jackson endete. Jackson war es allerdings gelungen, die Übergriffe der Seminolen für eine gewisse Zeit zu stoppen. Außerdem hatte dieser Krieg letztlich dazu beigetragen, daß Spanien die Kolonie Florida an die USA verkaufte.

Doch der Guerilla-Krieg setzte sich fort. In den 1820er Jahren fort; erst 1832 schien sich die Lage beruhigt zu haben: Mit den Verträgen von Payne's Landing (1832) und Fort Gibson (1834) stimmten die Seminolen ihrer Umsiedlung in Gebiete westlich des Mississippi zu, sobald dort neues Land verfügbar war. Doch im November 1835 begann Häuptling Osceola (1804–1838) den zweiten Seminolen-Krieg, indem er einen rivalisierenden Häuptling, der auf eine

Oben: Zwei Seminolenfrauen kochen Zuckerrohrsirup (1941).
Gegenüberliegend: Micanopy, ein Seminolen-Häuptling. Trotz der Friedensmedaille an seiner Brust war er sehr kriegerisch.

Ausgleichspolitik gegenüber den Weißen gesetzt hatte, umbrachte und eine US-Armeeeinheit massakrierte.

Die USA schickten eine 10.000 Mann-Truppe in die Sümpfe und Dschungel Floridas, um die 4.000 Krieger des Osceola zu finden. Ihm gab man übrigens bald den Spitznamen »Schlange der Everglades«. Im März 1837, nach einem Jahr des Kampfes, waren die Seminolen fast besiegt. Osceola selbst wurde im Oktober aufgespürt und in Fort Moultrie in Ketten gelegt, wo er schließlich starb. Ein Friedensvertrag von

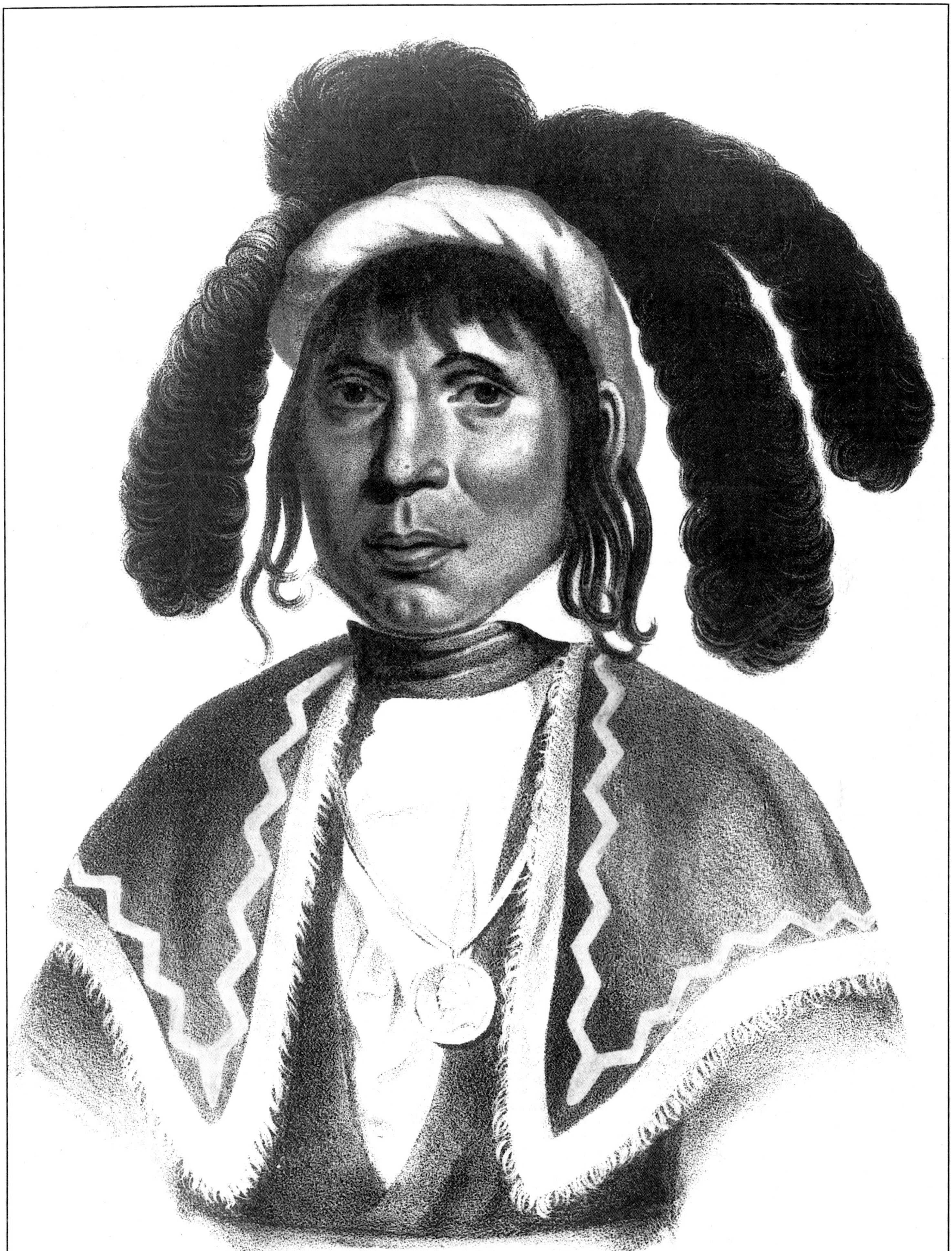

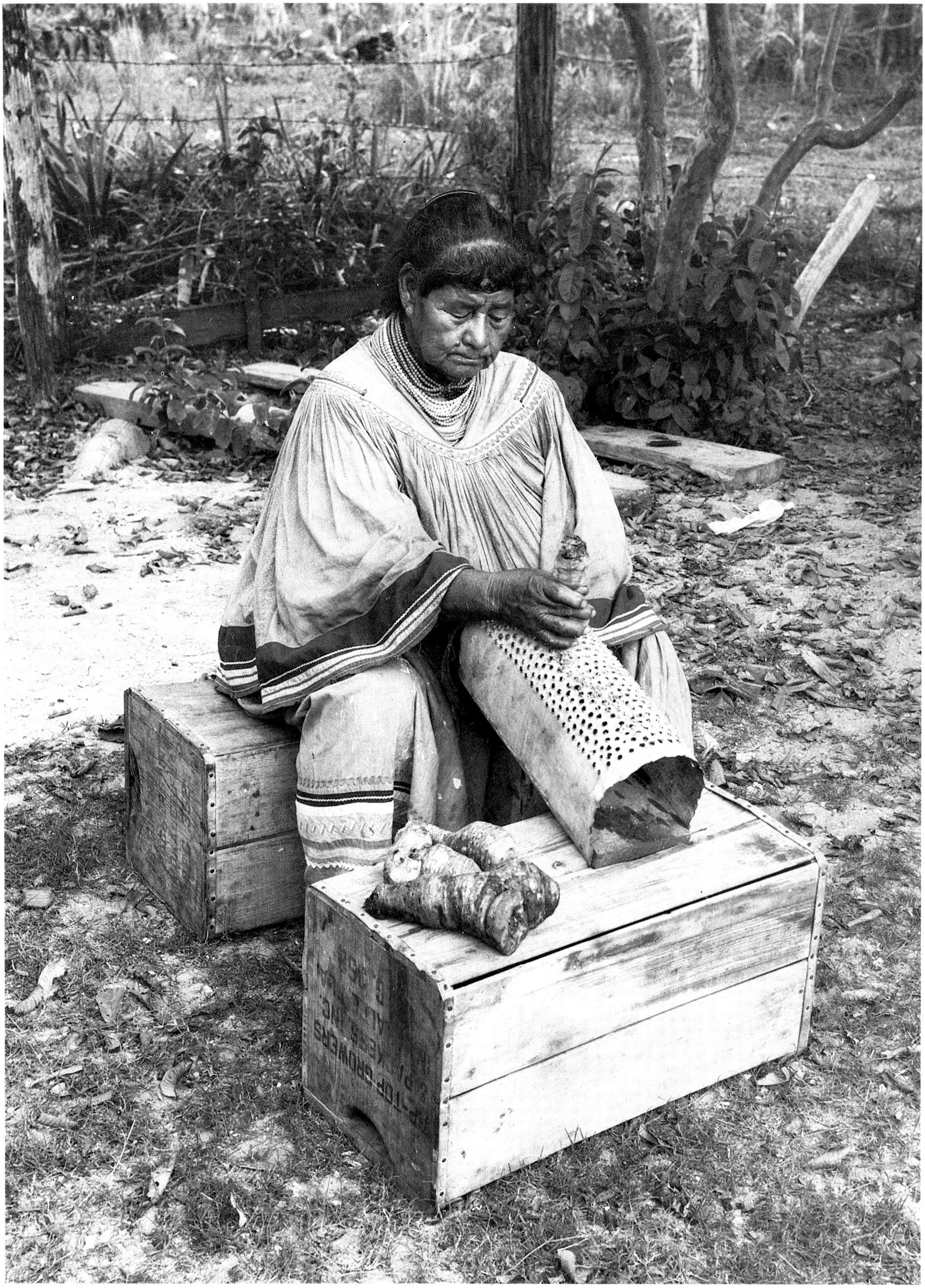

Gegenüberliegend: Eine Seminolen-Frau raspelt kunti-Wurzeln. Oben: Billy Bowlegs, Führer des Stammes während des dritten Seminolen-Krieges.

1839 räumte dem Stamm das Recht ein, in Florida zu bleiben, anstatt in den Westen gehen zu müssen. Doch die Seminolen brachen diesen Vertrag sogleich, und nach dem zweiten Seminolen-Krieg, der 1842 ein Ende fand, wurden von den 4.230 Stammesangehörigen über 3.900 in das Indianer-Territorium geschafft. Die in Florida verbleibenden Seminolen verhinderten ihre Gefangennahme, bis die US-Regierung schließlich aufgab. Als 1934 ein Vertrag mit dem Stamm unterzeichnet wurde, veröffentlichte man ihn in dem Bewußtsein, daß er im Grunde den längsten Krieg in der Geschichte beendet hatte.

Die Seminolen im Indianer-Territorium wurden 1845 unter die Verwaltung der Creek-Behörde gestellt. Sie akzeptieren dies natürlich nur widerwillig und erhielten 1856 ein eigenes Reservat im Territorium. Zehn Jahre später, nachdem sie während des Bürgerkrieges auf Seiten der Südstaaten gekämpft hatten, verkauften sie ihre Gebiete und erwarben neues Land, das später Teil des US-Bundesstaates Oklahoma wurde.

Die erste US-Zählung der Stammesbevölkerung 1823 ergab 4.883 Mitglieder. 1906 lebten in Oklahoma rund 2.100 Seminolen, 1950 etwa halb soviel und 800 in Florida. Heute (1985) leben in Oklahoma wieder 3.869 Stammesangehörige und 1.376 in Florida.

Seneca (siehe Irokesen)

Serrano
Geographische Region: Südwestliches Kalifornien
Sprachgruppe: Uto-Aztekisch
Wohnstätte: Kuppelförmige Stroh-, Rinden- oder Fellhütte
Hauptnahrungsquelle: Mischung aus tierischer und pflanzlicher Nahrung

Auch die Serrano gehörten zu den »Missionsvölkern«, die schon bald nach der Ankunft der Spanier die Kultur und die Religion der Weißen übernahmen. 1882 lebten in Kalifornien 381 Stammesangehörige.

Shasta
Geographische Region: Nordwestliches Kalifornien
Sprachgruppe: Hoka-Shasta
Wohnstätte: Erdhütte
Hauptnahrungsquelle: Mischung aus tierischer und pflanzlicher Nahrung

Shawnee
Geographische Region: Südosten (Cumberland Becken am Tennessee-Fluß)
Sprachgruppe: Algonkin
Wohnstätte: Kuppelförmige Stroh-, Rinden- oder Fellhütte
Untergruppen: Eastern Shawnee, Absentee Shawnee

Von den großen Algonkin sprechenden Stämmen lebten die Shawnee am südlichsten. Deshalb lautet ihr Algonkin-Name übersetzt auch »die Südlichen«. Nachdem sie im frühen 18. Jahrhundert in Konflikt mit den Cherokee und Catawba geraten waren, zogen sie aus dem Tennessee- in das Ohio-Flußtal, wo sie sich mit den verwandten Delawaren verbündeten. Ursprünglich hatten sich die Shawnee, wie viele Stämme der Region, auf die Seite Frankreichs geschlagen, um gegen Großbritannien zu kämpfen. Doch nach der französischen Niederlage 1763, dem Ende des französisch-indianischen Krieges, gingen sie auf die Seite Englands über und kämpften mit ihnen gemeinsam im amerikanischen Unabhängigkeitskrieg.

Nach der amerikanischen Revolution wurden die Shawnee zu einer treibenden Kraft gegen den wachsenden Siedlerstrom im Westen. Doch dieser Krieg gegen die Weißen führte 1795 zu ihrer Niederlage, herbeigeführt durch General Anthony »Mad« Wayne. Der folgende Vertrag von Greenville zwang ihnen den Verzicht des größten Teils ihrer Gebiete auf. Im frühen 19. Jahrhundert stiegen dann zwei Brüder der Shawnee zu den wichtigsten Führern des Stammes auf und begannen einen unerbittlichen Krieg gegen die USA: Einer von ihnen hieß Tenskwatawa, auch »der

Prophet« genannt. Er war ein Schamane und religiöser Führer, während sein Bruder Tecumseh Häuptling wurde und sicherlich als einer der bedeutendsten Männer in der Geschichtes des Stammes gelten darf.

Beide Brüder waren im Jahre 1808 40 Jahre alt und gründeten am Zusammenfluß von Wabash und Tippecanoe eine Stadt. Doch schon am 11. November 1811 griff der Gouverneur des Indiana-Territoriums, General William Henry Harrison, dieses Dorf am Tippecanoe an, als Tesumceh abwesend war, besiegte dort Tenskwatawa und zerstörte so alle Hoffnungen der Brüder, die Schmach des Vertrages von Greenville wieder zu tilgen. Als Tecumseh in sein Dorf zurückkehrte, waren alle seine Träume in Nichts zerplatzt, so daß er einen neuen Krieg gegen die USA anzettelte. Als der Krieg von 1812 zwischen den USA und Großbritannien begann, verbündeten sich der Häuptling und sein Stamm mit den Briten; Tecumseh wurde sogar Brigadegeneral in der britischen Armee. Doch in der Schlacht an der Thames 1813 wurde er getötet. Sein Bruder lebte allerdings weiter; sein religiöser Fanatismus hat wahrscheinlich auch eine Rolle bei Ausbruch des Creek-Krieges 1813/14 gespielt. Unter britischem Schutz blieb er bis 1826 in Kanada und starb 1837 in Kansas. Drei Jahre später wurden William Henry Harrison und John Tyler in das Weiße Haus gewählt, nicht zuletzt, weil sie mit dem Slogan »Tippecanoe und Tyler dazu« geworben hatten. Als Harrison nur wenige Wochen nach seinem Amtsantritt aus dem Leben schied, gab es Gerüchte, nach denen der Prophet einst einen Todesfluch gegen ihn ausgesprochen haben soll.

Die Shawnees gaben 1831 ihre Gebiete an die USA ab und zogen zu einer Stammes-

---

Links: Tecumseh, Häuptling der Shawnee, galt als geschickter Anführer. Er suchte oft den Rat seines Bruders Tenskwatawa, der als »der Prophet« bekannt war, rechts.
Unten: Das Shoshonen-Lager von Häuptling Washakie, 1870.

gruppe, die bereits in Kansas lebte. Zwischen 1845 und 1867 siedelten sie erneut um, diesmal in das Indianer-Territorium; die ersten dort ankommenden Stammesangehörigen nannte man fortan Eastern Shawnee, und all jene, die sich später ansiedelten, die Absentee Shawnee. Bis 1939 war der Stamm offiziell in diese beiden Gruppen gespalten.

1909 lebten in Oklahoma insgesamt 1.388 Stammesmitglieder; 1985 waren es nur noch 377.

Sherry-dika (*siehe* Shoshonen)

Shinnecock
Geographische Region: Nordosten (Long Island, New York)
Sprachgruppe: Algonkin
Wohnstätte: Kuppelförmige Strohhütte
Hauptnahrungsquellen: Jagd, Mais, Fisch
In den fünfziger Jahren gab es noch 160 Nachfahren der Shinnecock, doch zu dieser Zeit hatten sie ihre Sprache und Kultur bereits aufgegeben.

Shoshonen (Shoshoni)
Geographische Region: Großes Becken (Colorado, Idaho, Nevada, Utah und Wyoming)
Sprachgruppe: Uto-Aztekisch
Wohnstätte: Einfaches Tipi
Hauptnahrungsquelle: Mischung aus tierischer und pflanzlicher Nahrung
Untergruppen: Boise, Box Elder, Bruneau, Digger, Green River Snake (Snake, Kogohue), Koso (Panamint), Lemhi (Agaiduka), Pohogue, Sherry-dika, Tosawi, Tukadka, Wind River

Die Shoshonen hatten sich von allen Indianern im Großen Becken am weitesten verbreitet – ihre Siedlungsgebiete erstreckten sich vom östlichen Oregon bis in den Süden von Colorado. Sie waren verwandt mit den Bannock, den Gosiute, den Paiute und Ute, mit denen der Stamm diese Region teilte. Außerdem hatte es zwischen allen Stämmen schon immer Mischehen gegeben.

Von allen nordamerikanischen Indianerstämmen waren jene im Großen Becken

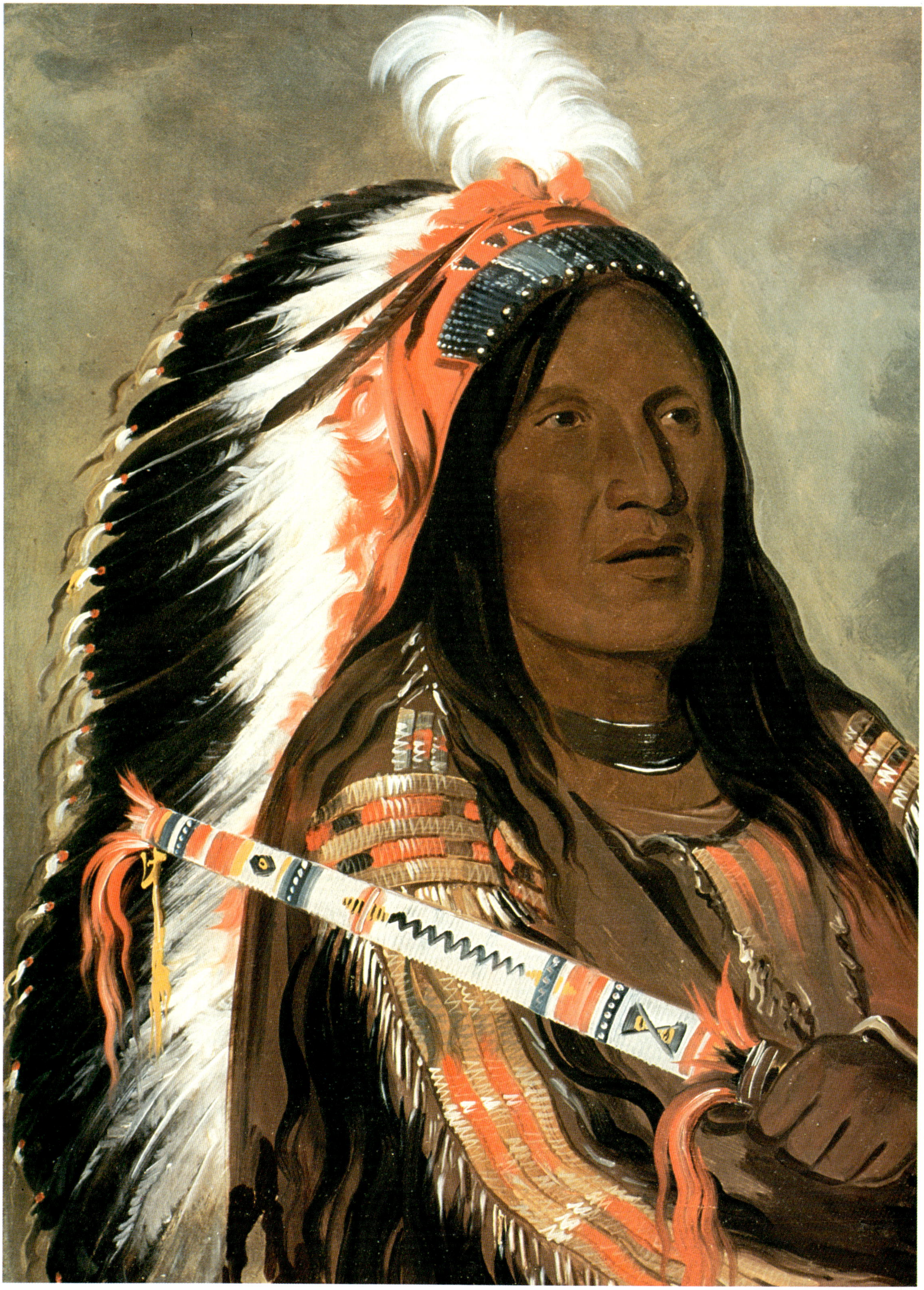

Gegenüberliegend: Steep Wind, ein Sioux-Häuptling, in vollem Kriegsschmuck. Jede Feder war ein Symbol für einen getöteten Feind. Rechts: Ein typischer Sioux-Kriegsfedernschmuck, 1890.

technologisch am wenigsten entwickelt und entsprachen am ehesten unserer Vorstellung einer Steinzeit-Gesellschaft. Der größte Teil ihrer Nahrung bestand aus gesammelten Wurzeln und Beeren; bei der Jagd benutzten sie nicht Pfeil, Bogen oder Speer, sondern unförmige Kriegskeulen. Normalerweise erlegten sie nur Kleinwild wie das Präriekaninchen.

Da das Große Becken eine sehr unwirtliche und trockene Region ist, traf der Stamm erst im 19. Jahrhundert auf die ersten Weißen. Aber noch heute leben die Stammesnachfahren in vielen kleinen und verstreuten Reservaten in ihren alten Gebieten.

Unter den bekannten Stammesangehörigen ist sicherlich eine Frau namens Sacagewea (Vogelfrau) herauszuheben: Sie wurde im Alter von 12 Jahren von einer Crow-Kriegerschar gefangengenommen und an die Mandan, hinter den Rocky Mountains, am Missouri, verkauft. Dort traf sie 1804 die Lewis & Clark-Expedition. Die beiden Weißen baten Sacagewea, sie durch die Rocky Mountains zu führen; tatsächlich war sie als Scout und Dolmetscherin äußerst nützlich und hilfreich, indem sie von den Indianerstämmen, die sie besuchten, Nahrungsmittel erhielt. Sie begleitete die Forscher bis zum Pazifik und kehrte auf dem Rückweg 1806 zu ihrem Stamm zurück. 1985 lebten rund 2.000 Stammesangehörige in verschiedenen Reservaten.

Shushwap
Geographische Region: Großes Becken (Fraser Flußregion, British Columbia)
Sprachgruppe: Salishan
Wohnstätte: Erdhütte
Hauptnahrungsquellen: Großwild, Fisch

Siksika (*siehe* Blackfoot)

Sinkaietk
Geographische Region: Nordwestküste (Norden und Zentralregion Washington)
Sprachgruppe: Salishan
Wohnstätte: Blockhaus
Hauptnahrungsquelle: Fisch

Sinkquaius
Geographische Region: Großes Becken (östliches Washington)
Sprachgruppe: Sahaptin
Wohnstätte: Erdhütte
Hauptnahrungsquellen: Großwild, Fisch

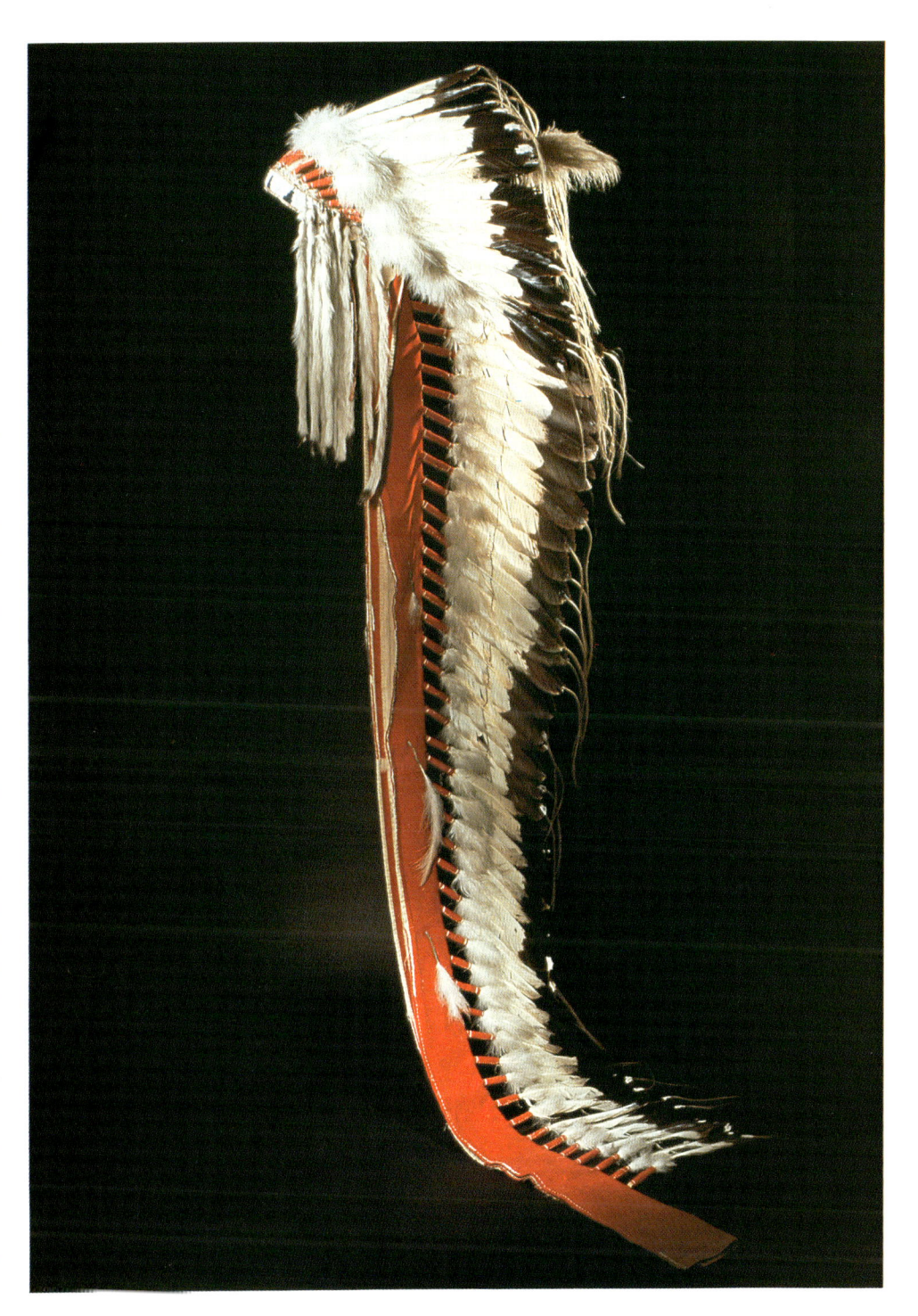

Sioux (Dakota, Lakota, Nakota, Otchente, Chakowin)
Geographische Region: Plains und Prärien
Sprachgruppe: Sioux (Dakota)
Wohnstätte: Plains-Tipi
Hauptnahrungsquelle: Büffel
Untergruppen: Eastern oder Santee-Gruppe – M'dewakanton, Santee, Sisseton, Wahpekute, Wahpeton
Zentrale Gruppe – Yankton, Yanktonai (Little Yankton)
Westliche oder Teton-Gruppe – Blackfoot Sioux (nicht verwandt mit dem Blackfoot-Stamm), Brulé, Hunkpapa, Minneconjou, Oglala, Sans Arc (»Ohne Bögen«), Teton, Two Kettle. (Die Mitglieder der Teton-Gruppe außer den Brulé und Oglala waren unter demselben Gruppennamen schon in prähistorischer Zeit bekannt).

Anmerkung: Die Stämme, die den Sioux-Dhegiha-Dialekt sprachen und in den südlichen Plains lebten, etwa die Kansa, Iowa, Omaha, Osage, Ponca und Quapaw, werden nur aufgrund dieser sprachlichen Verwandtschaft als Süd-Sioux bezeichnet. Diese Stämme waren jedoch unabhängige Völker und hatten mit den drei großen, oben aufgelisteten Dakota-Gruppen nur wenig zu tun.

Die Sioux galten als die Beherrscher der nordamerikanischen Plains und Prärien, und waren deshalb unter allen anderen Stämmen des Kontinents gefürchtet. Mit einer ursprünglichen Bevölkerung von 30.000 Menschen waren die Sioux außerdem einer der größten Indianerstämme Nordamerikas.

Der Name Sioux stammt von dem Chippewa-Wort *nadowessiux* ab, das soviel heißt wie »Feind« oder »Schlange«. Der Stamm nannte sich selbet Dakota im Santee-Dialekt, Lakota im Teton-Dialekt und Nakota im Yankton-Dialekt. Alle diese sprachlichen Dialekte hatten also alle mehr oder weniger ein- und denselben Begriff für ihren Stamm – er meinte »Verbündete«. Der Stamm bezeichnete sich selbst auch als Otchente Chakowin oder »Sieben Ratsfeuer«; eine Bezeichnung, die auch auf die großen verbündeten Untergruppen des Stammes angewandt wurde.

Im 16. Jahrhundert zogen die Sioux von den hochgelegenen Gegenden der Plains hinunter zu den Quellgebieten des Mississippi-Flusses, da sie sich mit den Cree im Krieg befanden. Nach ihrer Wanderung in den Westen entwickelte sich an den Randzonen ihrer Gebiete ein langandauernder Kampf mit den Chippewa; schließlich gerieten sie auch mit den Arikara, Crow und Pawnee aneinander. Im 19. Jahrhundert hatten die Sioux sich machtpolitisch gefestigt, wußten mit Pferden und Gewehren umzugehen und hatten ein Bündnis mit den Cheyennes und Arapaho aufgebaut. Wegen der ständigen Konflikte mit den Chippewa waren die im Osten lebenden Sioux schnell bereit, ihr Land 1830 an die USA abzutreten; die Sioux-Gruppen in Minnesota folgten dem Beispiel 1849 und 1851. Mit den Weißen hatten die Sioux vor der Mitte des 19. Jahrhunderts relativ wenig Kontakte, aber nach 1862 änderte sich dies auf höchst dramatische Weise: Die Sioux-Kriege, die rund 28 Jahre lang dauern sollten, waren die blutigsten aller Indianerkriege, die je in Nordamerika ausgetragen worden sind.

In jenem Jahr massakrierten Häuptling Little Crow und die M'dewakantons 644 weiße Siedler in Minnesota und griffen Neu-Ulm und Fort Ridgely an. Oberst Henry Sibley gelang es schließlich, sie bei Wood Lake zu besiegen und 269 Gefangene zu befreien.

Im Westen waren Sioux-Überfälle auf Weiße bis dahin eher sporadisch geblieben. Einen Planwagentreck hatten die Sioux schon 1841 überfallen und 1854 eine Gruppe Soldaten bei Fort Laramie angegriffen. Der Sioux-Krieg in Minnesota führte jedoch zu einem generellen Aufstand der Sioux-Stämme. Gegen diese Erhebung schickte die US-Armee 1865 eine Strafexpedition aus. In Fort Laramie wurde den Indianern außerdem ein Friedensvertrag angeboten, doch die Oglala Sioux unter Häuptling Red Cloud (Mahpiua-Iuta) lehnten ihn ab.

Der Krieg, der später einmal den Namen dieses Häuptlings tragen sollte, begann 1866. Oberst Henry Carrington hatte den Befehl, eine Reihe von Forts in Wyoming und Montana zu errichten, um den *Bozeman Trail* abzusichern. Am 21. Dezember wurde er von Red Clouds Kriegern angegriffen. Hauptmann William Fetterman und dessen Entsetzungskommando wurde von den Indianern jedoch aufgehalten und bis auf den letzten Mann umgebracht. Dann belagerte Red Cloud Fort Laramie. Als am 2. August 1867 eine zweite Versorgungseinheit unter Hauptmann James Powell ausrückte, wurde auch sie von den Sioux aufgehalten.

Diesmal waren die Soldaten mit Schnellfeuergewehren bewaffnet und benutzten die mit Metallplatten verkleideten Planwagen als sichere Barrikaden. Powells Männer konnten so mehrere Angriffe abwehren, töteten 60 der Angreifer und machten aus diesem *Wagon Box*-Kampf einen Verteidigungssieg für die Armee.

Am 8. November 1868 unterzeichnete Red Cloud in Fort Laramie schließlich einen Waffenstillstand; allerdings mit der Bedingung, daß man die drei neuen Forts Reno, Phil Kearny, C. F. Smith wieder aufgab. Red Cloud hatte diesen Krieg eindeutig für sich entschieden und war nun bereit, ein Reservat, speziell für die Sioux, im Dakota-Territorium anzunehmen. Dieses Gebiet war damals größer als Pennsylvania und größer als jedes Einzelreservat innerhalb des Indianer-Territoriums. Red Cloud wurde ein anerkannter Häuptling und besuchte später als Vertreter seines Volkes mehrmals Washington D. C. Er starb 1909 im Alter von 87 Jahren.

Das Ende des Red Cloud-Kriegs ließ die Feindschaft zwischen Weißen und Sioux zeitweise vergessen, beendete sie aber nicht. Viele Sioux-Krieger setzten ihren Guerilla-Krieg gegen weiße Siedler und die Armee fort. Die Hauptmacht der Sioux wurde von dem Oglala-Häuptling Crazy Horse und den Hunkpapa-Häuptlingen Gall und Sitting Bull (eigentlich Sittung Buffalo Bull oder Tatankya Iyotanke) geführt. Sie alle hatten bereits im Red Cloud-Krieg mitgekämpft. Diese Sioux-Krieger ignorierten den Vertrag von Fort Laramie und die Umsiedlung ihres Stammes nach Dakota. Sie wollten lieber auf ihren alten Jagdgründen leben, an den Yellowstone-Flußschnellen im südöstlichen Montana.

1876 beauftragte der US-Generalstabschef, General William Sherman, seinen alten Kameraden aus Bürgerkriegszeiten, Generalleutnant Philip Sheridan, einen größeren Angriff gegen die Sioux in Montana zu führen. Der Plan sah drei Truppenvorstöße vor: General George Crook sollte von Fort Laramie aus in Richtung Norden marschieren; General John Gibbon von Helena aus in Richtung Osten, und General Alfred Terry von Fort Abraham Lincoln aus in Richtung Westen ziehen. Der Kern seiner Truppe war die siebte Kavallerie unter Oberstleutnant George A. Custer, einem jungen, erfolgreichen Offizier, der die Cheyenne in der Schlacht am Washita 1868 vollkommen vernichtet hatte.

Am 21. Juni 1876 rief Gibbon Terry und dessen Befehlshaber zusammen; der General, Custer und die anderen Offiziere trafen sich mit Gibbon auf dem Dampfboot *Far West* auf dem Yellowstone-Fluß in der Nähe des Rosebud Creek. Dort besprachen sie die Einzelheiten ihres strategischen Vorgehens.

Allerdings wußten sie zu diesem Zeitpunkt noch nicht, daß die Sioux unter Crazy Horse Crooks Truppen am 17. Juni schon am oberen Flußlauf des Rosebud besiegt hatten. Crook hatte sich mit den Resten seiner Einheit nur mühsam in Richtung Süden absetzen können, um seine Truppen neu zu formieren.

Da Crook keinerlei Nachrichten über seine Niederlage abgesandt hatte, entschied sich Terry dafür, die Hauptstreitmacht der Sioux so schnell wie möglich zu finden und gegen sie zu kämpfen. Er glaubte, sie würden sich am oberen Flußlauf des Bighorn aufhalten, vielleicht in der Nähe des Zusammenflusses von Bighorn und Little Bighorn. Custer wurde in Richtung Süden geschickt, wo er die Rosebud Creek-Flußschnellen kontrollieren sollte. Terry und Gibbon wollten mit ihrer langsameren Infanterie entlang des Bighorn in Richtung Süden vorstoßen und Custer treffen. Denn sobald Custer das Quellgebiet des Rosebud erreicht hatte, sollte er mit seiner Kavallerie in Richtung Bighorn-Fluß einschwenken.

Am 24. Juni fand Custer jedoch Anzeichen eines großen und erst vor kurzem abgebrochenen Sioux-Lagers auf seinem Weg. Da er fürchtete, daß sie entkommen könnten, folgte er ihren Spuren, änderte die Richtung und zog nach Norden, in das Flußtal des Little Bighorn. Am Morgen des folgenden Tages hatten Custers Scouts die Indianer gefunden. Doch Custer hatte nicht begriffen, daß er es kaum mit einem gewöhnlichen Indianerlager zu tun hatte, sondern mit dem wahrscheinlich größten jährlichen Stammesrat der Plains-Indianer, den es je gegeben hatte. Acht Untergruppen der Sioux waren anwesend, hinzu kamen etliche Nord-Cheyenne-Krieger. Insgesamt waren 3.000 Indianer dabei, darunter hunderte von Kriegern, viele von ihnen noch siegesgewiß nach ihrem Erfolg über die Einheit von Crook.

Oben: Einige berühmte Sioux-Krieger (von links nach rechts): Red Cloud (Oglala), Spotted Tail (Brulé), Short Bull, Rain in the Face (Hunkpapa), Gall (Hunkpapa), Crow King, Big Foot (Minneconjou) und Little Crow (Santee). Sitting Bull (unten) war ein Hunkpapa-Medizinmann, der zum Häuptling aufstieg und die Sioux in ihren Sieg über Custer führte.

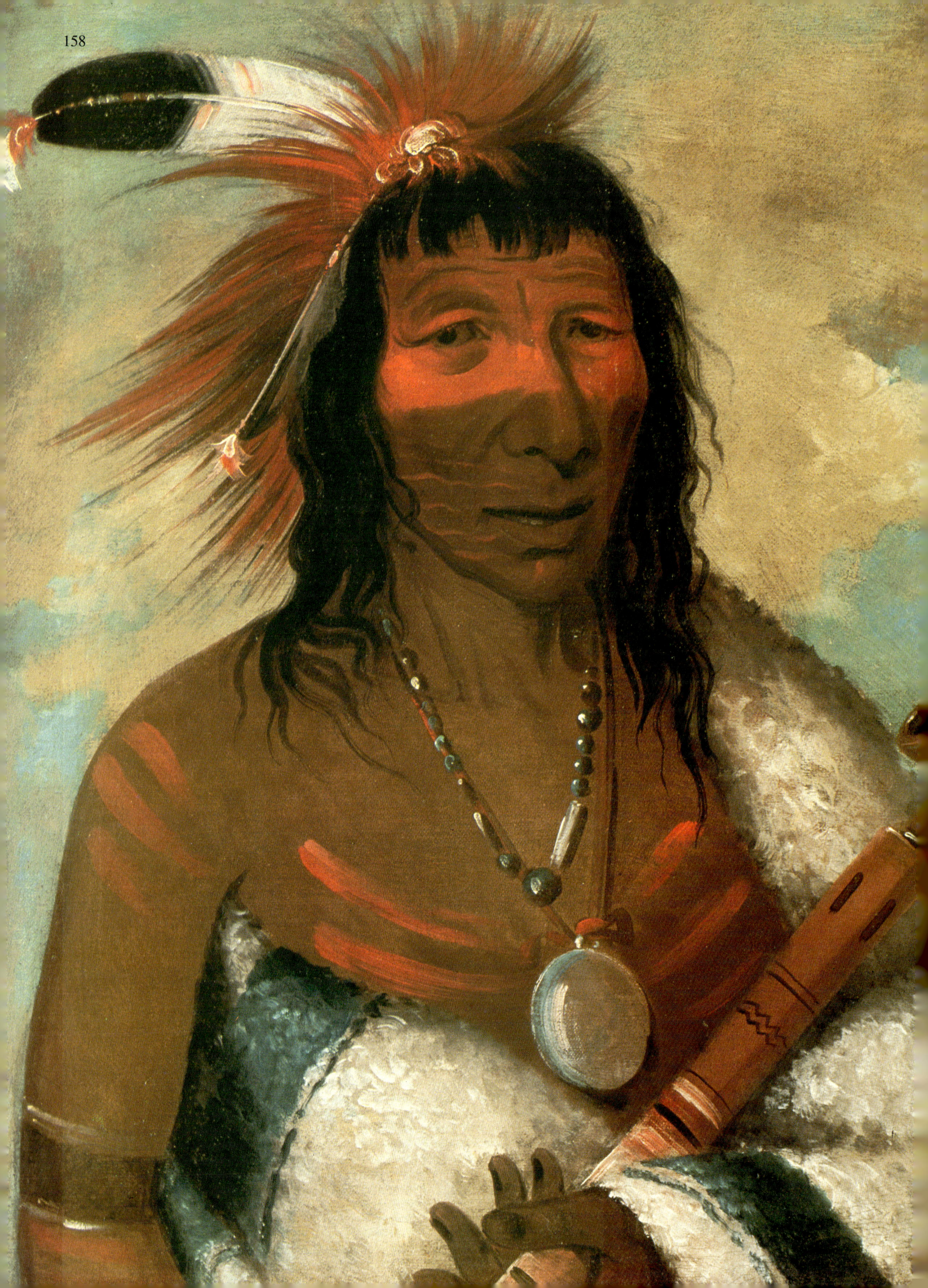

Custer ließ Hauptmann Frederick Benteen und einige seiner Soldaten beim Nachschub zurück und griff an: Er teilte seine Männer in zwei Kolonnen auf. Die erste unter Major Marcus Reno sollte durch das Flußtal vom Süden her angreifen, während Custer mit der Hauptstreitmacht seiner siebten Kavallerie aus dem Osten heranreiten und das Lager direkt angreifen würde.

Am 25. Juni, um 15 Uhr, griff Reno an und stieß auf erbitterte Gegenwehr, so daß er sich zurückziehen mußte. In der Zwischenzeit (um 16 Uhr) hatten die Indianer auch Custer entdeckt, der nun an einigen Hügeln am Little Bighorn unter schweres Feuer geriet. Custer und seinen 215 Männern gelang es, dort eine Verteidigungsstellung zu halten und sie versuchten ihrerseits anzugreifen, mußten aber vor der Übermacht der Krieger unter Gall und Crazy Horse kapitulieren. Nach 45 Minuten waren alle Soldaten, einschließlich Custer, tot.

Die Sioux und Cheyennes brachen das Lager sofort ab, bevor Terry und Gibbon am Ort des Geschehens sein würden. Als die Nachricht vom »Custer Massaker« die amerikanischen Städte im Osten erreichte, wurde die US-Armee durch den Aufschrei

Gegenüberliegend: Der Santee Sioux Black Dog im Jahre 1835.
Oben: Ein Detail aus dem Piktogramm von Red Horse – es stellt die Schlacht am Little Bighorn dar (1881). Unten: Eine Sioux-Kindertrage für den Rücken der Mutter.

und die Empörung der Öffentlichkeit gezwungen, ihre Angriffe gegen die Sioux zu verstärken und den Stamm so schnell wie möglich in das Reservat zu bringen.

General Nelson Miles besiegte Crayz Horse schließlich bei Wolf Mountain am 7. Januar 1877 und nahm den Häuptling gefangen. Die Indianer unter Sitting Bull konnte er bis nach Kanada vertreiben, wo sie bis 1881 blieben.

Crazy Horse wurde 1877 auf dem Weg in das Gefängnis in Fort Robinson, Nebraska, umgebracht. Sitting Bull kehrte 1881 in das Reservat zurück.

1890 erfaßte die Geistertanz-Bewegung alle Indianerstämme des Großen Beckens und der Plains. Diese Religion, der viele Sioux in den Reservaten anhing, versprach die Ankunft eines indianischen Messias, der alle Indianer, die toten und die lebenden, vereinen würde. Der Geistertanz selbst bestand aus einem geheimnisvollen Ritual, das die Tänzer in einen tranceartigen Zustand versetzte. Diese Bewegung erfüllte die weißen Siedler in der Nähe der Reservate mit Angst. Auch die Armee, die den Kult als Teil eines bevorstehenden Aufstandes ansah, blieb wachsam. Selbst Sitting Bull ließ man vorsichtshalber verhaften. Als er während der Gefangennahme am 15. Dezember 1890 getötet wurde, wuchsen die Spannungen: Eine Gruppe Sioux unter dem kranken Oglala-Häuptling Big Foot flüchtete schließlich in die Berge.

Ende Dezember ergaben sie sich gegenüber der siebten Kavallerie. Am 29. Dezember, als die Armee diese Indianer entwaffnen wollte, fiel plötzlich ein Schuß – in dem nachfolgenden Gefecht fanden 29 Soldaten und 200 Indianer, darunter Frauen und Kinder, den Tod. Dieses seitdem kontrovers diskutierte Massaker bei Wounded Knee war die letzte kriegerische Auseinandersetzung der Sioux-Kriege.

Die nächste Auseinandersetzung zwischen dem Stamm und der US-Regierung fand eher zufällig ebenfalls bei Wounded Knee statt – 83 Jahre später, im Winter 1973.

1970 gab es 51.645 Sioux in den USA. Davon lebten allein 37.380 Menschen in Dakota und 2.503 in Kanada. 1985 leben in den verschiedenen Reservaten etwa 51.400 Stammesangehörige.

Sishiatl (*siehe* Sliammon)

Sisseton Sioux (*siehe* Sioux)

Sitka (*siehe* Tlingit)

Siuslaw
Geographische Region: Nordwestküste (Kernregion Oregon-Küste)
Sprachgruppe: Penuti-Siuslaw
Wohnstätte: Blockhaus
Hauptnahrungsquelle: Fisch

Skagit
Geographische Region: Nordwestküste (südlicher Puget-Sund, Washington)
Sprachgruppe: Salishan
Wohnstätte: Blockhaus
Hauptnahrungsquelle: Fisch
1970 lebten noch 259 Skagit-Indianer.

Skedee, Skidi (*siehe* Pawnee)

Skokomish
Geographische Region: Nordwestküste (Puget-Sund, Washington)
Sprachgruppe: Salishan
Wohnstätte: Blockhaus
Hauptnahrungsquelle: Fisch
1970 gab es 230 Stammesangehörige; 1985 lebten im Skokomish-Reservat 1.029 Menschen.

Skykomish
Geographische Region: Nordwestküste (Kernregion Washington)
Sprachgruppe: Salishan
Wohnstätte: Blockhaus
Hauptnahrungsquelle: Fisch

Oben: Ein Sioux unserer Tage feiert seine alten Traditionen in einem der vielen Pow wows und Festivals, die im Sommer in Dakota stattfinden.

Slave
Geographische Region: Subarktis (Great Slave-See, MacKenzie-Territorium)
Sprachgruppe: Athapaskisch
Wohnstätte: Doppeltes Pultdach
Hauptnahrungsquellen: Fisch, Karibu, Elch
Der Stamm trägt den Namen des in der Nähe liegenden Sees. 1967 lebten dort rund 3.000 Stammesmitglieder. Damit sind die Slave der drittgrößte Stamm der Subarktis nach den Chipewyan und den Carrier.

Sliammon (Sishiatl)
Geographische Region: Nordwestküste (südwestliche Kernregion British Columbia)
Sprachgruppe: Salishan
Wohnstätte: Blockhaus
Hauptnahrungsquelle: Fisch

Snake (*siehe* Shoshone)

Snohomish
Geographische Region: Nordwestküste (Puget-Sund, Washington)
Sprachgruppe: Salishan
Wohnstätte: Blockhaus
Hauptnahrungsquelle: Fisch

Snoqualmi
Geographische Region: Nordwestküste (südlicher Puget-Sund, Washington)
Sprachgruppe: Salishan
Wohnstätte: Blockhaus
Hauptnahrungsquelle: Fisch

Sokoki (*siehe* Abnaki)

Songish
Geographische Region: Nordwestküste (US-Seite der Straße von Juan de Fuca)
Sprachgruppe: Salishan
Wohnstätte: Blockhaus
Hauptnahrungsquelle: Fisch

Southampton Eskimo (*siehe* Eskimo)

Spokane (Spokan)
Geographische Region: Großes Becken (östliches Washington)
Sprachgruppe: Salishan
Wohnstätte: Erdhütte
Hauptnahrungsquelle: Fisch, Großwild
Die Spokane lebten ursprünglich im östlichen Teil des heutigen US-Bundesstaates Washington, in der Nähe der nach ihnen benannten Großstadt. Sie waren außerdem das wichtigste Volk in einem Stammesbündnis der Kalispel, Coeur d'Alene und Pend d'Oreille. 1970 lebten 1.500 Stammesangehörige und 1985 1.961 im Spokane-Reservat.

Squamish
Geographische Region: Nordwestküste (Hood Canal, Washington)
Sprachgruppe: Salishan
Wohnstätte: Blockhaus
Hauptnahrungsquelle: Fisch

Staitan (*siehe* Kite)

Stikine (*siehe* Tlingit)

Stillaguamish
Geographische Region: Nordwestküste (Puget-Sund, Washington)
Sprachgruppe: Salishan
Wohnstätte: Blockhaus
Hauptnahrungsquelle: Fisch
1985 hatte der Stamm im US-Bundesstaat Washington 482 Mitglieder.

Stockbridge (*siehe* Housetonics)

Stoney (*siehe* Assiniboin)

Südalaskanische Eskimo (*siehe* Eskimo)

Süd Paiute (*siehe* Paiute)

Supai (*siehe* Marasupai)

Sushwap
Geographische Region: Großes Becken (südliches British Columbia)
Sprachgruppe: Salishan
Wohnstätte: Erdhütte
Hauptnahrungsquellen: Fisch, Großwild

Unten. Ein Geistertanz-Kleid der Sioux. Dieser Kult entstand in den 1890er Jahren unter den Plains-Indianern, als sie von den Weißen fast vernichtet wurden. Dabei steigerten sich die Indianer in eine tranceartige Siegesstimmung hinein.

Susquehannock (Conestoga, Meherrin)
Geographische Region: Nordosten (östliche Ufer der Chesapeake-Bucht und östliches Pennsylvania)
Sprachgruppe: Irokesisch
Wohnstätte: Langhaus
Hauptnahrungsquelle: Mais

Als der Stamm 1608 von John Smith besucht wurde, beschrieb er die Susquehannock als den »würdevollsten und tapfersten Stamm Amerikas«. Der Stamm hatte schon früh Freundschaft mit den Holländern, Schweden und auch Engländern geschlossen. Und obwohl er mit den fünf Stämmen des Irokesenbundes verbunden war, lieferte er sich mit den Irokesen einen Dauerkrieg. Der Susquehannock-Krieg von 1673 markierte schließlich den Niedergang des Volkes, da sie von den feindlichen Irokesen fast vollständig vernichtet wurden. Die wenigen Überlebenden schlossen sich den Nottoway an und bildeten später den Stamm der Meherrin, der allerdings schon um 1700 wieder verschwand. Sie tauchten kurze Zeit danach wieder auf, diesmal unter dem Stammesnamen Conestoga; der Name stammte von einem ihrer ältesten Dörfer. Doch um 1763 war ihre Zahl auf nur 20 Stammesangehörige gesunken und diese wurden von einem weißen Mob, bekannt unter dem Namen Paxton Boys, massakriert.

Swallah
Geographische Region: Nordwestküste (Puget-Sund, Washington)
Sprachgruppe: Salishan
Wohnstätte: Blockhaus
Hauptnahrungsquelle: Fisch

Swinomish
Geographische Region: Nordwestküste (Puget-Sund, Washington)
Sprachgruppe: Salishan
Wohnstätte: Blockhaus
Hauptnahrungsquelle: Fisch

Unten: Ein Geistertanz-Hemd der Sioux. Dieser Kult entstand in den 1890er Jahren unter den Plains-Indianern, als sie von den Weißen fast vernichtet wurden. Dabei steigerten sich die Indianer in eine tranceartige Siegesstimmung hinein.

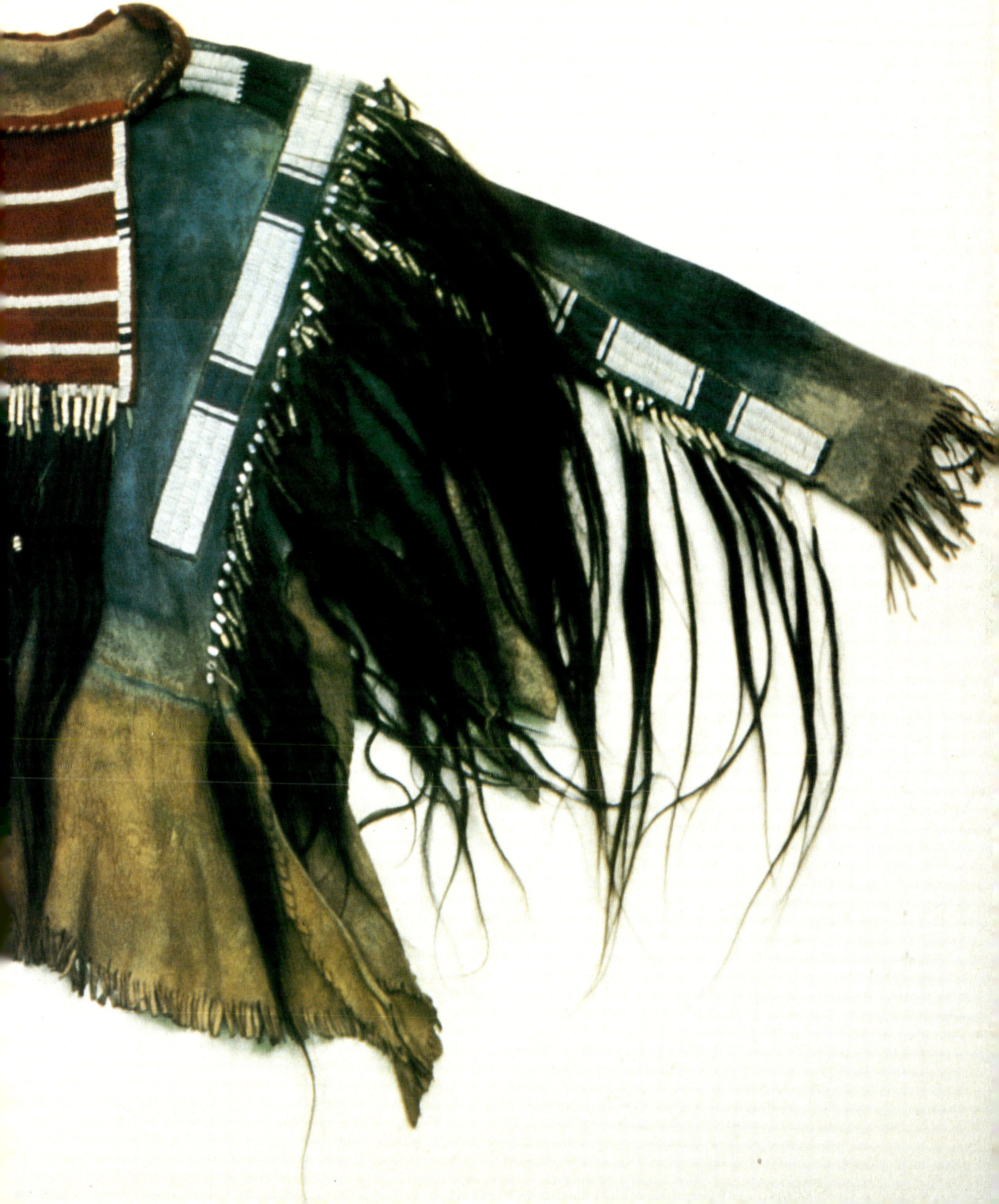

T

Taensa
Geographische Region: Südosten (unteres Mississippi-Tal)
Sprachgruppe: Muskhogee-Taensa (erloschen und unbekannt)
Wohnstätte: Strohhütte
Hauptnahrungsquelle: Mais

Tagish
Geographische Region: Subarktis (Küstengebirge, Alaska und British Columbia)
Sprachgruppe: Algonkin-Nadene
Wohnstätte: Doppeltes Pultdach
Hauptnahrungsquelle: Fisch

Tahitan
Geographische Region: Subarkti (Küstengebirge, Alaska und British Columbia)
Sprachgruppe: Athapaskisch
Wohnstätte: Doppeltes Pultdach
Hauptnahrungsquellen: Karibu, Elch

Taidnapam
Geographische Region: Nordwestküste (südliche Kernregion Washington)
Sprachgruppe: Salishan
Wohnstätte: Blockhaus
Hauptnahrungsquelle: Fisch

Takamiut (Baffin Island Eskimo, *siehe* Eskimo)

Takelma
Geographische Region: Nordwestküste (südliches Oregon)
Sprachgruppe: Penuti-Takelma
Wohnstätte: Erdhütte
Hauptnahrungsquelle: Mischung aus tierischer und pflanzlicher Nahrung

Tamaroa (*siehe* Illinois)

Tanaina
Geographische Region: Subarktis (südliche Kernregion Alaska)
Sprachgruppe: Athapaskisch
Wohnstätte: Erdbedecktes Alaskahaus
Hauptnahrungsquellen: Karibu, Elch, Fisch
Anmerkung: Der Stamm ist nicht zu verwechseln mit den ebenfalls in Alaska ansässigen Tanana.

Tanana (Nabesna)
Geographische Region: Subarktis (Yukon- und Kuskokwin-Flüsse, Kernregion Alaska)
Sprachgruppe: Athapaskisch
Wohnstätte: Erdbedecktes Alaskahaus
Hauptnahrungsquellen: Karibu, Elch, Fisch

Taos Pueblo (*siehe* Pueblo)

Taskigi (*siehe* Tuskogee)

Tawakoni, Tawehash (*siehe* Wichita)

Tegesta (*siehe* Seminole)

Tenino
Geographische Region: Nordwestküste
Sprachgruppe: Penuti-Sahaptin
Wohnstätte: Einfaches Tipi
Hauptnahrungsquelle: Mischung aus tierischer und pflanzlicher Nahrung

Tesuque Pueblo (*siehe* Pueblo)

Teton Sioux (*siehe* Sioux)

Thlingchadinne (*siehe* Dogrib)

Thompson
Geographische Region: Großes Becken
Sprachgruppe: Salishan
Wohnstätte: Erdhütte
Hauptnahrungsquellen: Karibu, Elch, Fisch

Tillamook
Geographische Region: Nordwestküste (nordwestliche Oregonküste)
Sprachgruppe: Salishan
Wohnstätte: Blockhaus
Hauptnahrungsquelle: Fisch

Timiquan (*siehe* Seminole)

Tinde (*siehe* Apache)

Tionontati (*siehe* Tobacco)

Tipai
Geographische Region: Kalifornien
Sprachgruppe: Hoka
Wohnstätte: Kuppelförmige Stroh-, Rinden- oder Fellhütte
Hauptnahrungsquellen: Wildpflanzen, Kleinwild

Tlingit (Kolash, Kaluschian, Tlinkit)
Geographische Region: Nordwestküste (südliches Alaska)
Sprachgruppe: Algonkin-Nadene (Tlingit)
Wohnstätte: Blockhaus
Hauptnahrungsquelle: Fisch
Untergruppen: Prince William Sund – Tongas, Yakutat Alexander Archipel – Auk, Chilkat, Henya, Hoonah, Hootznahoo, Kake, Killisnoo, Kuiu, Sanya, Sitka und Sitkine.

Von den großen Stämmen an der Nordwestküste waren die Tlingit der nördlichste Stamm. Sie beherrschten die südalaskanischen Landausläufer und hatten viele Eigenschaften mit den Haida und Kwakiutl gemein: Dazu gehörten die hochentwickelte Religion und eine gut funktionierende Sozialstruktur sowie die Potlach-Zeremonie (*siehe auch* Haida und Kwakiutl). Die Tlingit waren in Sippen aufgeteilt, die sich jeweils mit einem bestimmten Tiersymbol, etwa dem Raben, dem Adler oder dem Wolf, identifizierten. Der Fischfang war die Lebensgrundlage des Stammes – der Lachs bildete ihre Hauptnahrung. Für ihre Fischzüge bauten die Tlingit große, lange Zedernholzkanus, die oft mehr als 18 Meter lang waren. Sie galten auch als geschickte Holzschnitzer und Korbmacher.

Die Russen waren die ersten Weißen, die in Alaska Siedlungen gründeten. Der erste größere Konflikt zwischen ihnen und den Tlingit spielte sich 1793 ab, als Alexander Baronov in die Yschugat-Bucht segelte: Sein Schiff wurde dort von einer schwer bewaffneten Tlingit-Kriegerschar angegriffen; in dem folgenden Kampf starben zwei Russen und neun ihrer aleutischen Matrosen. Die Tlingit verloren zwölf Männer, obgleich sie Holzhelme und eine Holzpanzerung trugen, die nach damaligen Berichten hart genug waren, um auch Gewehrfeuer standzuhalten.

Baronov wollte in der gesamten Region zwischen Kodiak und Sitka, wo sich bereits russische Vorposten befanden, den Einfluß seines Landes sichern. Doch bei den Verhandlungen mit den Tlingit blieb er weitgehend erfolglos. 1799 griffen sie erneut eine russische Expedition bei Sitka an und töteten 26 Menschen. Drei Jahre später überfielen sie das russische Fort in Sitka selbst und konnten es zwei Jahre lang halten. Den Russen gelang es schließlich 1804, dieses Fort zurückerobern, doch war ihnen dies nur durch den Einsatz der schweren Bordgeschütze der Fregatte *Neva* geglückt. Noch im selben Jahr nahmen die Tlingit dafür das russische Fort in Yakuta ein.

Im Jahre 1834 kam der russische Missionar Iwan Veniaminow in Alaska an; er lernte geduldig die Tlingit-Sprache. Während einer Pocken-Epidemie 1836 rettete er vielen Indianern das Leben. Als er fünf Jahre darauf

Oben: Zwei Tlingit-Mädchen posierten 1903 für einen Fotografen. Die Nasenringe sind häufige Schmuckstücke unter den Indianern der nordwestlichen Stämme.

zum Bischof ernannt wurde und Alaska verlassen mußte, bestimmte er, daß man den Tlingit und anderen Stämme ihre eigene Religion zugestehen sollte; die Priester wies er an, durch Überzeugung zu bekehren, auf gar keinen Fall jedoch durch Zwang.

Doch bald nach seiner Abreise nach Rußland verschlechterten sich die Beziehungen zwischen Weißen und Indianern. 1854 griffen die Tlingit den Hafen von Neu-Archangel an, wurden aber zurückgeschlagen. Und im Oktober 1867 waren die Tlingit bei der Übergabe Alaskas an die USA nur Zuschauer. Die Beziehungen zwischen den Amerikanern und den Tlingit sollten sich nicht besser entwickeln als zuvor zwischen Russen und Tlingit.

Die US-Armee wurde zwar 1877 aus den Tlingit-Gebieten wieder abgezogen, doch die US-Regierung hatte keine Indianerpolitik für den Stamm entwickelt. In den folgenden Jahren machten die weißen Siedler einen großen Bogen um die Tlingit, aus Angst, es könnte zu Auseinandersetzungen mit ihnen kommen.

Der Goldrausch in Alaska während der 1890er Jahre veränderte auch das wirtschaftliche Leben der Tlingit auf einschneidende Weise: Einige von ihnen arbeiteten in den Goldminen, andere vermieteten ihre großen Kanus als Lastenschiffe, die die weißen Bootsbetreiber preislich weit unterboten, und dennoch mit Gewinn arbeiteten. Allerdings wurde es den Indianern erst

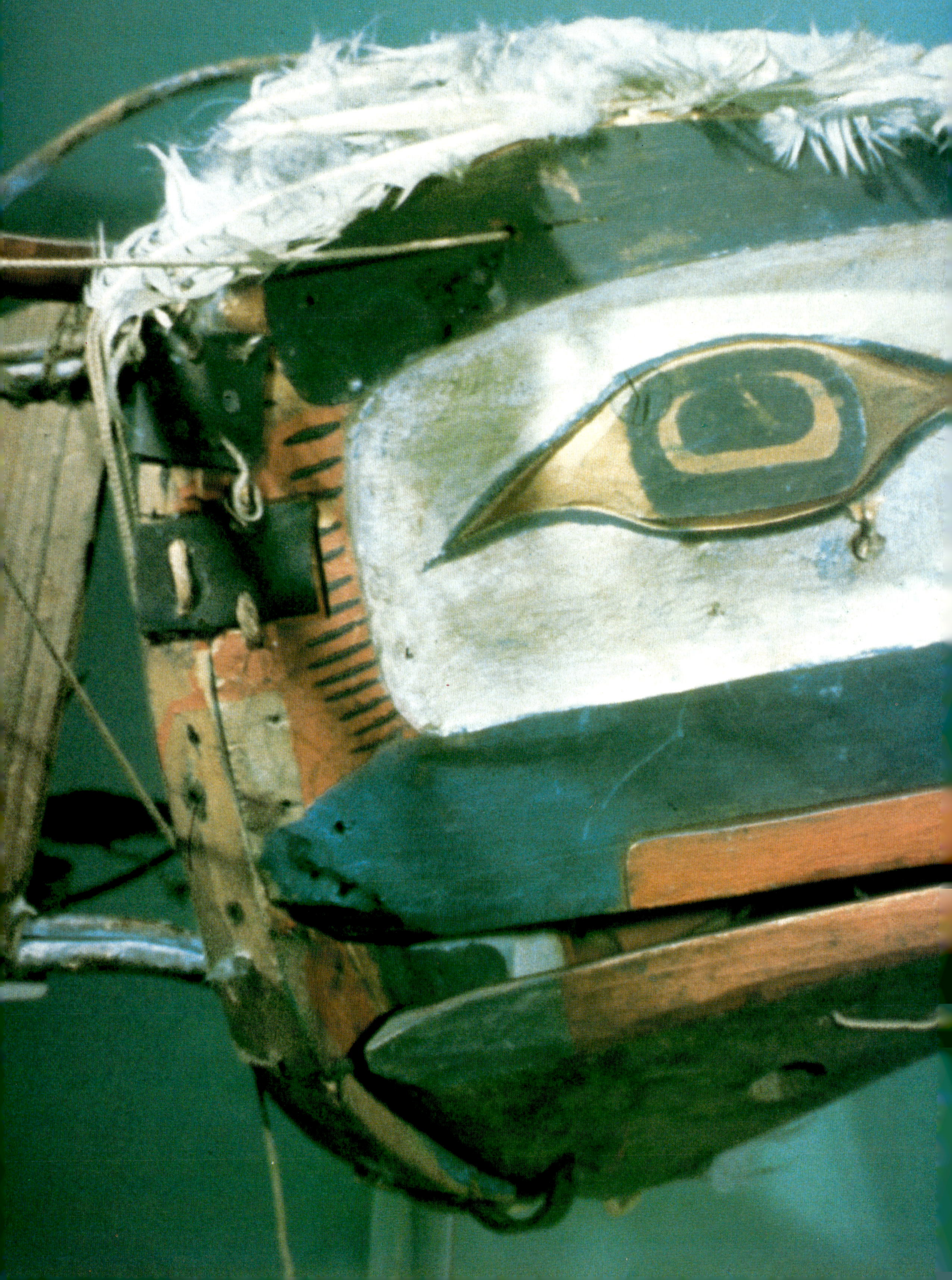

Unten: Die Indianer der Nordwestküste schnitzten große, leuchtend helle Masken, um bei Stammeszeremonien bestimmte Geister darzustellen. Nur der Besitzer kannte die wahre Bedeutung der Maske und die Legende, nach der sie entstanden war. Die Holzschnitzkunst ist typisch für diese Stämme und wird bis heute ausgeübt.

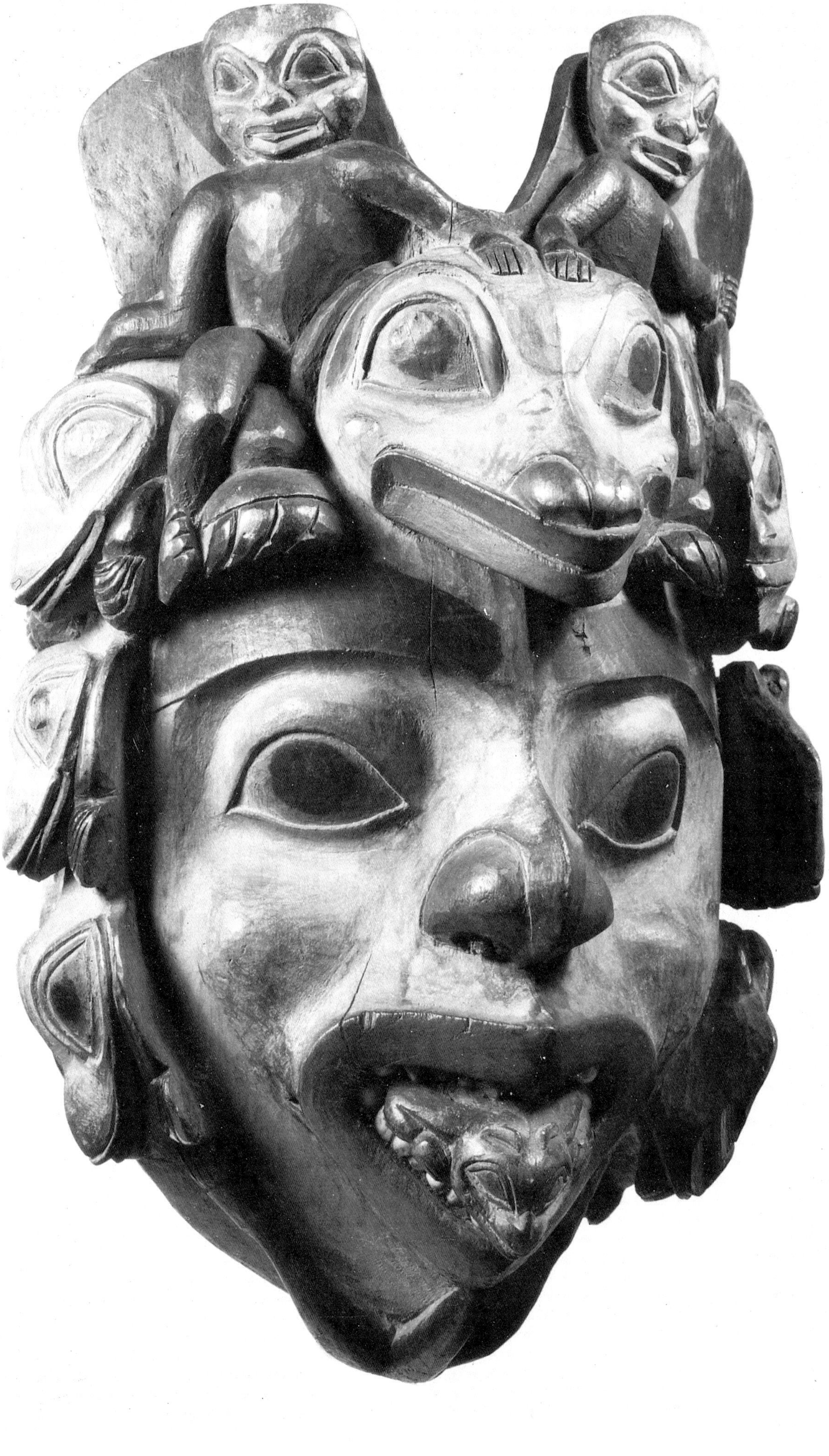

1931 gestattet, Anspruch auf eigene Minen zu erheben.

Als das 20. Jahrhundert in Alaska anbrach, waren die Tlingit in ihrer Tradition, Religion und Sprache noch immer relativ ungestört; zumal man sie nie in ein Reservat umsiedeln wollte. Andererseits wurde die Frage, ob die Tlingit US-Bürgerrechte erhalten sollten, erst 1924 gelöst. In diesem Jahr erhielten sie beispielsweise das Wahlrecht. Doch schon zwei Jahre später wurde ein Tlingitführer namens William Paull in das Parlament des Alaska-Territoriums gewählt, und 1953 gründeten Tlingit und Haida einen gemeinsamen Rat für indianische Landansprüche.

1970 gab es in Alaska etwa 6.000 Tlingit-Indianer; fünfzehn Jahre später lebten in dieser Region etwa 8.700 Stammesangehörige.

Tobacco (Petun, Tionontati)
Geographische Region: Nordosten (westlich vom Huron-See)
Sprachgruppe: Irokesisch
Wohnstätte: Kuppelförmige Stroh, Rinden- oder Fellhütte
Hauptnahrungsquelle: Mais
Wie viele andere Stämme der Region auch, pflanzten die Tobacco vor allem Tabak an, dem sie ihren Namen verdanken. Die Pflanze wurde sowohl für religiöse Zeremonien als auch für medizinische Zwecke verwendet.

Tocabago (*siehe* Seminole)

Tolowa
Geographische Region: Nordwestliches Kalifornien
Sprachgruppe: Athapaskisch
Wohnstätte: Blockhaus
Hauptnahrungsquelle: Mischung aus tierischer und pflanzlicher Nahrung

Tongas (*siehe* Tlingit)

Tonkawa
Geographische Region: Südosten (östliches Texas)
Sprachgruppe: Algonkin (Tonkawa-Gruppe)
Wohnstätte: Kuppelförmige Strohhütte
Hauptnahrungsquellen: Jagd, Mais
Der Name Tonkawa stammt von dem Waco-Begriff *tonkaweya* ab, der so viel wie »sie alle sitzen zusammen« bedeutet. Im 18. Jahrhundert war der Stamm mit den Comanchen und den Wichita gegen die Apachen verbündet, doch ihre Lage änderte sich im folgenden Jahrhundert völlig: Nach der Ankunft der Spanier kämpften sie vor allem gegen die Weißen, so daß die Versuche spanischer Missionare, den Stamm zu christianisieren, 1756 aufgegeben wurden. Die ständigen Kriege und verschiedenen Epidemien schwächten den Stamm erheblich, und im Oktober 1862 wurden die Tonkawa fast völlig von den Caddo, Shawnee, Wichita und Delawaren vernichtet. 1884, nach einer kurzen Neuansiedlung bei Fort Griffin in Texas, wurden sie in das Indianer-Territorium gebracht. Zu Beginn des 20. Jahrhunderts lebten einige von ihnen als erfolgreiche Farmer in jener Region; 1907 wurden sie Bürger des Bundesstaates Oklahoma.

Die Franzosen schätzten 1778 ihre Zahl auf etwa 1.500 Menschen; bis 1847 hatte sich dieser Wert halbiert. 1890 lebten in dieser Region 73 Stammesangehörige, 1910 53 Menschen.

Die Indianerzählung von 1944 wies in Oklahoma nur noch 56 Stammesangehörige aus.

Tonto Apache (*siehe* Apache)

Tosawi (*siehe* Shoshone)

Towiache (*siehe* Wichita)

Trinity Wintun (*siehe* Wintun)

Tsetseu
Geographische Region: Subarktis (Landgebirge in Alaska und am Yukon)
Sprachgruppe: Athapaskisch
Wohnstätte: Doppeltes Pultdach
Hauptnahrungsquellen: Karibu, Elch

Tsimshian
Geographische Region: Nordwestküste (nördliches British Columbia)
Sprachgruppe: Penuti-Tsimshian
Wohnstätte: Blockhaus
Untergruppe: Nishga
Die Tsimshian lebten ursprünglich an den Ufern und den Inseln der Nass- und Skeena-Flüsse. Ihre Lebensgrundlage bildete der Fisch, insbesondere Lachs, obwohl sie im Landesinneren auch auf Rotwild- und Bärenjagd gingen. Der Stamm war kulturell mit den Haida und den Tlingit verbunden und teilte mit diesen Indianern die Shamanen-Religion und die Totempfahlkunst. Allerdings waren sie nicht so kriegerisch wie die Tlingit.

1857 lebten einige Stammesangehörige bei Metlakatla in einer modellhaften christlichen Gemeinde des schottischen Laienpredigers William Duncan. Doch als die Briten 1887 versuchten, den Stamm in ein Reservat umzusiedeln, reiste eine Gruppe von Stammesführern nach Großbritannien und überbrachte Königin Viktoria folgenden Brief:

»Was wir an dieser Regierung nicht mögen, ist folgendes: Sie verspricht uns viel Land. Wir können dieses Versprechen nicht verstehen. Denn sie haben es von unseren Vorvätern nie gekauft. Sie haben nie gegen unseren Stamm gekämpft und ihn besiegt und uns das Land weggenommen. Und doch sagen sie uns, sie werden uns viel Land geben – unser eigenen Land.«

Die britische Regierung hielt sich in den folgenden Jahren zurück; die Tsimshian bildeten einen Landrat, der einige Rechtsanwälte damit beauftragte, ihre Ansprüche in einer Petition zu vertreten. Im Jahre 1913 wurde ihre Klage beim Staatsrat des britischen Königreiches eingereicht, doch wiederum wurde keine Entscheidung gefällt. 1927 wurden ihre Landansprüche abgelehnt und ihnen außerdem untersagt, weitere rechtliche Schritte anzustreben.

Erst 1951, mit dem veränderten Indianergesetz in Kanada ermöglichte man es den Tsimshian, ihre Landansprüche erneut vor Gericht zu vertreten.

Tsoya'ha (*siehe* Yuchi)

Tubatulabal
Geographische Region: Kalifornien (Kern-Fluß, Sierra Nevada)
Sprachgruppe: Uto-Aztekisch
Wohnstätte: Einfaches Tipi
Hauptnahrungsquelle: Eicheln

Tukabahchee (*siehe* Creek)

Tukaduka (*siehe* Shoshone)

Tunica
Geographische Region: Südosten (Mississippi-Tal)
Sprachgruppe: Algonkin
Wohnstätte: Strohhütte
Hauptnahrungsquellen: Jagd, Mais

Tuscarora
Geographische Region: Südosten (östliches North Carolina)
Sprachgruppe: Irokesisch
Wohnstätte: Langhaus
Hauptnahrungsquelle: Mais
Der Name des Stammes leitet sich von dem irokesischen Wort *skarúre* ab, das »Hanfsammler« bedeutet. Als die Weißen 1708 die Stammesgebiete zum ersten Mal erreichten,

---

Gegenüberliegend: Schamanen-Maske der Tlingit. Sie hat eine drehbare Klappe in Form einer Schlange. Das Gesicht zeigt einen beschützenden Geist.

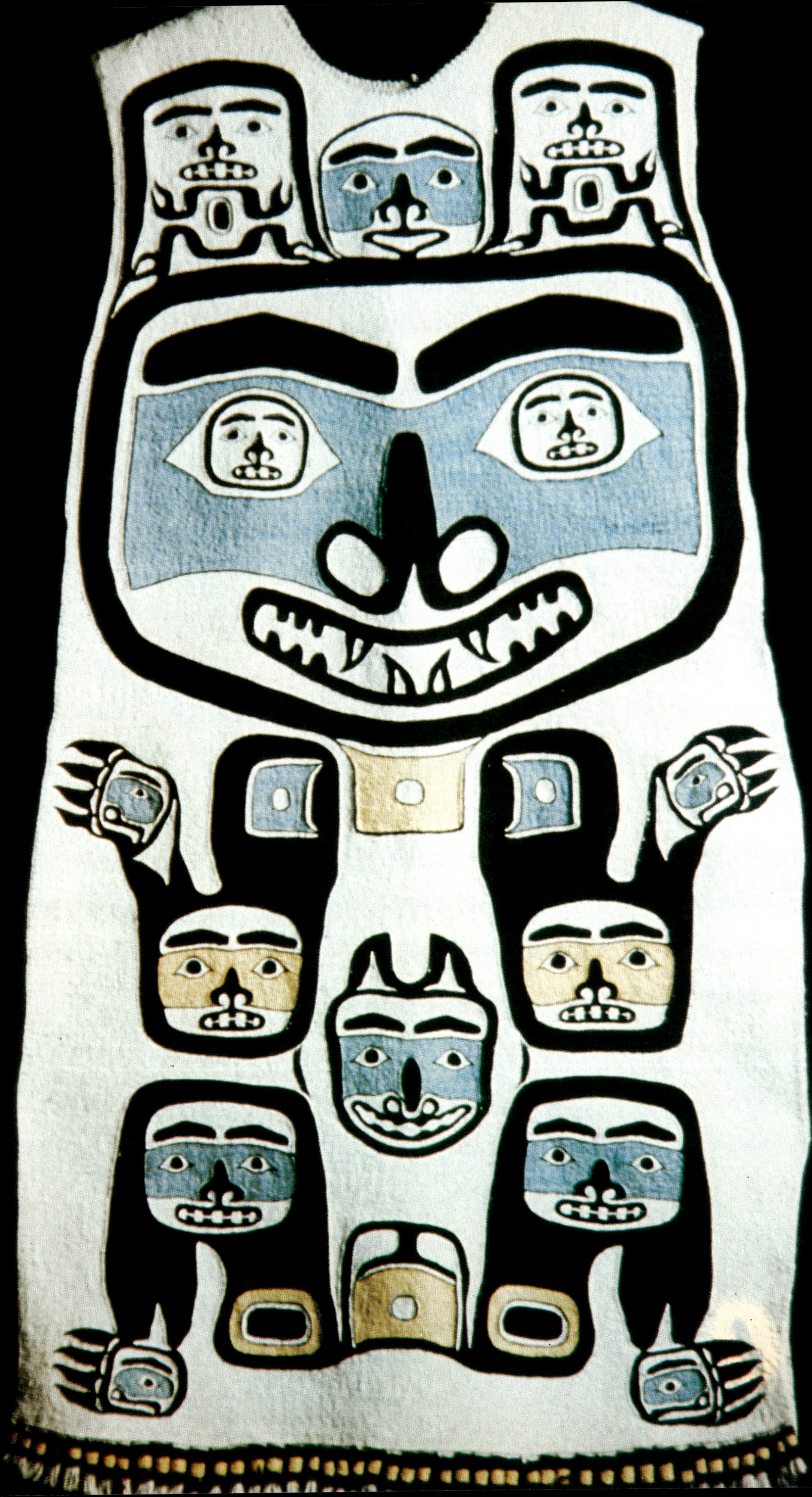

Gegenüberliegend: Ein Chilkat-Kleid, das Indianer der Nordwestküste aus Zedernrinden-Fasern und Bergziegenwolle gewebt haben. Das Naturmaterial wurde eingefärbt. Die Kleidung galt als Statussymbol und wurde vom Vater oder Ehemann in Auftrag gegeben und von ihm entworfen. Rechts: Eine Tlingit-Schnitzarbeit mit Nasenring.

lebten die Tuscarora in 15 Siedlungen und konnten über etwa 1.200 Krieger verfügen. Drei Jahre später begannen sie angesichts der zunehmenden Bedrohung durch weiße Kolonisten, Siedlungen zu überfallen; viele Menschen fanden dabei den Tod. Nach einem zweijährigen Krieg wurde der Stamm von Freiwilligeneinheiten aus South Carolina besiegt; die überlebenden Krieger schlugen sich nach New York durch, wo sie sich dem Irokesenbund anschlossen. 1846 wurden die restlichen Tuscarora in das Indianer-Territorium gebracht. 1906 zählte man dort nur noch 32 Stammesangehörige. Im Tucarora-Reservat in New York lebten 1985 knapp 800 Menschen.

Tuskogee (Taskigi, Tuskegee)
Geographische Region: Südosten (Alabama)
Sprachgruppe: Muskhogee
Wohnstätte: Strohhütte
Hauptnahrungsquelle: Mais

Der Stammesname ist von dem Creek-Wort *tv'seki'yv* abgeleitet und bedeutet »einer, der einen Kriegsnamen bekommen hat«. Der Stamm traf 1540 zum ersten Mal mit Weißen zusammen, als De Soto ihn im nördlichen Alabama, an den Tennessee- und Tallapoosa-Flüssen entdeckte. Der Stamm setzte sich aus zwei Gruppen zusammen, die sich entsprechend ihrer Siedlung an den beiden Flüssen aufgeteilt hatten und später den Cherokee bzw. den Creek anschlossen. Als die Creek in das Indianer-Territorium gebracht wurden, siedelten auch die Tuskogee als Teil der Creek um. Die Tuskogee-Stadt war eine der größten innerhalb der Creek-Nation; sie hatte 1891 eine Bevölkerung von 400 Menschen.

Tutchone
Geographische Region: Subarktis (Küstengebirge, Alaska und British Columbia)
Sprachgruppe: Athapaskisch
Wohnstätte: Doppeltes Pultdach, Blockhaus
Hauptnahrungsquellen: Karibu, Elch, Fisch

Tutelo
Geographische Region: Südosten (westliches Virginia)
Sprachgruppe: Sioux
Wohnstätte: Langhaus
Hauptnahrungsquelle: Mais

Twana
Geographische Region: Nordwestküste (südwestliches Washington)
Sprachgruppe: Salishan
Wohnstätte: Blockhaus
Hauptnahrungsquelle: Fisch

Twightwee (*siehe* Miami)

Two Kettle (*siehe* Sioux)

Tygh Valley
Geographische Region: Großes Becken (Kernregion Oregon, entlang des Columbia-Flusses)
Sprachgruppe: Penuti-Sahaptin
Wohnstätte: Einfaches Tipi
Hauptnahrungsquelle: Mischung aus tierischer und pflanzlicher Nahrung

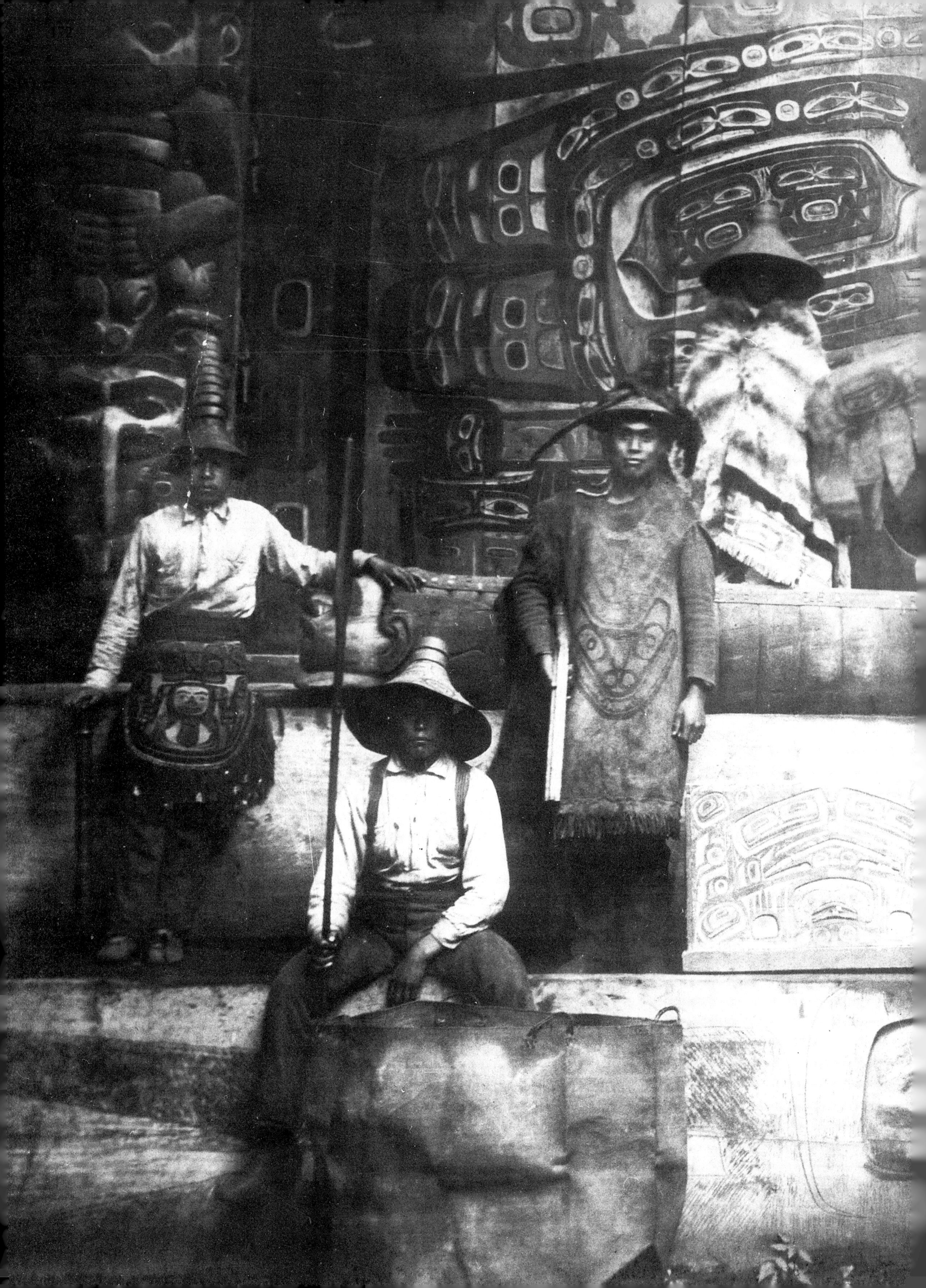

Unten: Das Innere des Hauses von Häuptling Dlart-Reech (1895). Die Tlingit waren gute Händler, so daß Besitz und Wohlstand den Sozialstatus einer Person innerhalb des Stammes festlegte.

Unten: Ein Uinta Ute-Krieger und seine Braut; fotografiert in Utah, 1874. Ute-Paare lebten gewöhnlich mit oder in der Nähe der Familie der Frau. Die Ute waren Nomaden und zogen wegen der Nahrungsbeschaffung im Sommer in die Berge, und kehrten im Winter in das Tal des Großen Beckens zurück. Noch heute liegen dort viele ihrer kleinen Reservate.

U

Uchee (*siehe* Yuchi)

Umatilla
Geographische Region: Großes Becken (nordöstliches Oregon)
Sprachgruppe: Penuti-Sahaptin
Hauptwohnstätte: Einfaches Tipi, Erdhütte
Hauptnahrungsquelle: Mischung aus tierischer und (wilder) pflanzlicher Nahrung

Der Stamm lebt noch heute in der Umgebung des Columbia-Flusses im nordöstlichen Oregon. Dort wurden sie 1804 von Lewis & Clark entdeckt. 1985 wurden im Umatilla-Reservat 1.578 Indianer gezählt.

Umpqua
Geographische Region: Nordwestküste
Sprachgruppe: Penuti-Umpqua
Hauptwohnstätte: Blockhaus
Hauptnahrungsquelle: Fisch

Unalachtigo (*siehe* Delaware)

Unaligmuit (Westalaskanische Eskimo, *siehe* Eskimo)

Unami (*siehe* Delaware)

Upper Creek (*siehe* Tuskogee)

Ute (Cumumbah, Pahvant, Quon-di-ats)
Geographische Region: Großes Becken (westliches Colorado, östliches Utah, nördliches Neu-Mexiko)
Sprachgruppe: Uto-Aztekisch
Hauptwohnstätte: Einfaches Tipi
Hauptnahrungsquelle: Großwild

Die Ute waren eng verbunden mit den Bannock- und Gosiute-Stämmen sowie den Paiute- und Shoshonen-Gruppen, so daß es zwischen allen Stämmen vielerlei Beziehungen gab. Deshalb zählt man die Ute auch zu den Stämmen des Großen Beckens, obgleich ihre Nähe zur Steppe eher auf eine Verbindung zu den Plains-Indianern hindeutet. Wie diese Stämme, und im Gegensatz zu jenen des Großen Beckens, jagten die Ute Großwild, wie den Hirsch und die Antilope. Sie beteiligten sich im 18. Jahrhundert an einigen Aufständen gegen die Spanier und kämpften im vorigen Jahrhundert auch gegen die Amerikaner. In den

Oben und gegenüberliegend: Obwohl zwischen diesen beiden Umatilla-Mädchen (links: Mrs. Moses Johnson) ein Jahrhundert liegt, sind der Stolz auf die kulturelle Vergangenheit und die Herkunft ein zeitloser Wert. Die Angewohnheit, die Haare in zwei lange Zöpfe zu flechten, wurde offensichtlich weitergegeben, obwohl sich der Kleidungsstil von den sorgsam bestickten Stoffen 1986 zu Jeans und T-Shirt verändert hat. Das Mädchen rechts beobachtete die Parade am Häuptling Joseph-Tag, die auch auf dem Foto auf Seite 6 zu sehen ist.

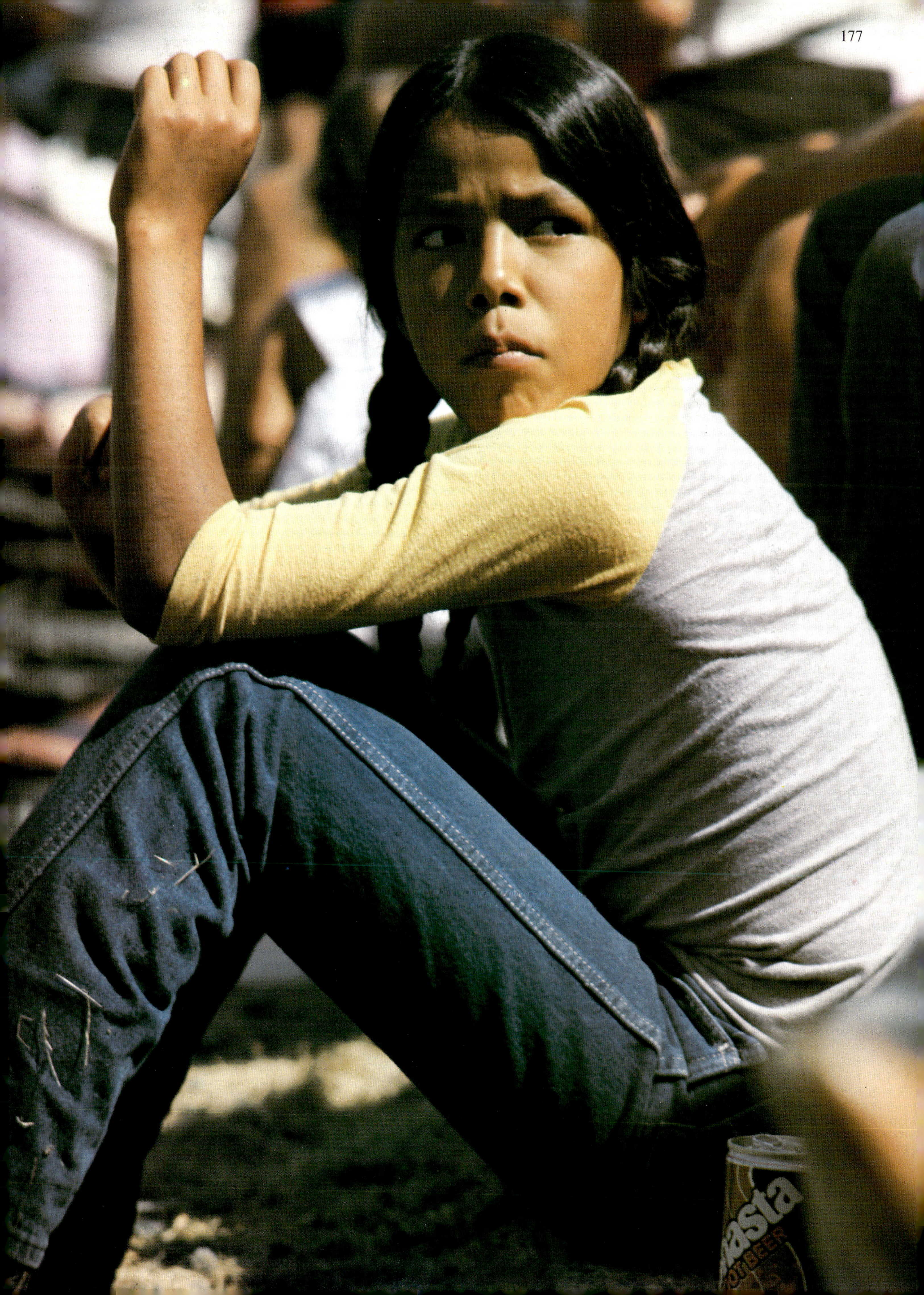

1880er Jahren wurden sie in ein Reservat umgesiedelt; der US-Bundesstaat Utah, der 1896 Mitglied der Union wurde, ist nach dem Stamm benannt worden.

Ihre Bevölkerung nahm von 1.000 im Jahre 1950 auf über 3.000 1970 zu. 1985 gab es insgesamt 4.697 Ute-Indianer in drei Reservaten Southern Ute, Ute Mountain und Uintah-Ouray im Staate Utah.

Utukokmiut (Nordalaskanische Eskimo, *siehe* Eskimo)

W

Wabunaki (*siehe* Abnaki)

Waco (Honeches, Houeches, Huanchane)
Geographische Region: Plains und Prärien (östliches Texas)
Sprachgruppe: Caddo
Wohnstätte: Kuppelförmige Strohhütte
Hauptnahrungsquellen: Jagd, Mais

Als die Franzosen den Stamm 1719 entdeckten, lebten die Waco an den Ufern des Arkansas-Flusses in Oklahoma. Später zogen sie jedoch in die Region um den Brazos-Fluß in Texas. 1859 brachte man sie in ein Reservat im Indianer-Territorium, wo sie mit den Wichita zusammenlebten und später in das Wichita-Caddo-Reservat umgesiedelt wurden. Zu dieser Zeit gab es nur noch 114 Stammesangehörige, zumal sie mit den anderen, ungleich größeren Stämmen allmählich verschmolzen. Gegen Ende des vorigen Jahrhunderts gab es im Indianer-Territorium noch etwa 37 Indianer.

Wahkiakim (*siehe* Chinnok)

Wahpekute Sioux (*siehe* Sioux)

Wahpeton Sioux (*siehe* Sioux)

Wahunsonacock (*siehe* Powhatan)

Wailaki
Geographische Region: Nordwestliches Kalifornien
Sprachgruppe: Athapaskisch
Wohnstätte: Blockhaus
Hauptnahrungsquelle: Mischung aus tierischer und pflanzlicher Nahrung

Walapai
Geographische Region: Südwesten
Sprachgruppe: Hoka-Yuma
Wohnstätte: Kuppelförmige Stroh-, Rinden- oder Fellhütte
Hauptnahrungsquellen: Wildpflanzen, Kleinwild

Walla Walla
Geographische Region: Großes Becken (entlang des Columbia-Flusses)
Sprachgruppe: Penuti-Sahaptin
Wohnstätte: Erdhütte
Hauptnahrungsquelle: Fisch

Walua
Geographische Region: Großes Becken (östliches Washington)
Sprachgruppe: Sahaptin
Wohnstätte: Erdhütte
Hauptnahrungsquellen: Fisch, Wild

Wampanoag (Pokanoket)
Geographische Region: Nordosten (Narragansett-Bucht)
Sprachgruppe: Algonkin

Links: Das Hirschknochen-Spiel war unter den Wailaki sehr beliebt. Oben rechts: Massasoit, Häuptling der Wampanoag, herrschte über das von den Engländern begehrte Land. In einem Vertrag mit John Smith teilte er es 1621 mit den Kolonisten. Unten rechts: Gouverneur John Carver nimmt die Friedenspfeife von Massasoit entgegen.

Wohnstätte: Langhaus
Hauptnahrungsquellen: Fisch, Landwirtschaft

Die heute ausgestorbenen Wampanoag lebten bei der Ankunft der weißen Siedler 1620 in etwa 30 Dörfern im östlichen Massachusetts. Der Häuptling des Stammes, Massasoit, behandelte die *Pilgrim Fathers* außergewöhnlich freundlich, versorgte sie mit Nahrungsmitteln und half ihnen bei der Gründung ihrer Kolonien. Er starb 1661; ihm folgte Häuptling Wamsotta, der schon ein Jahr darauf verstarb und von dessen Bruder Metacomet ersetzt wurde. Die Engländer nannten ihn »König Philip«. Als jedoch 1674 ein zum Christentum übergetretener Wampanoag-Indianer namens Sassamon von anderen Indianern getötet worden war, und die Engländer diese Täter hinrichteten, wurden indianische Überfälle häufiger. Deshalb vertrieben die Kolonisten immer mehr Indianer von ihren angestammten Gebieten, so daß sich König Philip und seine Wampanoag 1675 den Nipmuck-Indianern anschlossen und einen zweijährigen, blutigen Krieg gegen die Weißen führten. Er sollte unter dem Namen

»König-Philips-Krieg« bekannt werden. Während dieses Konfliktes wurden nicht weniger als zwölf englische Städte zerstört, darunter 1675 Deerfield und Brookfield und ein Jahr darauf Lancaster und Bridgewater. Auch die Narraganset schlossen sich dem Aufstand an, wurden aber von den Kolonisten bald geschlagen. Die Nipmuck wurden ebenfalls besiegt, und am 12. August 1676 wurde König Philip von den Kolonisten aufgespürt und bei Mount Hope, Rhode Island, umgebracht. Die überlebenden Wampanoag-Indianer schlossen sich den Narragansett an.

Wanapam
Geographische Region: Großes Becken (Washington)
Sprachgruppe: Penuti-Sahaptin
Wohnstätte: Erdhütte
Hauptnahrungsquellen: Fisch, Großwild

Wappinger
Geographische Region: Nordosten (New York, unterer Hudson-Fluß)
Sprachgruppe: Algonkin
Wohnstätte: Langhaus
Hauptnahrungsquellen: Jagd, Fisch, Mais

Wappo
Geographische Region: Kalifornien (nördlich der Bucht von San Franzisko)
Sprachgruppe: Penuti
Wohnstätte: Einfaches Tipi
Hauptnahrungsquelle: Eicheln

Wasco
Geographische Region: Großes Becken (Norden und Zentralregion Oregon)
Sprachgruppe: Penuti-Chinook
Wohnstätte: Erdhütte
Hauptnahrungsquelle: Fisch

Washoe
Geographische Region: Großes Becken (Region des Tahoe-Sees)
Sprachgruppe: Hoka
Wohnstätte: Einfaches Tipi
Hauptnahrungsquellen: Wildpflanzen, Kleinwild, Fisch
1985 gab es 463 Washoe-Indianer in den Carson- und Dresslerville-Kolonien in Nevada und 203 in der Woodfords-Kolonie in Kalifornien.

Wauyukma
Geographische Region: Großes Becken (östliches Washington)
Sprachgruppe: Sahaptin
Wohnstätte: Erdhütte
Hauptnahrungsquellen: Fisch, Wild

Wawyachtonoc (*siehe* Mahican, Wea)

Unten: Wintun Joe und seine Frau auf einer Aufnahme, die 1903 im McCloud-Reservat entstand. Zu dieser Zeit war er bereits 95 Jahre alt. Nach Angaben anderer Stammesangehöriger wurde ihm der Nachname Thomas gegeben, nachdem er das Wintun-Wort tome benutzt hatte, das so viel heißt wie »die Wahrheit zu sagen«. Tatsächlich hatte er sich Jahre zuvor diesen Namen verdient – bei einem Verhör über einen Bankraub in Old Shasta.

Wazhazhe (*siehe* Osage)

Wea
Geographische Region: Nordosten (Illinois, Indiana)
Sprachgruppe: Algonkin
Wohnstätte: Kuppelförmige Stroh-, Rinden- oder Fellhütte
Hauptnahrungsquelle: Mais

Der Stammesname ist aus dem Algonkin-Wort *Wayah-tonuki* abgeleitet. Es heißt übersetzt »Volk vom runden Fluß«. Dieser Begriff deutet darauf hin, daß der Stamm mit den Wawyachtonoc eng verwandt war, einer algonkinsprachigen Mahican-Untergruppe, dessen Name dieselbe Bedeutung hatte.

Als die Franzosen 1718 die Wea bei Oviatenon (Weatenon?) entdeckten, lebten sie in einem Dorf am Wabash-Fluß und bauten auf ausgedehnten Feldern Mais und Kürbis an. Die Beziehungen zu den Weißen blieben gut, so daß die Franzosen in der Nähe ihres Dorfes einen Handelsposten gründeten.

1757 versuchten die Wea und Piankashaw auch mit den Engländern Kontakte zu knüpfen, doch im Siebenjährigen Krieg zwischen beiden europäischen Großmächten wurde der Stamm allmählich aufgerieben. 1791 zerstörten weiße Kolonisten das Wea-Dorf, 1818 verkaufte der Stamm seine letzten Landgebiete. 1832 siedelten sie gemeinsam mit den Piankashaw in Kansas; 1867 wurden sie in das Indianer-Territorium gebracht, wo der Stamm in der größeren Volksgruppe der Peoria aufging.

Wenatchi
Geographische Region: Großes Becken (Kernregion Washington, entlang des Columbia-Flusses)
Sprachgruppe: Salishan
Wohnstätte: Erdhütte
Hauptnahrungsquelle: Fisch
Anmerkung: Der Wenatchi-Staatsforst trägt den Namen dieses Stammes.

Wesort (Brandywine)
Geographische Region: Nordosten (Maryland)
Sprachgruppe: Algonkin
Wohnstätte: Langhaus
Hauptnahrungsquelle: Mais

Westalaskanische Eskimo (*siehe* Eskimo)

Western Apache (*siehe* Apache)

West Greenland Eskimo (*siehe* Eskimo)

Wheelappa (*siehe* Kwalhioqua)

White Mountain Apache (*siehe* Apache)

Rechts und gegenüber: Yuki in Tanzkostümen. Der Kopfschmuck besteht aus Elsterfedern.

Wichita (Ousita, Panis, Tawakoni, Tawehash, Towiache, Wusita)
Geographische Region: Plains und Prärien (Oklahoma, Texas)
Sprachgruppe: Caddo
Wohnstätte: Kuppelförmige Strohhütte
Hauptnahrungsquelle: Mais

Der Name Wichita ist ursprünglich aus dem Choctaw-Wort *wia chitoh* abgeleitet und meint »große Laube« oder »große Ebene«. Der Stamm betrieb einstmals Landwirtschaft und siedelte in der Region zwischen den Flüssen Arkansas, Brazos und Red River. Dort bauten die Wichita vor allem Korn und Kürbis an, die sie mit den Plains-Indianern gegen Büffelfleisch tauschten. Die Wichita waren mit den Waco sowie den Kichai verbündet und kämpften gegen die Apachen und die Osage. 1746 überzeugten die Franzosen den Stamm, sich fortan mit ihren Erzfeinden, den Comanchen, zu verbünden, um gegen die Apachen und Osage vorzugehen. Von den allmählich entstehenden Handelsbeziehungen zwischen ihnen und den Comanchen profitierten nicht zuletzt die französischen Händler.

Der Konflikt zwischen Wichita und Osage wurde 1834 durch Vermittlung des US-Armeeoberst Henry Dodge beigelegt. Die Beziehungen zwischen dem Stamm und den USA blieben bis 1858 recht gut: Doch in diesem Jahr wurde ein friedliches Wichita-Dorf in Oklahoma in einem Nachtangriff der US-Kavallerie angegriffen, da die Soldaten das Lager fälschlicherweise für eine Comanchen-Siedlung gehalten hatten. Der Vorfall führte zu einem einjährigen Krieg zwischen der Armee und den Wichita – am Ende war der Stamm besiegt, seine Felder vernichtet und viele Stammesangehörige tot. Die Wichita wurden in ein Reservat gebracht, wo sie bis zum Ausbruch des Bürgerkrieges blieben und schließlich in das Indianer-Territorium flohen. Sie kehrten 1867 zurück, wobei die Ermordung ihres Häuptlings Isadowa durch die Osage fast zu einem neuen Krieg geführt hätte. 1894 wurde das Wichita-Land im Indianer-Territorium unter den verbliebenen 965 Stammesangehörigen aufgeteilt.

Willopah (*siehe* Kwalhioqua)

Wind River (*siehe* Shoshone)

Winnebago
Geographische Region: Nordosten (westliche Ufer des Michigan-Sees)
Sprachgruppe: Sioux-Chiwere
Wohnstätte: Kuppelförmige Stroh-, Rinden- oder Fellhütte

Hauptnahrungsquellen: Jagd, Mais

Als der Stamm 1634 zum ersten Mal von den Franzosen besucht wurde, lebten die Winnebago in der Green Bay-Region, inmitten verschiedener algonkinsprachiger Stämme. Einer Legende zufolge soll der Stamm in dieser Gegend ursprünglich viel größer gewesen sein, sei aber von den mächtigen Illinois nahezu vernichtet worden.

Die Winnebago unterhielten zu Franzosen und Engländern gute Beziehungen, wehrten sich jedoch gegen die amerikanischen Siedler, die ab Ende des 18. Jahrhunderts in ihre Gebiete eindrangen. 1827 löste der Stamm den Winnebago-Krieg aus, in dem sie gegen die Weißen unterlagen. Bis 1840 gaben sie alle ihre Gebiete in Wisconsin auf und wurden nach Minnesota geschickt.

Zu den Winnebago sollen 1822 etwa 5.800 Stammesangehörige gehört haben; doch der Krieg und eine Pocken-Epidemie im Jahre 1832 hat ihre Zahl um etwa ein Viertel reduziert. 1970 lebten 1.813 Winnebago in Nebraska und 1.330 Nachfahren jener Stammesmitglieder, die nach Wisconsin zurückgekehrt waren. 1985 zählte man im Winnebago-Reservat in Nebraska fast 1.200 Menschen; die Winnebago in Wisconsin zählten 1.911 Angehörige.

Wintun (Winta)
Geographische Region: Kalifornien (Mt. Shasta und obere Sacramento-Flußregion)
Sprachgruppe: Penuti-Wintun
Wohnstätte: Kuppelförmige Stroh-, Rinden- oder Fellhütte
Hauptnahrungsquellen: Jagd, Mais
Untergruppen: Hill Wintun, Nord-Wintun (Wint oder Trinity Wintun), River Wintun

Die ursprüngliche Bevölkerungszahl des Stammes wird auf 9.800 geschätzt, von denen 5.300 als Wintu galten. 1970 gab es in Kalifornien noch 179 Wintun; 15 Jahre später lebten in der Cortina Rancheria 100 Menschen, 72 in der Colusa Rancheria, 133 in der Grindstone Rancheria und 49 in der Rumsey Rancheria.

Wiyot
Geographische Region: Nördliches Kalifornien (Blue Lake)
Sprachgruppe: Algonkin-Wiyot (sprachlich isoliert)
Wohnstätte: Blockhaus
Hauptnahrungsquelle: Mischung aus tierischer und pflanzlicher Nahrung, Fisch

Wusita (*siehe* Wichita)

Wyandot (Huronen)
Geographische Region: Nordosten nordöstlich vom Huron-See)
Sprachgruppe: Irokesisch
Wohnstätte: Langhaus
Hauptnahrungsquelle: Mais

Der Name Wyandot (oder Wendat) ist ein irokesisches Wort und bezeichnet das »Volk von der Halbinsel«. Damit wird wohl auf die Halbinsel im südlichen Ontario, östlich des Huron-Sees, bezuggenommen, wo der Stamm ursprünglich lebte. Ihre Bevölkerungszahl wurde 1615, bei der Ankunft der Franzosen unter Samuel de Champlain, von ihm auf etwa 20.000 geschätzt. Er nannte sie Huronen, was so viel wie »borstenhaarige Rüpel« bedeutet. Die ersten Wyandot-Gruppen dieser Region waren dort wohl schon im 14. Jahrhundert angekommen. Neben Mais pflanzten sie auch Bohnen, Melonen, Sonnenblumen und Tabak an.

Als die weißen Siedler von der Ostküste her die Stämme des Irokesenbundes immer weiter nach Westen verdrängten, kamen sie natürlich in Konflikt mit den Wyandot: Zwischen den Stämmen, die beide Irokesisch sprachen, entstand eine erbitterte Rivalität über die Kontrolle des Fellhandels in der oberen Region der Großen Seen. In einer Entscheidungsschlacht 1649 wurden die Wyandot von den stärkeren Irokesen fast völlig vernichtet. Die Nachfahren des Stammes überlebten bis heute als Huronen von Lorette in Quebec und als Wyandot-Stamm in Oklahoma.

Wynochee
Geographische Region: Nordwestküste (Küste von Washington)
Sprachgruppe: Salishan
Wohnstätte: Blockhaus
Hauptnahrungsquelle: Fisch

Y

Yahi
Geographische Region: Kalifornien (nördliches Sacramento-Flußtal)
Sprachgruppe: Hoka
Wohnstätte: Erdhütte
Hauptnahrungsquelle: Mischung aus tierischer und pflanzlicher Nahrung

Die Yahi und Yana waren einst verbündete Stämme, die insgesamt rund 3.800 Angehörige hatten, heute aber ausgestorben sind.

Yakima
Geographische Region: Großes Becken (Columbia-Flußregion)
Sprachgruppe: Penuti-Sahaptin
Wohnstätte: Rinden- und Lederlanghaus
Hauptnahrungsquelle: Fisch

Die Yakima waren eng mit den Nez Percé verbunden, und zwar sowohl in ihrer Sprache als auch in ihrer Kultur. Sie betrieben keine Landwirtschaft und ernährten sich von Wurzeln, Beeren und Nüssen sowie Fisch, den sie im Columbia fingen. 1804 traf sie dort auch die Lewis & Clark-Expedition.

Als die US-Regierung 1855 versuchte, den Stamm in ein Reservat umzusiedeln, führte dies zu offenem Krieg mit den Yakima: Unter der Führung ihres Häuptlings Kamiakin wehrten sie sich drei Jahre lang, bevor sie von der Armee besiegt wurden. 1970 lebten im Yakima-Reservat, in der Nähe der nach ihnen benannten Stadt im US-Bundesstaat Washington, rund 5.300 Menschen. 1985 gab es bereits knapp 8.000 Stammesangehörige.

Yamasee
Geographische Region: Südosten (östliches South Carolina)
Sprachgruppe: Muskhogee
Wohnstätte: Strohhütte
Hauptnahrungsquelle: Mais

Der Stamm löste 1715 den Yamasee-Krieg aus, nachdem die zunehmende spanische und englische Kolonisierung ihrer Gebiete sie dazu gezwungen hatte. Am 15. April desselben Jahres massakrierten sie 90 Händler und ihre Familien. Dieser Vorfall forderte natürlich die Vergeltung der Spanier und Engländer heraus – sie trieben den Stamm nach Florida, wo die Yamasee mit dem Stamm der Seminolen verschmolzen.

Yana
Geographische Region: Kalifornien (nordöstliches Sacramento-Flußtal bis zum Mt. Shasta)
Sprachgruppe: Hoka
Wohnstätte: Erdhütte
Hauptnahrungsquelle: Mischung aus tierischer und pflanzlicher Nahrung

Yankton Sioux, Yantonai Sioux (*siehe* Sioux)

Unten: Glaspfeile von Ishi, dem letzten Mitglied der Yahi, die wie rechts hergestellt werden.

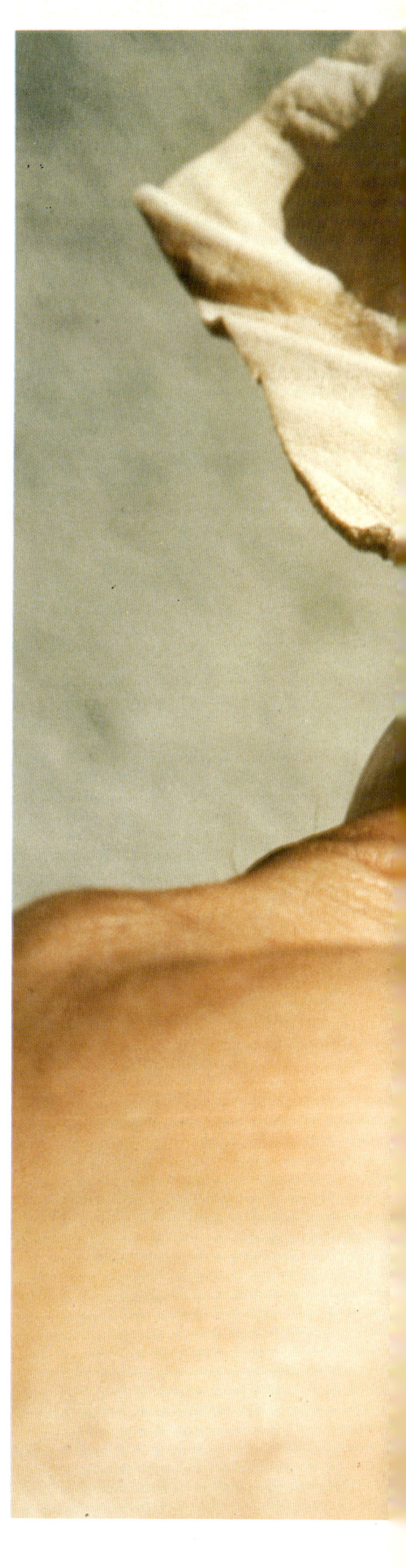

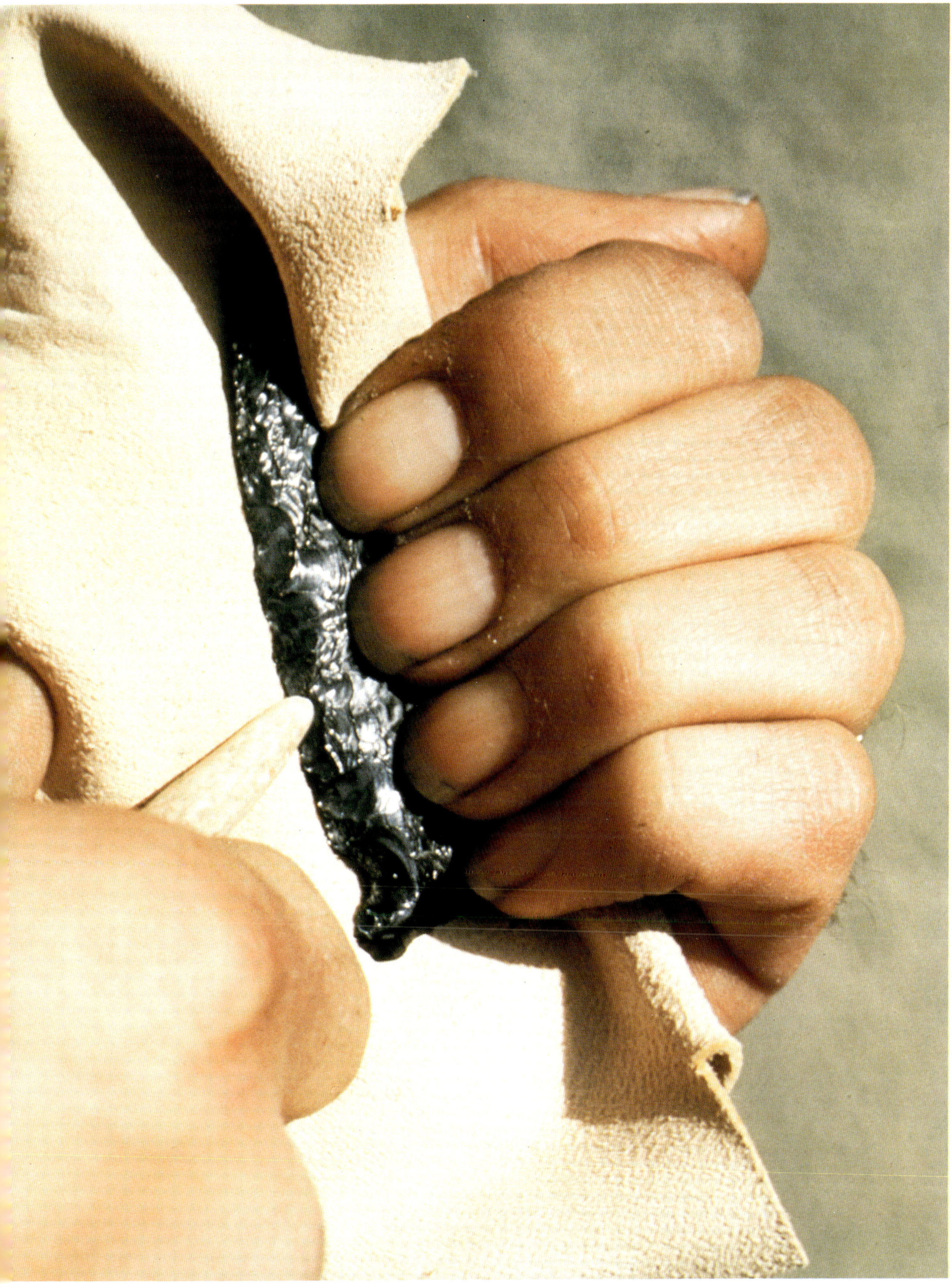

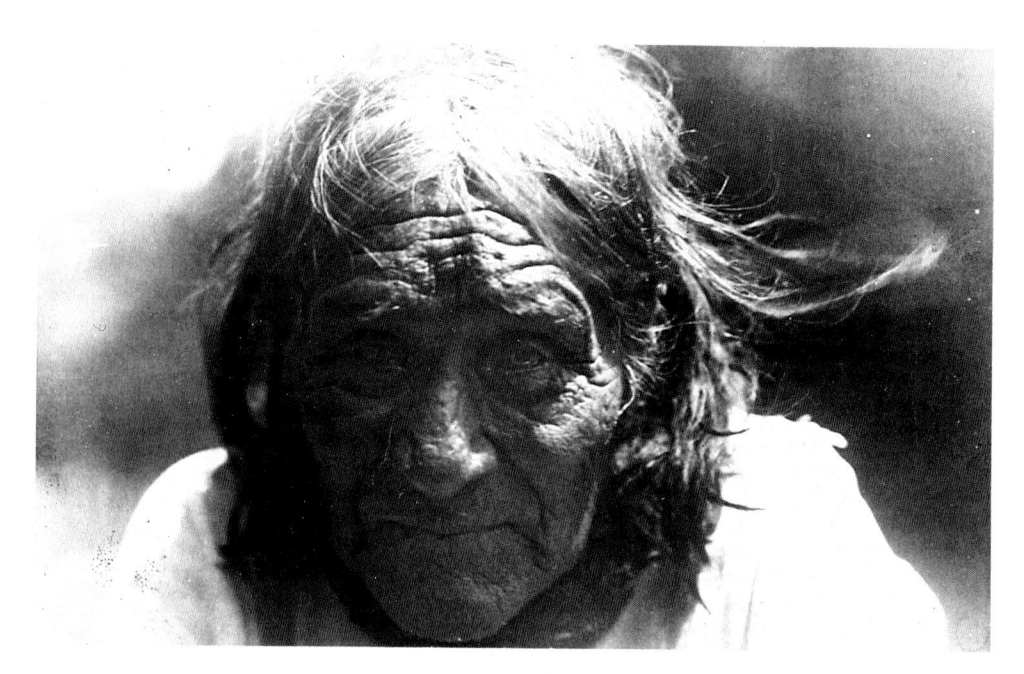

Yaquina
Geographische Region: Nordwestküste (Kernregion Oregonküste)
Sprachgruppe: Penuti
Wohnstätte: Blockhaus
Hauptnahrungsquelle: Fisch

Yavapai
Geographische Region: Südwesten
Sprachgruppe: Hoka-Yuma
Wohnstätte: Einfaches Tipi
Hauptnahrungsquellen: Wildpflanzen, Kleinwild

Yaqui
Geographische Region: Südwesten (Arizona, Sonora)
Sprachgruppe: Cahita (Uto-Aztekisch)
Wohnstätte: Kuppelförmige Stroh-, Rinden- oder Fellhütte
Hauptnahrungsquelle: Mais

Die Yaqui lebten ursprünglich in der Nähe des gleichnamigen Flusses bei Sonora in Mexiko, zogen aber später nach Norden bis nach Arizona. Obwohl sie von den spanischen Kolonien seit dem 16. Jahrhundert fast eingeschlossen waren, wurden sie von den Spaniern nie unterworfen. Die Yaqui entfesselten zweimal, 1740 und 1764, einen größeren Aufstand gegen sie und lebten auch später im ständigen Konflikt mit der mexikanischen Regierung. Zwischen 1885 und 1906 lieferten sie sich einen Dauerkrieg mit der mexikanischen Armee, bis der Stamm zu Beginn unseres Jahrhunderts in das südliche Mexiko abgedrängt wurde. 1915 begannen sie einen Krieg gegen Pancho Villa im Yaqui-Tal, ein Jahr darauf töteten sie 200 mexikanische Soldaten.

Yellowknife
Geographische Region: Subarktis (südlich vom Great Slave-See im Mackenzie-Territorium)
Sprachgruppe: Athapaskisch
Wohnstätte: Einfaches Tipi
Hauptnahrungsquellen: Karibu, Elch

1967 lebten in Kanada noch 466 Stammesangehörige der Yellowknife.

Yokuts
Geographische Region: Kalifornien (San Joanquin-Flußtal)
Sprachgruppe: Penuti-Yokuts
Wohnstätte: Kuppelförmige Stroh-, Rinden- oder Fellhütte
Hauptnahrungsquelle: Eicheln

1970 lebten in Kalifornien noch rund 500 Yokuts-Indianer.

Yuchi (Choya'ha, Euchee, Tsoya'ha, Uchee)
Geographische Region: Südosten (Georgia)
Sprachgruppe: Hoka-Sioux
Hauptnahrungsquelle: Mais

Der Name dieses Stammes leitet sich von dem Hitchiti-Wort *ochesse* ab, »Volk mit einer anderen Sprache«. Die Yuchi nannten sich selbst jedoch Choya'ha oder Tsoya'ha; beide Begriffe heißen übersetzt »Kinder der Sonne«. De Soto gab 1540 den Namen des Stammes mit Chisca an.

Der Stamm war wahrscheinlich schon vor den Creek im Südosten und schloß sich später dem Creek-Bund an, um sich so gegen die zunehmende weiße Besiedlung zu wehren. Schon 1677 hatten sie einen Aufstand gegen die Spanier verloren, und 1682 waren einige von ihnen offensichtlich nach Illinois ausgewichen.

Im 18. Jahrhundert wurden einige Yuchi auch mit den Shawnee und den Oberen Creeks vom Tallapoosa-Fluß in Verbindung gebracht, so die Yuchi gemeinsam mit ihnen im Creek-Krieg von 1813/14 kämpften.

Nach dem Bürgerkrieg, in dem die Yuchi auf beiden Seiten gekämpft hatten, wurde der Stamm gemeinsam mit dem Creek-Volk 1867 in das Indianer-Territorium gebracht. Die Verfassung der Creek sah übrigens auch eine Vertretung der Yuchi in ihrem Nationalrat vor.

1891 gab es 580 Yuchi-Angehörige; bis 1949 hatte sich ihre Zahl auf 1.216 erhöht.

Yuki
Geographische Region: Kalifornien (nördlich der Bucht von San Franzisko)
Sprachgruppe: Hoka-Yuki
Wohnstätte: Blockhaus
Hauptnahrungsquelle: Mischung aus tierischer und pflanzlicher Nahrung

Yuma
Geographische Region: Südwesten (südöstliches Kalifornien, Colorado-Flußtal)
Sprachgruppe: Hoka-Yuma
Wohnstätte: Kuppelförmige Stroh-, Rinden- oder Fellhütte
Hauptnahrungsquellen: Mais und andere angebaute Pflanzen

Die Yuma waren der bedeutendste Stamm im unteren Colorado-Flußtal und sind Namensgeber der Sprachgruppe jener Region, zu der auch Stämme wie die Diegueno, Mojave und Tonto gehören. Ihr Einfluß erstreckte sich früher auch auf Teile von Arizona und Mexiko. Als Coronado 1540 den Stamm zum ersten Mal traf, hatten sie bereits eine gut funktionierende Landwirtschaft entwickelt und bauten auf großen Feldern Korn und Bohnen an, die übrigens durch kleine Gräben bewässert wurden.

Yurok
Geographische Region: Kalifornien (unterer Klamath-Flußlauf)
Sprachgruppe: Algonkin-Yurok
Wohnstätte: Blockhaus
Nahrungsquelle: Mischung aus tierischer und pflanzlicher Nahrung

Die Yurok waren früher einer der größten Stämme im nördlichen Kalifornien und galten in jener Region als einzigartig, da sie Algonkin sprachen. 1970 gab es in Kalifornien noch 959 Stammesangehörige; 1985 lebten in Berry Creek 185 Yurok, in Big Lagoon 24, in Resighini 844 und in der Trinidad Rancheria 60 Menschen.

Oben links: Ein Yurok. Nach einer Stammessitte repräsentierte die Kleidung den Reichtum der Familie, wie das Kleid aus Muscheln gegenüber.

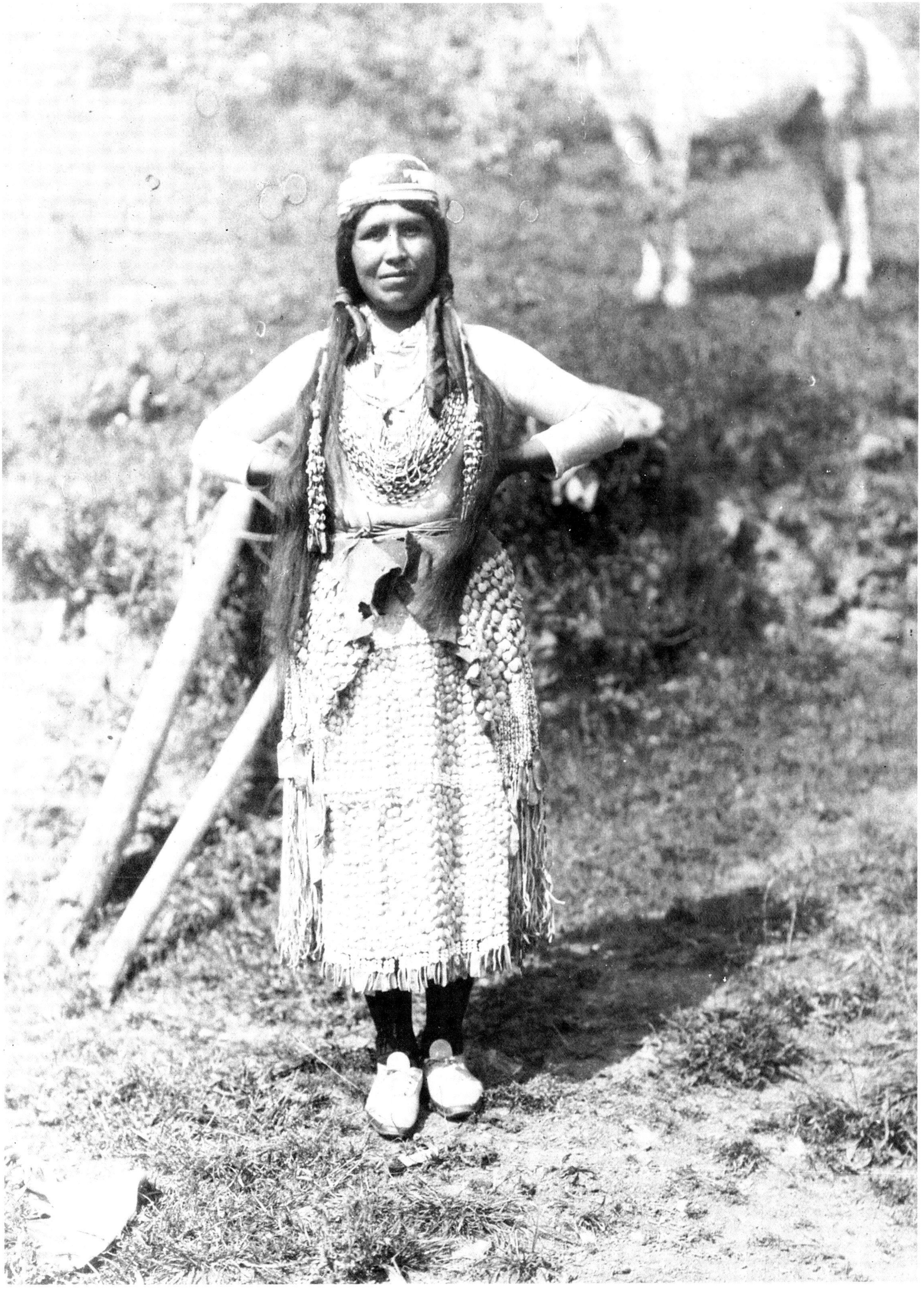

Z

Zia Pueblo (*siehe* Pueblo)

Zuni

Geographische Region: Südwesten
Sprachgruppe: Zuni (eng verwandt mit Uto-Aztekisch und Tano)
Hauptwohnstätte: Pueblo
Hauptnahrungsquelle: Mais

Die Zuni unterschieden sich ebenso wie die Hopi von den Pueblo-Stämmen, waren aber kulturell eng mit ihnen verbunden. So hatten diese drei Gruppen – Zuni, Hopi und Pueblo – viele Gemeinsamkeiten: Sie alle lebten in Pueblos (das spanische Wort für »Dorf«), die aus Lehmhäusern bestanden, oft untereinander verbunden und gelegentlich auch mehrstöckig angelegt. Während der Pueblo-Stamm selbst nur in einem Pueblo lebte, verteilten sich Hopi und Zuni in mehreren, zumal nicht alle Stammesangehörige in Pueblos wohnten.

Alle drei Stämme hielten an der weiblichen Familienlinie fest, so daß Sippenmitglieder immer zu der Sippe ihrer Mutter gehörten. Und schließlich verfügten die Zuni über eine komplexe Religion und Stammeshierarchie. Sie bestand aus vier Stufen, wobei der »Regenpriester« an erster Stelle stand, da Regen dringend notwendig war, um erfolgreich Ackerbau zu betreiben, zumal Wasser in den Wüsten Arizonas und Neu-Mexikos so wertvoll war. Neben Mais bauten die Zuni auch gezüchtete Bohnen, Kürbis und Melonen auf bewässerten Feldern an.

Die Spanier trafen die Zuni erstmals 1539. Es ist möglich, daß mit den mythischen »Sieben goldenen Städten«, von denen Cabeza de Vaca berichtete, die sieben Zuni-Pueblos gemeint waren. Coronado unterwarf den Stamm 1540, die Spanier hielten das Land bis zum Pueblo-Aufstand 1680 besetzt. Zu dieser Zeit waren die sieben Pueblos bereits aufgegeben und alle Einwohner zu einem großen Stamm verschmolzen.

Damals soll es etwa 2.500 Zuni gegeben haben; im 19. Jahrhundert nahm die Zahl ab. Doch 1985 gab es im Zuni-Reservat 7.754 Indianer.

Oben: Die Landwirtschaft war bei den Zuni hoch entwickelt. Das Foto zeigt zwei Indianer, die mithilfe der »Waffelmethode« Pflanzen säen – dabei wird der Samen auf Flächen ausgelegt, die von einem wasserdurchtränkten Erdwall umgeben sind. Viele der Gärten nahmen so viel Platz ein, daß sie wie unten bis an das Pueblo wuchsen.

Oben: Auch Kunstarbeiten gehörten zu den Fähigkeiten der Zuni. Paliwahtiwa, Gouverneur der Zuni in den 1880er Jahren, trägt hier Silber- und Türkisschmuck, der typisch für die Stämme des Südwestens war. Die bogenförmige Perlenkette ähnelt denen der Navaho. Seite 192: Ein Wasserkrug der Zuni (1830). Das 25 cm große Gefäß zeigt das traditionelle, strenge Muster.

REGISTER

Die *Enzyklopädie der nordamerikanischen Indianerstämme* enthält die Stämme in alphabetischer Reihenfolge, so daß sich in dem untenstehenden Register Personen, Reservate, wichtige Ereignisse und andere Begriffe finden, die im laufenden Text auftauchen.

Acoma Pueblo *133, 136*
Adobe *14*
Alabama (Stadt) 13
Amerikanische Revolution 33, 55, 151
Anadarko-Behörde 18, 61, 84
Arapaho-Behörde 20
Ardmore-Behörde 40
Attakullakulla 35

Baronov, Alexander 164
Benson, Bill *127*
Benteen, Frederick 159
Bethel-Behörde 65
Big Foot *157*, 159
Bird Rattler *24–25*
»Bird Woman«, *siehe Sacagawea*
Black Dog *158*
Black Hawk 145
Black Kettle 38
Black Moccasin *70*
Boas, Franz 89
Bogus Charlie 103
Bosque Redondo-Reservat 109
Bowlegs, Billy *151*
Brandt, Joseph *77*
Bürgerkrieg 14, 32, 33, 36, 51, 71, 140, 151, 183
Buffington, T. M. 36

Cabot, Henry 101
Cahuilla-Reservat 33
Campbell, John 97
Canby, E.R.S. 103, 109
Canyon de Chelly 109
Captain Jack *101*, 103
Carson, Christopher »Kit« 51, 109
Carver, John *179*
Casa Grande 128
Catlin, George, *32–33, 46–47, 50–51, 70, 79, 82, 95, 96, 98, 99, 122, 146, 147, 154, 158*
Champlain, Samuel de 119, 183
Cherokee Advocate 36
Cherokee-Behörde 36
Cherokee-Nation 35, 36, 61
Cherokee-Rat 61
Cherokee-Arapaho-Reservat 40
Chickasaw-Nation 40, 49
Chickasaw *Tribal Protective Association* 40
Childers, Ernest *56*
Chivington, J.M. 38
Choctaw-Behörde 49
Choctaw Markt 49
Choctaw-Nation 40, 48, 61, 84
Clark, William 15, 20, 36, 41, *42–43*, 96, 114, 119, 155, 175, 184
Cochise 15–17
Cochiti Pueblo *137*
Cochran, Woody J., *36*
Colorado, Mangus 15, 17
Colorado-Fluß-Reservat 104
Colusa Rancheria 183

Colville-Reservat 116
Cook *Inlet Native Association* 65
Cook, James 71, 118
Cook, Sherburne 93, 101
Cooper, James Fenimore 93, 104
Copper *River Native Association* 65
Coronado, Francisco Vasquez de 15, 73, 133, 186, 188
Cortina Rancheria 183
Council Springs-Vertrag 14, 29
Crazy Horse 38, 156–159
Cree-Behörde 151
Creek-Krieg (1813–14) 13, 148, 152
Creek-Nation 171, 186
Crook, George 17, 156
Crow-Behörde *60–61*
Crow King *157*
Crow-Reservat 61
Curley *58*
Custer, George Armstrong 38, 156–157, 159

DeLaCruz, Joe *138*
De Soto, Hernando 12, 14, 29, 35, 40, 48, 55, 71, 140, 171, 186
Dlart-Reech, Häuptling *172–173*
Dodge, Henry 51, 183
Doniphan, Alexander 109
Dragging Canoe 35
Driver, Harold 8
Dull Knife *37*, 39
Duncan, William 169

Fairbanks-Behörde 65
Fallen Timbers, Schlacht bei 61, 97
Fort Abraham Lincoln 156
Fort Apache-Behörde und Reservat 18
Fort Belknap 14
Fort Berthold-Reservat 96
Fort Gibson-Vertrag 148
Fort Griffin 169
Fort Hall-Reservat 29
Fort Klamath 103
Fort Laramie 156
Fort Laramie-Vertrag 60
Fort Marion 17
Fort Mojave-Reservat 105
Fort Ridgely 156
Fort Robinson 159
Fort Sill 17, 84
Four Bears 99
Fox-Saute-Reservat 67
Frankreich, Erforschungen 29, 36, 77, 83, 96, 140, 182, 183
Französisch-Indianischer Krieg 84, 96, 101, 118, 151
Fremont, John Charles 85
Fünf zivilisierte Stämme 8

Gall 156, *159*
Geronimo 17, *17*, 18
Ghost Dance 20, 84, 123, 159, *161*
Gibbon, John 156, 157
Gila Bend-Reservat 124
Greenville-Vertrag 97, 151, 152
Grindstone Rancheria 183

Harrison, William Henry 152
Hayes, Ira 128, *128*
Hicks, Charles 36
Hoag, Enoch 32
Hopi-Reservat 73
Howard, Oliver Otis 17, 114

Indian Recognization Act (1934) 49
Indianer-Territorium 8, 9, 14, 15, 33, 36, 40, 48, 51, 55, 61, 73, 77, 79, 83, 84, 97, 103, 119, 125, 129, 140, 145, 151, 152, 153, 169, 171, 178, 182, 183
Indianische Städte 125
Irokesen 62
Irokesenbund 121, 161, 171
Isadowa, Häuptling 183
Jackson, Andrew 55, 145, 148
Jıcarilla-Behörde und Reservat 18
Johnson, Mrs. Moses *176*
Joliet, Louis 140
Jones, William 145
Joseph 114, *114,* 115, 116

Kachina 73, *74,* 75
Kalispel-Reservat 83
Kamiakin, Häuptling 184
Kanadische Behörde für Indianerangelegenheiten 8
Kaw-Behörde 83
Keokuk 145, *146*
Kickapoo-Reservat 84
Kientpoos, *siehe Captain Jack*
Kiowa-Comanchen-Reservat 84
King-Williams-Krieg 108
Kiyokaga *144*
Klamath-Reservat 104
Kniffen, Fred 12, 21
Konföderierte Staaten 14, 32, 33, 71
König Philip, Häuptling 117, 179
König Philips Krieg 125, 179–180
Krieg von 1812 96, 97, 152
Kroeber, Alfred 8, 33, 61, 92, 125, 145

La Salle, Sieur de 29, 32, 36, 77
Laguna Pueblo *131*
Lapwai-Reservat 116
Last of the Mohicans »Der letzte Mohikaner« 93, 104
Lewis, Meriwether 15, 36, 41, *42–43*, 96, 114, 119, 155, 175, 184
Little Bighorn, Schlacht am 157, *159*
Little Bluff *82*
Little Crow 156, *157*
Little Raven 20
Little Turtle *96*, 97
Little Wolf *37*, 38
Lummi-Reservat 93

Mackenzie, Alexander 22
Makah-Reservat 94
Manuelito *112*
Maria, Jose 14
Marquette, Jacques 77, 83, 140
Mason, John 104
Mason, Oliver *139*
Massasoit *178, 179,* 179
Matthews, Joseph 119
McGillivray, Alexander 55
Meares, John 41
Medicine Lodge-Vertrag 20, 36, 51
Mesa Verde 14
Mescalero-Behörde und Reservat 18
Mexiko, Truppen 17
Micanopy *149*
Michikinikwa, *siehe Little Turtle*
Miles, Nelson »Bear Coat« 17
Minnesota-Sioux-Krieg 156
Mississinewa, Schlacht am 97
Mix, Celia *28*

Modoc-Krieg 103
Muckleshoot-Reservat 105

Naiche 17
Natsanitna *165*
Navaho-Nation 109, 112
Navaho-Reservat *1, 106–107, 108*
Nome-Indianerbehörde 65
Nord-Cheyenne-Behörde und Reservat 36, 40

Oklahoma-Reservat 13, 20
Osage-Behörde 119
Osceola *147*, 148
Paliwahtiwa *189*
Pancho Villa 186
Paris, Vertrag von 121
Parker, Cynthia Ann 51
Parker, Quanah 51, *53*
Parker, White 51
Passaconaway 125
Paull, William 169
Pawnee-Behörde 83
Payne's Landing-Vertrag 148
Penn, William 61
Petalesharo 125
Plenty Copus *59*
Pocahontas 130, *130*
Pontiac *120*, 121, *121*, 145
Pontiacs Aufstand 97, *120*, 121
Poolaw, George 84
Powell, James 156
Powell, John Wesley 41
Powhatan 130, *130*
Prophet, siehe Tenskwatawa
Pueblo-Aufstand 188
Pyalup-Reservat 93

Quapaw-Behörde 77, 140
Quinahiwi 32
Quinault Pride 142
Quinault-Reservat 141
Quinault *Tribal Enterprises* 142

Rain-in-the-Face *157*
Rasle, Sebastien 118
Red Cloud 156, *157*
Red Clouds Krieg 156
Red Horse *122*, 157
Reno, Marcus 159
Revised Indian Act of 1951 169
Rogers, Robert 121
Rogers, William 36
Rogue River-Kriege 114
Roosevelt, Franklin D. 18, *24–25*
Ross, John 36
Rumsey Rancheria 183
Russell, Charles M. *26–27, 28, 30–31, 42–43*
Rußland, Siedlungen 164–165

Sacagewea *42–43*, 155
San Carlos-Reservat 17
Sand Creek-Massaker 38
Santa Ana 15
Santa Clara Pueblo *132*
Sassacus 128
Saux, Johnnie *104*, 140
Scarfaced Charley 103, *104*
Schlacht an der Thames 152
Schlacht am Washita 156
Seminolen-Behörde 151
Seminolen-Kriege 148, 151
Seminolen (Nation) 151

Shawnee-Behörde 153
Sheridan, Phil 156
Sherman, William Tecumseh 156
Short Bull *157*
Sitting Bear *84*
Sitting Bull 156, *157*, 159
Slant Village 94
Smith, John 130, *130*, 178, *179*
Smith, Thomas *100*
Somersal, Laura *126, 127*, 129
Sonnentanz 60
Spanien, Missionen 50, 73, 169; Kriege mit 14, 109, 133, 175, 186, 188
Spokane-Behörde 83
Spokane-Reservat 160
Spotted Tail *157*
Spotted Wolf, Minni *28*
Steep Wind *154*
Sun Eagle »Sonnenadler« 51
Susquehannock-Krieg 161
Swanton, John 48

Tahlequah-Behörde 36
Talihina-Behörde 50
Taos Pueblo 137
Taylor, Zachary 84
Tecumseh *54*, 84, 97, 145, 152, *152*
Tenskwatawa 152, *153*
Terry, Alfred 156, *157*
Thomas, Eleazer 103
Thomas, Joe *180–181*
Thorpe, Jim 145
Tishomingo (Stadt) 40
Tlingit Land *Claims Council* 169
Tlingit-Schamanenmaske *169*
Tlyasman, Frank *141*
Traveling Wolf »Reißender Wolf« 51
Tsacotna *165*
Turquoise, Charlie *112*
Tuscarora-Reservat 171
Tyler, John 152

Uintah-Ouray-Reservat 178
Ukquahoko 145
Umatilla-Reservat 175
Ute Mountain-Reservat 178

Vaca, Cabeza de 133, 188
Veniaminov, Ivan 164
Vereinigte Staaten von Amerika, Büro für Indianerangelegenheiten 8, 49; Gericht für Indianerklagen 51; Regierungsbehörde für Indianer 84; US Marinekorps 109
Victorio 17
Viktoria, Königin von England 169

Wahusonacook, siehe Powhatan
Wapouse, Dan *96–97*
Washakie, Häuptling *152*
Wayne, Anthony 61, 97, 151
Wichita-Behörde 32
Wichita-Caddo-Reservat 84, 178
Williams, Roger 108
Wind River-Reservat 22
Winema *101*
Winnebago-Krieg 183
Wintun, Joe; siehe *Joe Thomas*
Wolf Necklace *124*
Wounded Knee, Schlacht bei 160
Wovoka 123, *123*
Wright, Allen 48
Wright, Ben 103

Yakima-Behörde und Reservat 184
Yamasee-Krieg 184

Zuni-Behörde und Reservat 188
Zweiter Weltkrieg 94, 109

Bildnachweise

Alaska-Tourismusbehörde 62 (Mitte), 64
Alaska-Reisebehörde 62 (unten)
Amerikanisches Archiv für Zeichnungen 28 (unten), 29, 33, 54, 120, 121, 128, 130, 152, 153, 179 (oben)
Amon Carter-Museum 2–3, 26–27, 30–31, 42–43
Arizona-Büro für Tourismus 1, 106–107, 108 (links), 110 (unten rechts), 111
Coni Beeson 126, 127 (unten)
Duane Isham-Sammlung 83 (beide)
Bob Lee 40
Lowie-Museum für Anthropologie, Universität von Berkely 15 (alle drei), 51 (beide), 63 (alle drei), 65 (unten), 71, 73, 74, 75, 78, 87, 88–89, 90, 91, ,92, 100, 101 (oben und unten links), 129 (beide), 134, 135, 162–163, 166–167, 168, 170, 171, 178, 180–181, 182, 183, 184, 184–185, 186, 187
Reverend M. J. McPike 67
Nationalarchive 13, 16, 17, 18 (beide), 19 (beide), 28 (oben), 36 (beide), 38–39, 56, 56–57 (oben), 58, 60–61, 62 (oben), 65 (oben), 66, 68, 72, 80–81, 96–97, 112 (beide), 113, 114, 118, 119, 124, 128, 131 (oben rechts), 132, 136–137, 140, 140–141, 148, 156 (Mitte rechts), 157 (ganz links, Mitte links und rechts), 165, 174–175, 188–189, 189
Nationalgalerie für Kunst 79
Nationalmuseum für Naturgeschichte 127 (oben rechts), 192
Neu Mexiko-Amt für Wirtschaftsentwicklung und Tourismus 4–5, 8–9, 108 (rechts), 109, 110 (unten links), 133 (beide), 137 (beide), 188
Clay Nolen/North Carolina Reise- und Tourismusbehörde 34–35
Oklahoma/Amt für Tourismus 35
Gary Robinson, Muscogee Creek Nation 54–55
Franklin D. Roosevelt-Bibliothek 24–25
Smithsonian-Institut 13, 20–21, 22–23, 32, 37, 44–45, 45 (beide), 46–47, 48–49, 50–51, 52, 53, 56–57, 57 (Mitte), 59, 65 (Mitte), 69, 70, 76, 77 (beide), 82, 84, 85, 86–87, 93, 95, 96, 97, 98–99, 99 (beide), 101 (unten rechts), 104, 110 (oben), 117, 122, 123, 125, 144, 146, 147, 149, 150, 151, 152–153, 154, 155, 156 (ganz links, Mitte links, ganz rechts), 157 (ganz rechts, unten), 158, 159 (beide), 172–173, 176
South Dakota/Abteilung für Tourismus 160–161
South Dakota/Historische Gesellschaft 41
Sutro Bibliothek 179 (unten)
Larry Workman 138–139, 139 (beide), 142, 142–143
© **Bill Yenne** 6, 7, 8, 9, 10, 11, 14, 115, 131 (oben links), 177